●食育に役立つ給食ニュース　縮刷活用版●

給食ニュース大百科

2020

CD-ROM
モノクロたより収録

少年写真新聞社

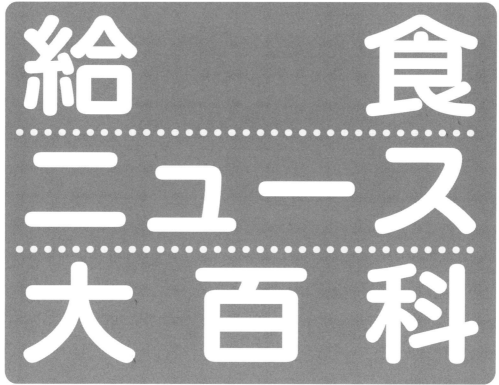

給食ニュース大百科2020 発刊にあたって

「給食ニュース大百科」シリーズは、その前身である「給食指導大百科」シリーズ（１～10集）を大幅にリニューアルしたものです。リニューアルにあたっては、各地の先生方からのご要望を取り入れ、表紙をソフトカバーにし、ニュースの縮刷サイズを大きくして、より見やすい内容にしました。

　また、１年間に発行した月別の「給食だより」（ルビあり・ルビなし版）をCD-ROM内に収録するなど、先生方がご活用しやすい内容に編集してあります。

　食に関する指導や給食だよりの作成に、「給食ニュース大百科2020」をぜひお役立てください。

❋…❋…❋…❋…❋…❋…❋…❋…❋…❋…❋…❋…❋…❋…❋…❋…❋…❋

「給食ニュース大百科2020」は、2018年４月～2019年３月に発行した掲示用の「給食ニュース」（カラー）と、付録の解説ページ／給食だより（モノクロ）を縮刷して１冊にまとめたものです。

❋…❋…❋…❋…❋…❋…❋…❋…❋…❋…❋…❋…❋…❋…❋…❋…❋…❋

本書の特色

●掲示用写真ニュースをＡ４判で掲載しています。

●発行年月日順に編集しています。

●２種類の目次を掲載しています。

●ＣＤ－ＲＯＭ内に月別の給食だより（ルビあり・なし、各12枚）とイラストカット約100点収録しています。

ご使用にあたって

CD-ROM が入った袋を開封しますと、以下の内容を了解したものと判断させていただきます。

■著作権に関しまして

・本書付属のCD-ROMに収録されているすべてのデータの著作権および許諾権は株式会社少年写真新聞社に帰属します。

・学校内での使用、児童生徒・保護者向け配布物に使用する目的であれば自由にお使いいただけます。

・商業誌等やインターネット上での使用はできません。

・データをコピーして他人に配布すること、ネットワーク上にダウンロード可能な状態で置くことはできません。
ただし、イラストを使って制作した学校からの「たより」等は、保護者に配布する目的に限り、ホームページまたはメールで配信することができます。

■動作環境

・ウェブブラウザーがインストールされていること。

・CD-ROMドライブ必須。

・PDFファイルを開くことができるビューワーソフト、もしくはブラウザーがインストールされていること。

ご使用上の注意

・このCD-ROMを音楽用CDプレーヤー等に使用しますと、機器に故障が発生するおそれがあります。パソコン用の機器以外には入れないでください。

・CD-ROM内のデータ、あるいはプログラムによって引き起こされた問題や損失に対しては、弊社はいかなる補償もいたしません。本製品の製造上での欠陥につきましてはお取りかえしますが、それ以外の要求には応じられません。

※CD-ROMに収録されている「給食だより」はpdfデータです。

※公共図書館での本の貸出にあたっては、付属のCD-ROMを図書館内で貸出できますが、館外への貸出はできません。
※CD-ROM内のデータの無断複製は禁止させていただきます。

目次

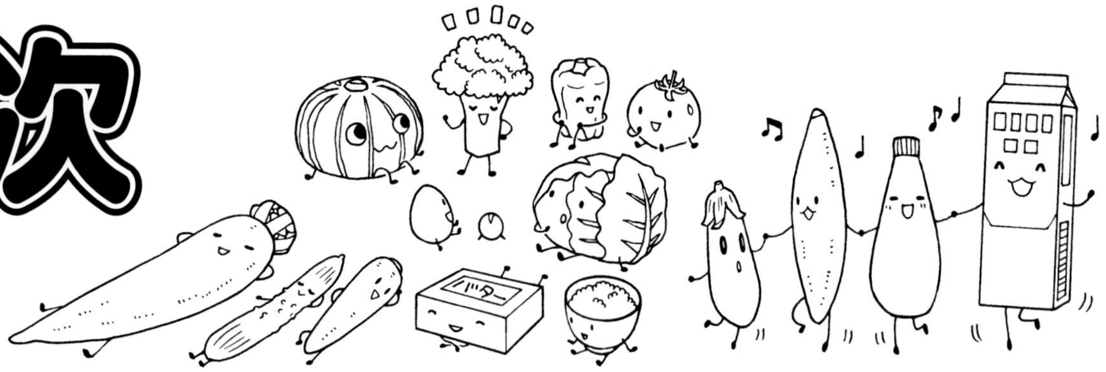

4月

5月

6月

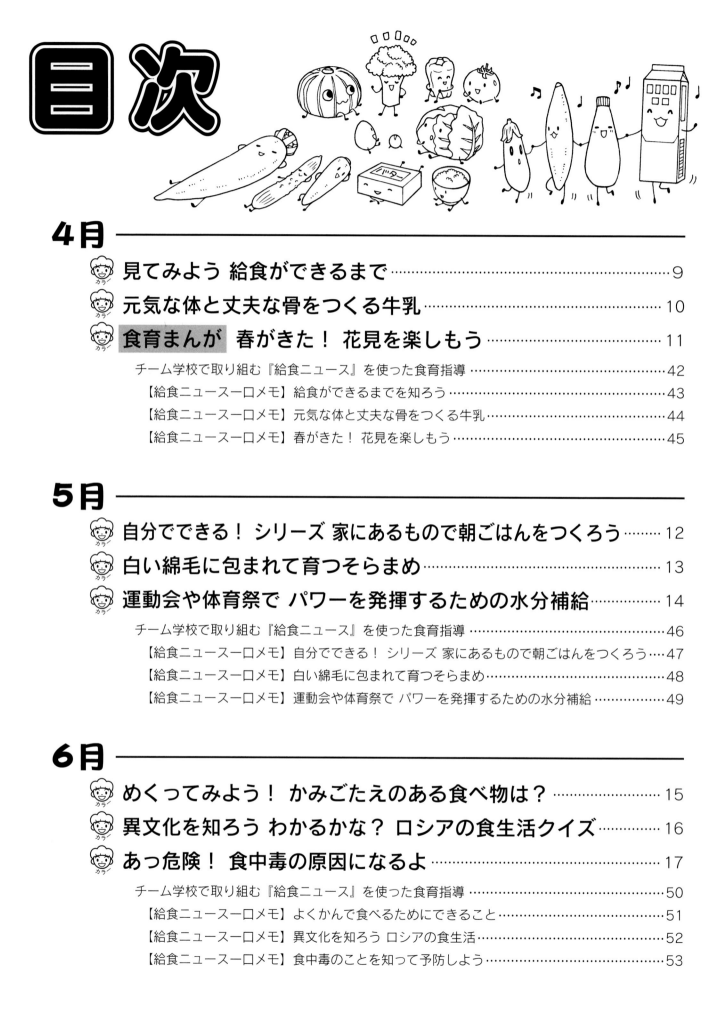

給食ニュース大百科 2020

※本書に掲載している先生方の所属、肩書き、および施設名、連絡先、データなどは、ニュース発行当時のものです。

※のマークはカラーページをあらわしています。

7月

8月

9月

10月

11月

12月

1月

2月

3月

給食だより

【イラストカット】

キーワード別目次

少年写真新聞
Juniors' Visual Journal
http://www.schoolpress.co.jp/
株式会社 少年写真新聞社 〒102-8232 東京都千代田区九段南4-7-16市ヶ谷KTビルⅠ TEL 03（3264）2624 FAX 03（5276）7785

給食ニュース

昭和39年5月4日第3種郵便物認可 2018年4月8日発行 第1729号 旬刊 毎月3回（8・18・28日）発行 1か年定価17,640円
★定期刊行物は終わる期間を予定しない刊行物です。年度が替わりましても、購読中止のお申し出がない場合、引き続きニュースをご送付申し上げます。

食育の６つの目標
食事の重要性 感謝の心
心身の健康 社会性
食品を選択する能力 食文化

No.1729
2018年（平成30年）
4月8日号
8996

見《み》てみよう 給《きゅう》食《しょく》ができるまで

栄《えい》養《よう》士《し》の先《せん》生《せい》や調《ちょう》理《り》員《いん》さんが協《きょう》力《りょく》してつくります

体調《たいちょう》を確認《かくにん》する・身支度《みじたく》をととのえる・念入《ねんい》りな手洗《てあら》いをする

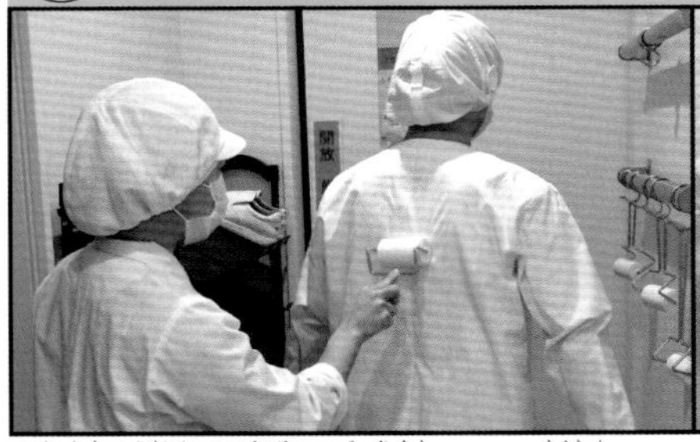

体調《たいちょう》を確認《かくにん》し、清潔《せいけつ》な身支度《みじたく》をして、粘着《ねんちゃく》ローラーで髪《かみ》の毛《け》やほこりなどを取《と》り除《のぞ》きます。

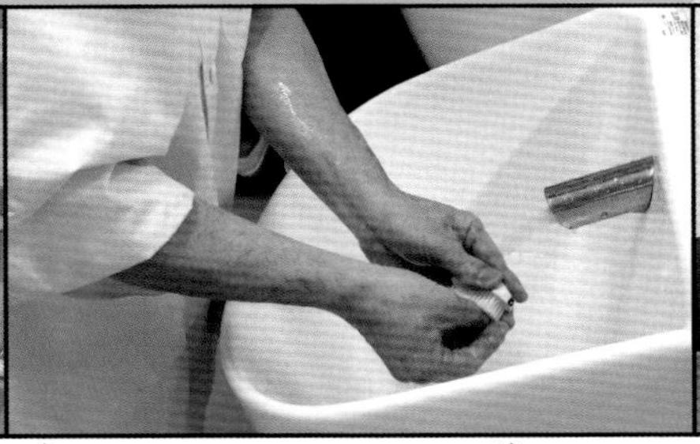

石《せっ》けんはもちろん、つめブラシも使《つか》って、ていねいに手《て》を洗《あら》い、さらに消毒《しょうどく》します。

食材《しょくざい》を確認《かくにん》する

注文《ちゅうもん》した通《とお》りの個数《こすう》や大《おお》きさで届《とど》いているか、また、品質《ひんしつ》や鮮度《せんど》、温度《おんど》などを確認《かくにん》します。

食材《しょくざい》を十分《じゅうぶん》に洗《あら》う

土《つち》やごみ、虫《むし》などがないかを確認《かくにん》して、野菜《やさい》や果物《くだもの》は流水《りゅうすい》で３回以上《かいいじょう》洗《あら》います。

食材《しょくざい》を切《き》る

調理員《ちょうりいん》さんが協力《きょうりょく》しながら、使《つか》う料理《りょうり》に合《あ》わせて食材《しょくざい》を切《き》っていきます。

加熱調理《かねつちょうり》をする

大《おお》きな回転《かいてん》がまなどを使《つか》って、適切《てきせつ》な温度《おんど》や時間《じかん》で加熱調理《かねつちょうり》をします。

食材《しょくざい》などを冷凍保存《れいとうほぞん》する

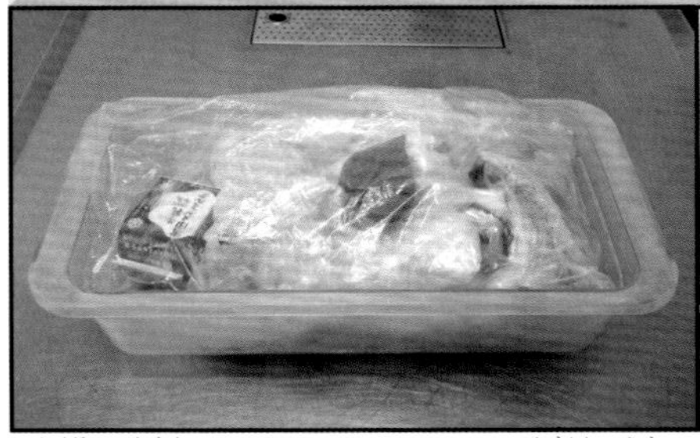

食材《しょくざい》や料理《りょうり》を50gずつ、－20℃で２週間以上《しゅうかんいじょう》、何《なに》か問題《もんだい》があった時《とき》のために保管《ほかん》します。

配缶《はいかん》する

でき上《あ》がった料理《りょうり》を各《かく》クラスの食缶《しょっかん》に移《うつ》していきます。

検食《けんしょく》

校長先生《こうちょうせんせい》などが、異物《いぶつ》がないかや味《あじ》つけや見《み》た目《め》がよいかなどを確認《かくにん》します。

そのほかの仕事《しごと》

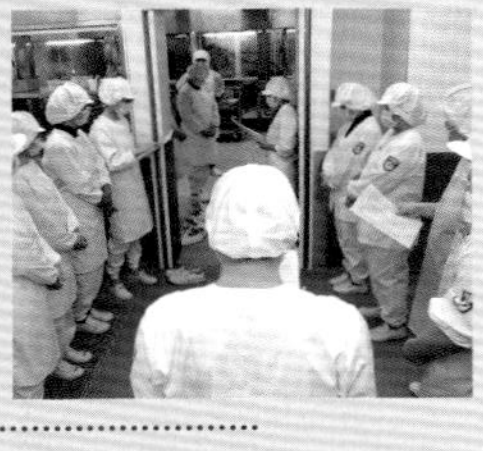

・献立《こんだて》をつくる
・食材《しょくざい》を注文《ちゅうもん》する
・作業《さぎょう》が安全《あんぜん》にできるように打《う》ち合《あ》わせをする
・調理《ちょうり》の後《あと》の洗浄《せんじょう》・片《かた》づけ など

給食《きゅうしょく》の役割《やくわり》

給食《きゅうしょく》は栄養《えいよう》バランスのとれた食事《しょくじ》によって子《こ》どもたちの健康《けんこう》や健《すこ》やかな成長《せいちょう》を支《ささ》えています。

また、望《のぞ》ましい食習慣《しょくしゅうかん》と食《しょく》に関《かん》する正《ただ》しい知識《ちしき》や実践力《じっせんりょく》を身《み》につけること、地場産物《じばさんぶつ》や地域《ちいき》の郷土料理《きょうどりょうり》、行事食《ぎょうじしょく》などを通《とお》して、地域《ちいき》の文化《ぶんか》や伝統《でんとう》への理解《りかい》と関心《かんしん》を深《ふか》めることができます。

給《きゅう》食《しょく》は安《あん》全《ぜん》に気《き》をつけて、多《おお》くの人《ひと》が協《きょう》力《りょく》してつくっています。栄《えい》養《よう》士《し》の先《せん》生《せい》がつくった献《こん》立《だて》を、調《ちょう》理《り》員《いん》さんが分《ぶん》担《たん》しながら調《ちょう》理《り》して、最《さい》後《ご》に校《こう》長《ちょう》先《せん》生《せい》などができ上《あ》がった給《きゅう》食《しょく》に異《い》物《ぶつ》がないかなどを確《かく》認《にん》し、みんなのところへと運《はこ》ばれます。

このようにしてつくられた給《きゅう》食《しょく》をよく味《あじ》わって残《のこ》さず食《た》べましょう。

撮影協力 東京都 大田区立志茂田小学校・大田区立志茂田中学校

少年写真新聞
Juniors' Visual Journal
http://www.schoolpress.co.jp/
株式会社 少年写真新聞社 〒102-8232 東京都千代田区九段南4-7-16市ヶ谷KTビルⅠ TEL 03（3264）2624 FAX 03（5276）7785

給食ニュース

昭和39年5月4日第3種郵便物認可 2018年4月18日発行 第1730号 旬刊 毎月3回（8・18・28日）発行 1か年定価17,640円
★定期刊行物は終わる期間を予定しない刊行物です。年度が替わりましても、購読中止のお申し出がない場合、引き続きニュースをご送付申し上げます。

食育の６つの目標
食事の重要性 感謝の心
心身の健康 社会性
食品を選択する能力 食文化

No.1730
2018年（平成30年）
4月18日号
8996

元《げん》気《き》な体《からだ》と丈《じょう》夫《ぶ》な骨《ほね》をつくる牛《ぎゅう》乳《にゅう》

牛《ぎゅう》乳《にゅう》には成《せい》長《ちょう》に必《ひつ》要《よう》な栄《えい》養《よう》素《そ》がたくさん含《ふく》まれているので、毎《まい》日《にち》とりましょう

たんぱく質《しつ》
体《からだ》をつくる栄《えい》養《よう》素《そ》
カルシウム
丈《じょう》夫《ぶ》な骨《ほね》や歯《は》をつくる栄《えい》養《よう》素《そ》
炭《たん》水《すい》化《か》物《ぶつ》・脂《し》質《しつ》
エネルギーになる栄《えい》養《よう》素《そ》
ビタミン
体《からだ》の調《ちょう》子《し》をととのえる栄《えい》養《よう》素《そ》
牛《ぎゅう》乳《にゅう》には、成《せい》長《ちょう》期《き》の体《からだ》に必《ひつ》要《よう》な栄《えい》養《よう》素《そ》がたくさん含《ふく》まれています。

強《つよ》く丈《じょう》夫《ぶ》な骨《ほね》をつくるカルシウムが含《ふく》まれる牛《ぎゅう》乳《にゅう》

強《つよ》い骨《ほね》をつくるチャンスは小《しょう》・中《ちゅう》学《がく》生《せい》の今《いま》！

体《からだ》が大《おお》きく成《せい》長《ちょう》する10代《だい》の時《じ》期《き》には、丈《じょう》夫《ぶ》な骨《ほね》をつくるために多《おお》くのカルシウムが必《ひつ》要《よう》になります。カルシウムが骨《ほね》に入《はい》りやすく骨《こつ》量《りょう》を増《ふ》やせるこの時《じ》期《き》にカルシウムを蓄《たくわ》えましょう。

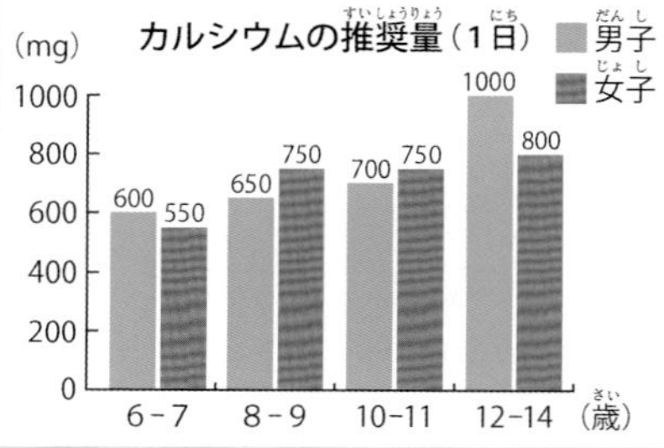
カルシウムの推《すい》奨《しょう》量《りょう》（1日《にち》）
男《だん》子《し》
女《じょ》子《し》
(mg)
1000
800
600
400
200
0
600
550
650
750
700
750
1000
800
6-7
8-9
10-11
12-14
（歳《さい》）
※厚生労働省「日本人の食事摂取基準（2015年版）」より作成

カルシウムが足《た》りないと……

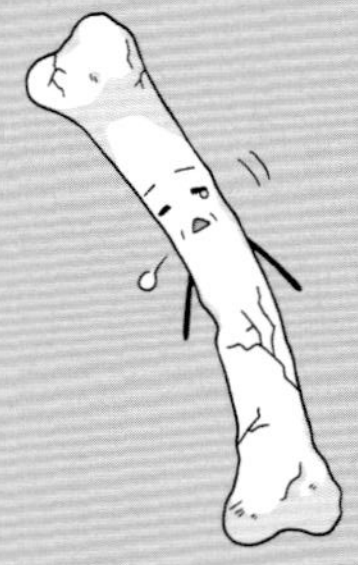

骨《ほね》の中《なか》からカルシウムが出《で》ていって、少《すく》ない状《じょう》態《たい》が続《つづ》くと、骨《ほね》がすかすかになってしまいます。すると、将《しょう》来《らい》骨《こっ》折《せつ》をしやすくなったり、折《お》れた骨《ほね》が治《なお》りにくくなったりします。

給《きゅう》食《しょく》の牛《ぎゅう》乳《にゅう》を毎《まい》日《にち》しっかり飲《の》みましょう

撮影協力 埼玉県 越生町立越生小学校

牛《ぎゅう》乳《にゅう》には、丈《じょう》夫《ぶ》な骨《ほね》や歯《は》の材《ざい》料《りょう》になるカルシウムがたくさん含《ふく》まれているほか、体《からだ》をつくるたんぱく質《しつ》や、エネルギーになる炭《たん》水《すい》化《か》物《ぶつ》や脂《し》質《しつ》、また、体《からだ》の調《ちょう》子《し》をととのえるビタミンが含《ふく》まれています。

特《とく》に、カルシウムは成《せい》長《ちょう》期《き》の体《からだ》に多《おお》く必《ひつ》要《よう》な栄《えい》養《よう》素《そ》で、今《いま》の時《じ》期《き》にとることで大《おお》きく骨《こつ》量《りょう》を増《ふ》やすことができます。

体《からだ》や骨《ほね》が育《そだ》つ、小《しょう》・中《ちゅう》学《がく》生《せい》の時《じ》期《き》に、牛《ぎゅう》乳《にゅう》を毎《まい》日《にち》飲《の》みましょう。

少年写真新聞 Juniors' Visual Journal
http://www.schoolpress.co.jp/

給食ニュース

食育の6つの目標：食事の重要性／感謝の心／心身の健康／社会性／食品を選択する能力／食文化

No.1731
2018年(平成30年)
4月28日号

食育《しょくいく》まんが 春《はる》がきた！ 花見《はなみ》を楽《たの》しもう

※「花より団子」の意味は、風流なことよりも、実質的な利益につながるものの方がよいということです。

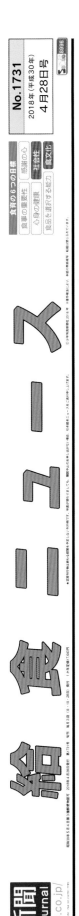

少年写真新聞
Juniors' Visual Journal
http://www.schoolpress.co.jp/
株式会社 少年写真新聞社 〒102-8232 東京都千代田区九段南4-7-16市ヶ谷KTビルI TEL03(3264)2624 FAX03(5276)7785

給食ニュース

昭和39年5月4日第3種郵便物認可 2018年5月8日発行 第1732号 旬刊 毎月3回（8・18・28日）発行 1か年定価17,640円
★定期刊行物は終わる期間を予定しない刊行物です。年度が替わりましても、購読中止のお申し出がない場合、引き続きニュースをご送付申し上げます。

食育の6つの目標
食事の重要性 感謝の心
心身の健康 社会性
食品を選択する能力 食文化

No.1732
2018年（平成30年）
5月8日号
8996

自分《じぶん》でできる！シリーズ

家《いえ》にあるもので朝《あさ》ごはんをつくろう

栄養《えいよう》バランスのととのった朝《あさ》ごはんをつくるにはどうすればよいかを考《かんが》えてみましょう

家《いえ》にあるものは……

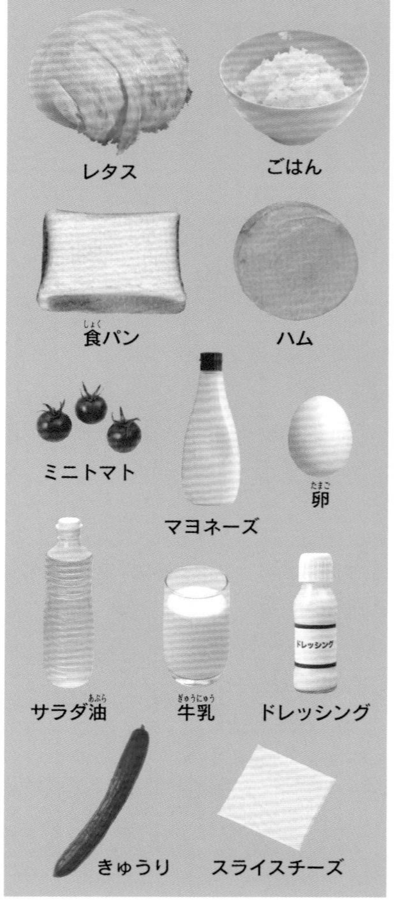
レタス
ごはん
食《しょく》パン
ハム
ミニトマト
マヨネーズ
卵《たまご》
サラダ油《あぶら》
牛乳《ぎゅうにゅう》
ドレッシング
きゅうり
スライスチーズ

3つのグループにわけてみよう

おもに エネルギーに なる食品《しょくひん》

おもに 体《からだ》をつくる 食品《しょくひん》

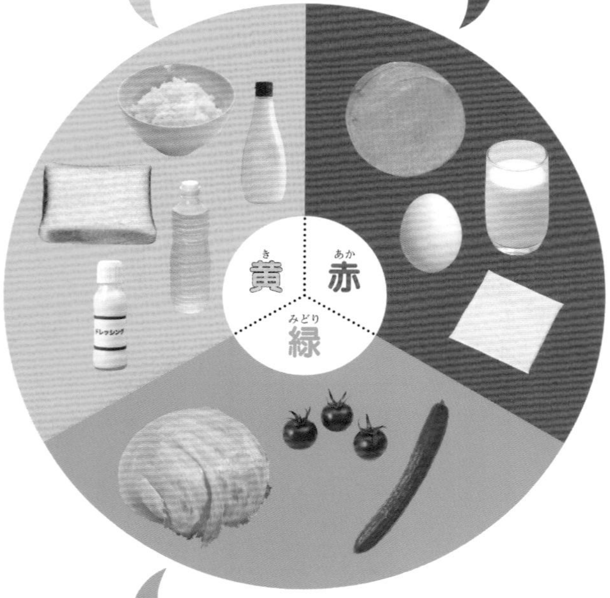
黄《き》
赤《あか》
緑《みどり》

おもに 体《からだ》の調子《ちょうし》をととのえる食品《しょくひん》

献立《こんだて》を考《かんが》える時《とき》は、3つの食品《しょくひん》のグループをそろえると栄養《えいよう》のバランスがととのいます。

3つのグループがそろった朝《あさ》ごはんができました

ハムエッグと野菜《やさい》スープ

温《あたた》かい
スープで
体温上昇《たいおんじょうしょう》

ハムチーズレタスのオープンサンド

火《ひ》も包丁《ほうちょう》も
使《つか》わない

レタスと卵《たまご》のどんぶり

お皿《さら》も
フライパンも
ひとつだけ

家《いえ》にあるものを使《つか》って自分《じぶん》や家《いえ》の人《ひと》の朝《あさ》ごはんをつくりましょう。

献立《こんだて》を考《かんが》える時《とき》には、黄《き》・赤《あか》・緑《みどり》の三《みっ》つの食品《しょくひん》のグループをそろえると、自然《しぜん》と栄養《えいよう》バランスがととのいます。

脳《のう》や体《からだ》を目覚《めざ》めさせる朝《あさ》ごはんを食《た》べて、元気《げんき》な毎日《まいにち》を送《おく》りましょう。

注意《ちゅうい》

火《ひ》や包丁《ほうちょう》を使《つか》う時《とき》は、十分《じゅうぶん》に気《き》をつけましょう。やけどをした時《とき》は、すぐに水《みず》で冷《ひ》やし、手《て》を切《き》ってしまった時《とき》は、傷《きず》口《ぐち》を清潔《せいけつ》なハンカチなどでおさえて出血《しゅっけつ》を止《と》め、家《いえ》の人《ひと》に知《し》らせましょう。

少年写真新聞
Juniors' Visual Journal
http://www.schoolpress.co.jp/
株式会社 少年写真新聞社 〒102-8232 東京都千代田区九段南4-7-16市ヶ谷KTビルI TEL 03（3264）2624 FAX 03（5276）7785

給食ニュース

昭和39年5月4日第3種郵便物認可 2018年5月18日発行 第1733号 旬刊 毎月3回（8・18・28日）発行 1か年定価17,640円
★定期刊行物は終わる期間を予定しない刊行物です。年度が替わりましても、購読中止のお申し出がない場合、引き続きニュースをご送付申し上げます。

食育の６つの目標
食事の重要性 感謝の心
心身の健康 社会性
食品を選択する能力 食文化

No.1733
2018年（平成30年）
5月18日号
8996

白《しろ》い綿《わた》毛《げ》に包《つつ》まれて育《そだ》つそらまめ

さやの内《うち》側《がわ》のふわふわの白《しろ》い綿《わた》毛《げ》がそらまめを乾《かん》燥《そう》から守《まも》っています

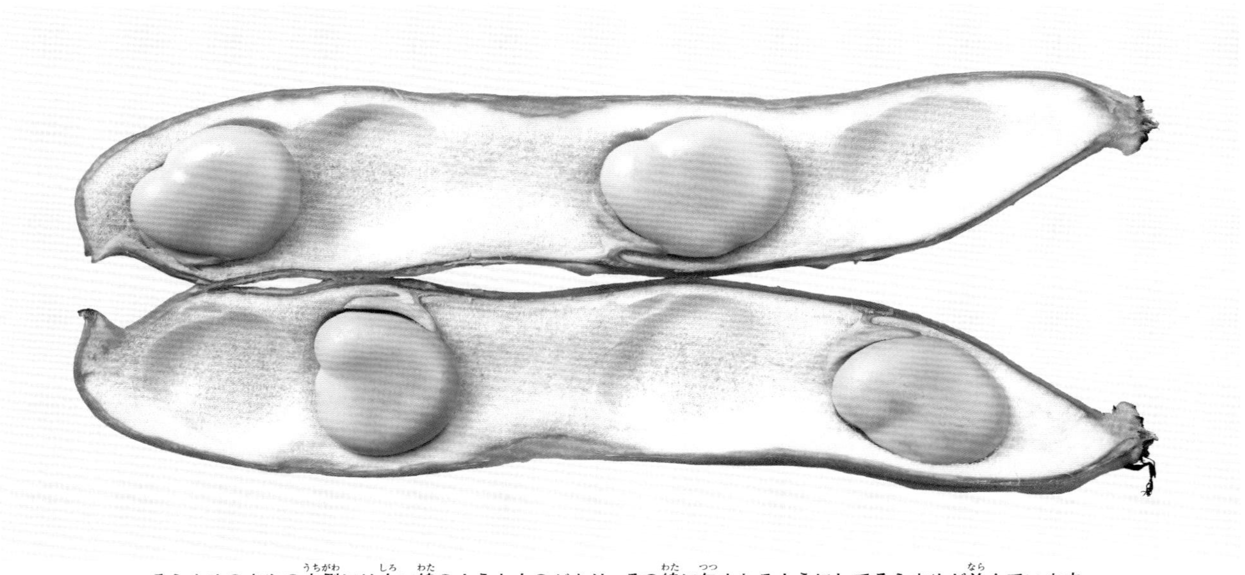

そらまめのさやの内側《うちがわ》には白《しろ》い綿《わた》のようなものがあり、その綿《わた》に包《つつ》まれるようにしてそらまめが並《なら》んでいます。

さやの内《うち》側《がわ》の白《しろ》い綿《わた》毛《げ》の働《はたら》き

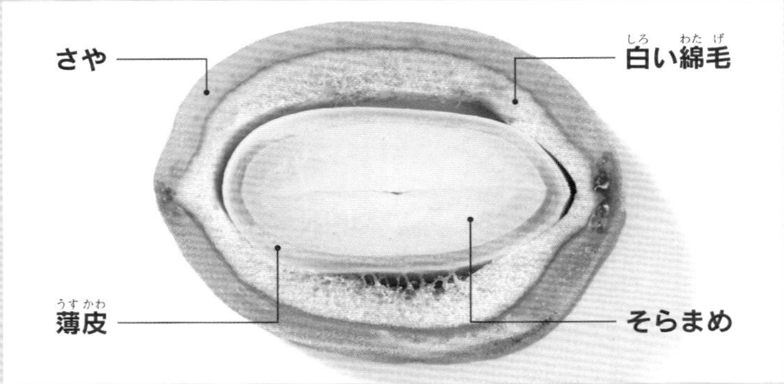

白《しろ》い綿《わた》毛《げ》はそらまめをやさしく包《つつ》んでいて、乾《かん》燥《そう》や寒《さむ》さからそらまめを守《まも》る役《やく》割《わり》があります。また、豆《まめ》の成《せい》長《ちょう》のための養《よう》分《ぶん》を蓄《たくわ》えておく貯《ちょ》蔵《ぞう》庫《こ》でもあります。

さやと豆《まめ》をつなぐ「へその緒《お》」

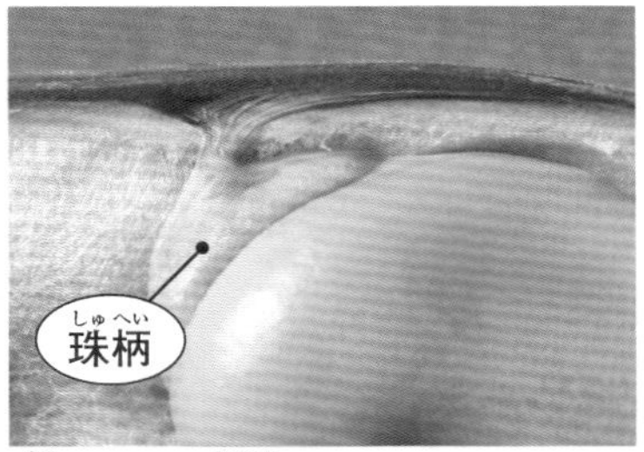

豆《まめ》とさやは「珠柄《しゅへい》」でつながっています。

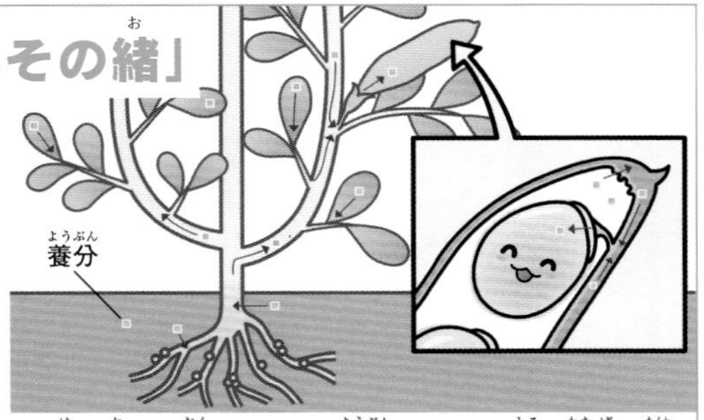

葉《は》や根《ね》から送《おく》られてきた養《よう》分《ぶん》は、さやの白《しろ》い綿《わた》毛《げ》に蓄《たくわ》えられ、また、珠柄《しゅへい》を通《とお》してそらまめに送《おく》られます。

みなさんはそらまめのさやをむいたことがありますか？
さやの内側《うちがわ》にある白《しろ》い綿《わた》毛《げ》は、そらまめを乾《かん》燥《そう》や寒《さむ》さから守《まも》るほか、葉《は》や根《ね》から送《おく》られてくる養《よう》分《ぶん》を蓄《たくわ》えています。
そらまめをゆでて食《た》べたり、豆《まめ》ごはんや炒《いた》め物《もの》などにしたり、いろいろな料《りょう》理《り》にして旬《しゅん》の味《あじ》を楽《たの》しみましょう。

監修 大阪市立大学大学院 理学研究科 教授 保尊隆享先生

旬《しゅん》のそらまめを味《あじ》わおう

冷《れい》凍《とう》食《しょく》品《ひん》や缶《かん》詰《づめ》は１年《ねん》中《じゅう》売《う》られていますが、旬《しゅん》は今《いま》なので、豆《まめ》ごはんや炒《いた》め物《もの》、ゆでてそらまめなどにして食《た》べてみましょう。

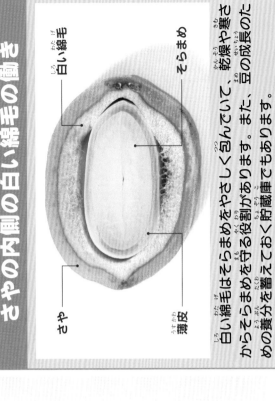

少年写真新聞
Juniors' Visual Journal
http://www.schoolpress.co.jp/
株式会社 少年写真新聞社 〒102-8232 東京都千代田区九段南4-7-16市ヶ谷KTビルI TEL 03（3264）2624 FAX 03（5276）7785

給食ニュース

昭和39年5月4日第3種郵便物認可 2018年5月28日発行 第1734号 旬刊 毎月3回（8・18・28日）発行 1か年定価17,640円
★定期刊行物は終わる期間を予定しない刊行物です。年度が替わりましても、購読中止のお申し出がない場合、引き続きニュースをご送付申し上げます。

食育の6つの目標
食事の重要性　感謝の心
心身の健康　社会性
食品を選択する能力　食文化

No.1734
2018年（平成30年）
5月28日号

運動会《うんどうかい》や体育祭《たいいくさい》で パワーを発揮《はっき》するための水分補給《すいぶんほきゅう》

体重《たいじゅう》の2%以上《いじょう》の水分《すいぶん》が減《へ》ると運動機能《うんどうきのう》が低下《ていか》するので、こまめに水分《すいぶん》をとりましょう

練習《れんしゅう》の成果《せいか》を出《だ》し切《き》るためにも、運動前《うんどうまえ》、運動中《うんどうちゅう》、運動後《うんどうご》の水分補給《すいぶんほきゅう》を意識《いしき》して行《おこな》いましょう。

運動《うんどう》をする時《とき》の汗《あせ》の働《はたら》き

運動時《うんどうじ》の汗《あせ》のおもな働《はたら》きは、体温調節《たいおんちょうせつ》をすることです。運動《うんどう》をして上《あ》がった体温《たいおん》は、汗《あせ》をかくことで下《さ》がります。体内《たいない》から汗《あせ》の分《ぶん》の水分《すいぶん》が失《うしな》われるので、水分補給《すいぶんほきゅう》をする必要《ひつよう》があります。

体重《たいじゅう》の2%の水分《すいぶん》はどのくらい？

2%はコップ4杯分《はいぶん》
体重《たいじゅう》40kgの場合《ばあい》
体内《たいない》の水分量《すいぶんりょう》は
コップ130杯分《ばいぶん》

※小中学生の体内の水分量は体重の65%とし、コップ一杯は200mLで計算しています。

体内《たいない》の水分《すいぶん》が不足《ふそく》すると、集中力《しゅうちゅうりょく》や判断力《はんだんりょく》が低下《ていか》して運動機能《うんどうきのう》が落《お》ちるといわれています。

運動時《うんどうじ》は何《なに》を飲《の》めばよいの？

適《てき》した飲《の》み物《もの》

水《みず》　麦茶《むぎちゃ》　スポーツドリンク

水分補給《すいぶんほきゅう》には、水《みず》や麦茶《むぎちゃ》がよいでしょう。また、汗《あせ》をたくさんかく時《とき》は、汗《あせ》で失《うしな》われたナトリウムやカリウムなどを補給《ほきゅう》できるスポーツドリンクが適《てき》しています。

適《てき》さない飲《の》み物《もの》

緑茶《りょくちゃ》　炭酸飲料《たんさんいんりょう》　ジュース

緑茶《りょくちゃ》はカフェインが含《ふく》まれるので利尿作用《りにょうさよう》があり、炭酸飲料《たんさんいんりょう》は充足感《じゅうそくかん》が強《つよ》いので摂取量《せっしゅりょう》が不足《ふそく》しやすく、ジュースは糖分《とうぶん》が多《おお》いため、水分補給《すいぶんほきゅう》には向《む》きません。

監修 横浜国立大学 教育学部 教授 田中英登先生

運動《うんどう》をすると体温《たいおん》が上《あ》がって、汗《あせ》が出《で》てくるため体《からだ》から水分《すいぶん》が失《うしな》われています。体《からだ》の水分《すいぶん》が大量《たいりょう》に失《うしな》われると熱中症《ねっちゅうしょう》を発症《はっしょう》する危険《きけん》が高《たか》まり、運動機能《うんどうきのう》の低下《ていか》も起《お》こります。運動会《うんどうかい》や体育祭《たいいくさい》で、パワーを出《だ》すためにも適切《てきせつ》な水分補給《すいぶんほきゅう》を心《こころ》がけましょう。

少量《しょうりょう》をこまめにとろう

「のどがかわいた」と感《かん》じる前《まえ》に飲《の》みましょう。

少年写真新聞
Juniors' Visual Journal
http://www.schoolpress.co.jp/

給食ニュース

食育の６つの目標
食事の重要性　感謝の心
心身の健康　社会性
食品を選択する能力　食文化

No.1735
2018年（平成30年）
６月８日号

めくってみよう！ かみごたえのある食《た》べ物《もの》は？

※比較している食品同士はそれぞれ同じ分量にしています。

ゆでたにんじんと生《なま》のにんじん

ここをめくろう

肉《にく》だんごとぶたヒレ肉《にく》のソテー

ここをめくろう

生《なま》のキャベツと生《なま》のトマト

ここをめくろう

ゼリーと練《ね》りようかん

ここをめくろう

かむ回数《かいすう》を増《ふ》やすには

かみごたえのあるものを食《た》べる

水分《すいぶん》で流《なが》し込《こ》んで食《た》べない

一口《ひとくち》食《た》べるごとにはしを置《お》く

のりしろ

つくり方

1. ----- をはさみで切ります。「かむ回数を増やすには」の部分は、掲示用写真ニュースの近くに掲示してください。
2. のりしろにのりづけをして、タイトルの部分を重ねて上下２枚をはり合わせます。

生《なま》のにんじん

野菜《やさい》は加熱時間《かねつじかん》が長《なが》いほどやわらかくなるので、生《なま》のままの方《ほう》がかみごたえがあります。

ぶたヒレ肉《にく》のソテー

肉《にく》だんごで使《つか》われるひき肉《にく》はミンチ状《じょう》にしているので、ぶたヒレ肉《にく》の方《ほう》がよくかむ必要《ひつよう》があります。

生《なま》のキャベツ

キャベツの方《ほう》がトマトよりも含《ふく》まれる食物繊維《しょくもつせんい》の量《りょう》が多《おお》いので、かむ回数《かいすう》が多《おお》くなります。

練《ね》りようかん

ようかんはゼリーよりも水分《すいぶん》の量《りょう》が少《すく》ないので、よくかんでだ液《えき》と混《ま》ぜ合《あ》わせる必要《ひつよう》があります。

２つの食品《しょくひん》をくらべてみて、どちらがかみごたえのある食《た》べ物《もの》なのかを予想《よそう》して、その食品《しょくひん》がどうしてかみごたえがあるのかも考《かんが》えてみましょう。

かむことの効果《こうか》

肥満予防《ひまんよぼう》

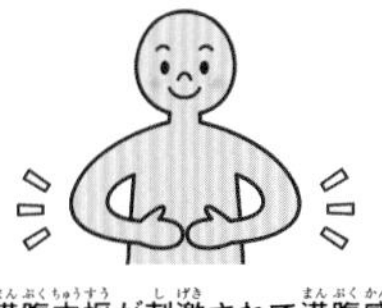

満腹中枢《まんぷくちゅうすう》が刺激《しげき》されて満腹感《まんぷくかん》を得《え》ることで食《た》べすぎを防《ふせ》ぎ、肥満予防《ひまんよぼう》になります。

消化《しょうか》・吸収《きゅうしゅう》を助《たす》ける

よくかむと、だ液《えき》の成分《せいぶん》と混《ま》ざり合《あ》い、消化《しょうか》・吸収《きゅうしゅう》を助《たす》けます。

むし歯予防《ばよぼう》

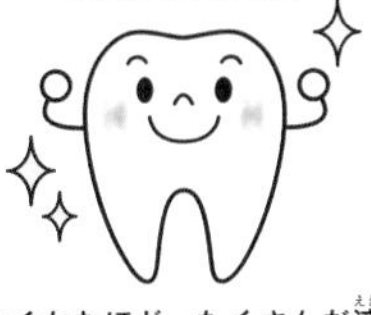

よくかむほど、たくさんだ液《えき》が出《で》て、むし歯予防《ばよぼう》に役立《やくだ》ちます。

脳《のう》の働《はたら》きをよくする

あごの筋肉《きんにく》が動《うご》くことで脳《のう》への血流量《けつりゅうりょう》がアップし、脳《のう》の働《はたら》きが活発《かっぱつ》になります。

みなさんは食事《しょくじ》の時《とき》に、よくかむことを意識《いしき》していますか？

よくかむと食《た》べすぎを防《ふせ》いで肥満《ひまん》を予防《よぼう》したり消化《しょうか》・吸収《きゅうしゅう》を助《たす》けたりするなどのよい働《はたら》きが、あります。

ふだんからかみごたえのある食《た》べ物《もの》を食《た》べ、よくかむことを心《こころ》がけるようにしましょう。

少年写真新聞
Juniors' Visual Journal
http://www.schoolpress.co.jp/
株式会社 少年写真新聞社 〒102-8232 東京都千代田区九段南4-7-16市ケ谷KTビルⅠ TEL.03(3264)2624 FAX 03(5276)7785

給食ニュース

昭和39年5月4日第3種郵便物認可 2018年6月18日発行 第1736号 旬刊 毎月3回(8・18・28日)発行 1か年定価17,640円
★定期刊行物は終わる期間を予定しない刊行物です。年度が替わりましても、購読中止のお申し出がない場合、引き続きニュースをご送付申し上げます。

食育の6つの目標
食事の重要性 感謝の心
心身の健康 社会性
食品を選択する能力 食文化

No.1736
2018年(平成30年)
6月18日号
8996

異文化《いぶんか》を知《し》ろう

わかるかな? ロシアの食生活《しょくせいかつ》クイズ

東《ひがし》ヨーロッパから北《きた》アジアまでの広大《こうだい》な国土《こくど》を持《も》つロシアの食生活《しょくせいかつ》を見《み》てみましょう

Q.1 ボルシチなどのロシアの料理《りょうり》に欠《か》かせない、赤《あか》い色《いろ》の野菜《やさい》はどれ?

①トマト ②ビーツ
③にんじん

Q.2 寒《さむ》さの厳《きび》しいロシア。昔《むかし》は夏《なつ》の間《あいだ》にしか収穫《しゅうかく》できない作物《さくもつ》をどうしていた?

①新鮮《しんせん》なうちに全部《ぜんぶ》食《た》べる
②保存食《ほぞんしょく》をつくる

Q.3 実《じつ》はロシア語《ご》である、すしに欠《か》かせない食材《しょくざい》はどれ?

①イクラ ②いか
③まぐろ

Q.4 昔《むかし》、パンを焼《や》くかまどのない家庭《かてい》で、ピロシキはどこで焼《や》いた?

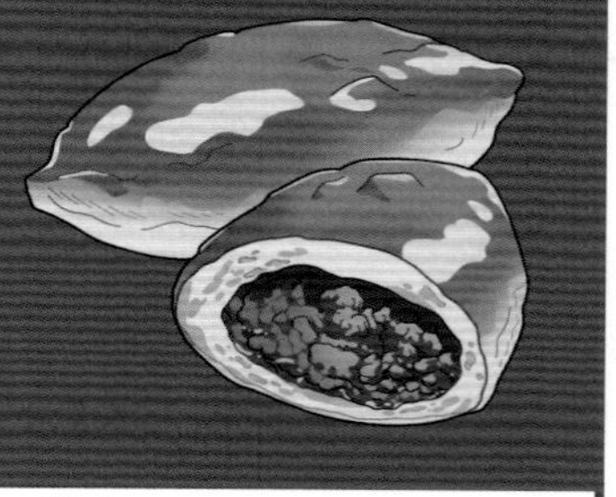

①暖炉《だんろ》 ②たき火《び》
③ランプの上《うえ》

ロシアはこんな国《くに》

面積《めんせき》:約《やく》1,710万平方《まんへいほう》キロメートル(世界《せかい》1位《い》・日本《にほん》の約《やく》45倍《ばい》)
人口《じんこう》:1億《おく》4,680万人《まんにん》(2017年《ねん》1月《がつ》)
出典:外務省ホームページ

世界一広《せかいいちひろ》い国土《こくど》を持《も》つロシアは、冬《ふゆ》は寒《さむ》さが厳《きび》しく、大河《たいが》、森林《しんりん》、山脈《さんみゃく》など、地域《ちいき》によって気候風土《きこうふうど》が異《こと》なり、さまざまな人種《じんしゅ》が暮《く》らしています。

クイズの答《こた》え

A.1 ②ビーツ

ボルシチ、サラダなど、ロシア料理《りょうり》に欠《か》かせないビーツ。ビーツを使《つか》った料理《りょうり》は赤《あか》く色《いろ》づくのが特徴《とくちょう》です。根《ね》には糖分《とうぶん》が多《おお》く含《ふく》まれています。

A.2 ②保存食《ほぞんしょく》をつくる

寒《さむ》さの厳《きび》しいロシアでは夏《なつ》の間《あいだ》に作物《さくもつ》を栽培《さいばい》し、ピクルスや塩漬《しおづ》け、ジャムなどの保存食《ほぞんしょく》をつくり、冬《ふゆ》の間《あいだ》の大切《たいせつ》な食料《しょくりょう》としてきました。

A.3 ①イクラ

イクラ(ikra)はロシア語《ご》です。日本《にほん》ではさけの卵《たまご》を指《さ》しますが、ロシアでは、魚《さかな》の卵全般《たまごぜんぱん》を指《さ》します。

A.4 ①暖炉《だんろ》

寒《さむ》いロシアでは長《なが》い時《じ》間暖房《かんだんぼう》を使《つか》います。昔《むかし》は各家庭《かくかてい》にペチカという大《おお》きな暖炉《だんろ》があり、室内《しつない》を暖《あたた》めるだけではなく、スープを煮《に》たり、パンを焼《や》いたりするのにも使《つか》われていました。

※答えの上に紙をはるなどしてご活用ください。

ロシア料理《りょうり》は寒《さむ》さの厳《きび》しい生活《せいかつ》の中《なか》で発展《はってん》したものが多《おお》くあります。
昔《むかし》は、短《みじか》い夏《なつ》に収穫《しゅうかく》された作物《さくもつ》を使《つか》って、冬《ふゆ》の間《あいだ》の大切《たいせつ》な食料《しょくりょう》になる保存食《ほぞんしょく》をつくり、暖炉《だんろ》ではスープを煮《に》て、パンを焼《や》きました。
現代《げんだい》でもこれらは、ロシアを代表《だいひょう》する伝統的《でんとうてき》な料理《りょうり》です。

監修 NPO 日ロ交流協会 菅野エレナ氏

ロシアの食生活《しょくせいかつ》

スープとパン

昔《むかし》のロシアの家庭《かてい》では、暖炉《だんろ》の火《ひ》でスープを煮《に》たりパンを焼《や》いたりしました。ボルシチや、キャベツのスープ、ライ麦《むぎ》でつくった黒《くろ》パンや、具《ぐ》を包《つつ》んだパンなど、いろいろなスープとパンが生《う》まれました。

カーシャ

カーシャは、ひき割《わ》り小麦《こむぎ》やそばなどの穀物《こくもつ》を、水《みず》や牛乳《ぎゅうにゅう》で煮《に》たおかゆのような食《た》べ物《もの》。朝《あさ》ごはんによく食《た》べられます。

スメタナ

ロシア料理《りょうり》にはスメタナという生《なま》クリームを発酵《はっこう》させた乳製品《にゅうせいひん》が欠《か》かせません。乳脂肪分《にゅうしぼうぶん》の高《たか》いクリームで、スープや煮込《にこ》み料理《りょうり》など、いろいろな料理《りょうり》にかけて食《た》べます。

少年写真新聞
Juniors' Visual Journal
http://www.schoolpress.co.jp/
株式会社 少年写真新聞社 〒102-8232 東京都千代田区九段南4-7-16市ヶ谷KTビルI TEL 03(3264)2624 FAX 03(5276)7785

給食ニュース

昭和39年5月4日第3種郵便物認可 2018年6月28日発行 第1737号 旬刊 毎月3回（8・18・28日）発行 1か年定価17,640円
★定期刊行物は終わる期間を予定しない刊行物です。年度が替わりましても、購読中止のお申し出がない場合、引き続きニュースをご送付申し上げます。

食育の6つの目標
食事の重要性 感謝の心
心身の健康 社会性
食品を選択する能力 食文化

No.1737
2018年（平成30年）
6月28日号
8996

あっ危険《きけん》！ 食中毒《しょくちゅうどく》の原因《げんいん》になるよ

食中毒《しょくちゅうどく》が発生《はっせい》しやすい状況《じょうきょう》や予防方法《よぼうほうほう》を知《し》り、食中毒《しょくちゅうどく》を引《ひ》き起《お》こさないようにしましょう

肉《にく》の中心《ちゅうしん》までしっかりと火《ひ》が通《とお》っていない

肉《にく》の中心部《ちゅうしんぶ》まで十分《じゅうぶん》に加熱《かねつ》をして、細菌《さいきん》を死滅《しめつ》させます。

生肉《なまにく》を切《き》ってから同《おな》じまな板《いた》で野菜《やさい》を切る

包丁《ほうちょう》やまな板《いた》は、肉《にく》・魚用《さかなよう》と野菜《やさい》・果物用《くだものよう》にわけます。

一晩室温《ひとばんしつおん》に置《お》いたままのカレーを食《た》べる

残《のこ》った食品《しょくひん》は、小《こ》わけにしてすぐに冷蔵庫《れいぞうこ》で冷《ひ》やします。

けがをしている手《て》でおにぎりをにぎる

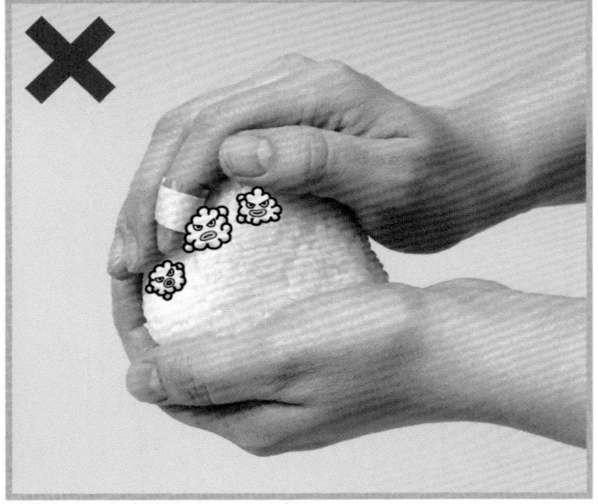

傷口《きずぐち》には細菌《さいきん》がいるので食品《しょくひん》に触《ふ》れないようにします。

食《しょく》中《ちゅう》毒《どく》のおもな症《しょう》状《じょう》

食中毒《しょくちゅうどく》の可能性《かのうせい》がある時《とき》はおとなに知《し》らせましょう。

食中毒《しょくちゅうどく》は原因《げんいん》となる細菌《さいきん》などがついた食品《しょくひん》を食《た》べると起《お》こります。
これからの夏場《なつば》の季節《きせつ》は気温《きおん》や湿度《しつど》が高《たか》くなり、細菌《さいきん》が増《ふ》えて、食中毒《しょくちゅうどく》が起《お》こりやすくなります。
食中毒予防《しょくちゅうどくよぼう》には細菌《さいきん》をつけない、増《ふ》やさない、やっつけることが、大切《たいせつ》ですので気《き》をつけましょう。

監修 女子栄養大学短期大学部 副学長 廣末トシ子先生

徹底《てってい》しよう！ 食中毒予防《しょくちゅうどくよぼう》の3つのポイント

つけない

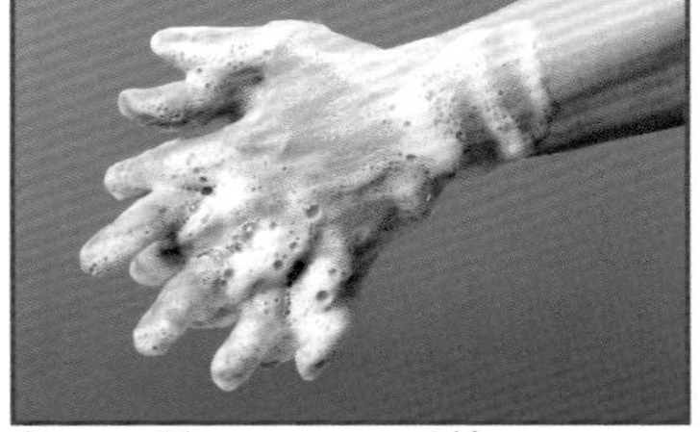

石《せっ》けんを使《つか》ってしっかり手洗《てあら》いをします。

増《ふ》やさない

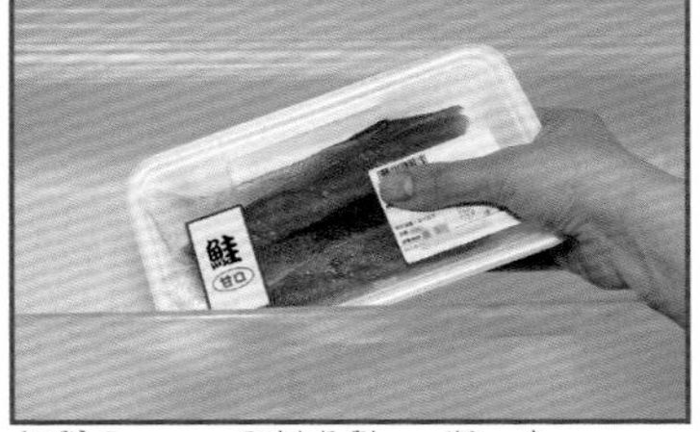

冷蔵庫《れいぞうこ》などで低温保存《ていおんほぞん》し、早《はや》く食《た》べます。

やっつける

ほとんどの細菌《さいきん》は加熱《かねつ》すると死滅《しめつ》します。

※細菌の中には、加熱しても生き残る細菌もいます。

少年写真新聞
Juniors' Visual Journal
http://www.schoolpress.co.jp/
株式会社 少年写真新聞社 〒102-8232 東京都千代田区九段南4-7-16市ヶ谷KTビルI TEL03(3264)2624 FAX03(5276)7785

給食ニュース

昭和39年5月4日第3種郵便物認可 2018年7月8日発行 第1738号 旬刊 毎月3回（8・18・28日）発行 1か年定価17,640円
★定期刊行物は終わる期間を予定しない刊行物です。年度が替わりましても、購読中止のお申し出がない場合、引き続きニュースをご送付申し上げます。

食育の６つの目標
食事の重要性　感謝の心
心身の健康　社会性
食品を選択する能力　食文化

No.1738
2018年（平成30年）
7月8日号
7716

夏《なつ》の野《や》菜《さい》 とうもろこしの秘《ひ》密《みつ》！

とうもろこしのひげと粒《つぶ》をそれぞれ数《かぞ》えると、同《おな》じ数《かず》や近《ちか》い数《かず》になりました

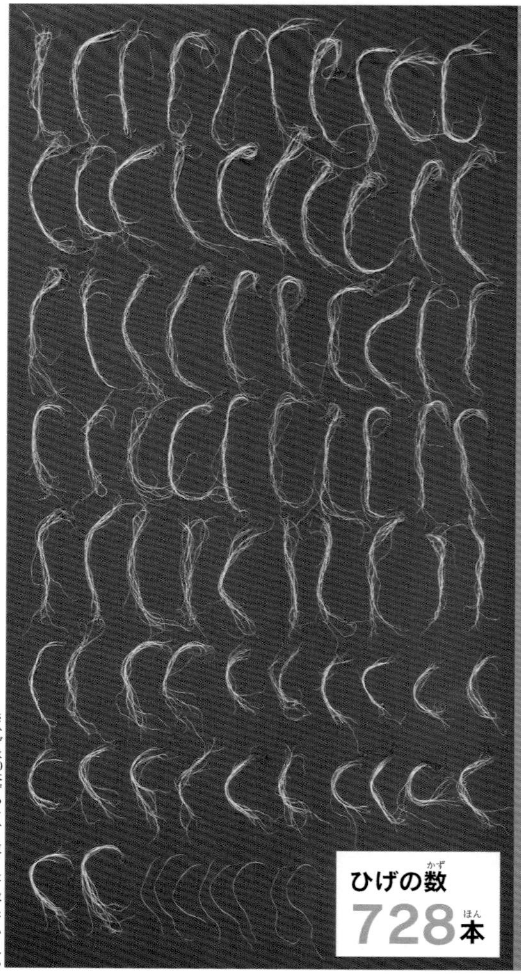
ひげの数《かず》
728本《ほん》

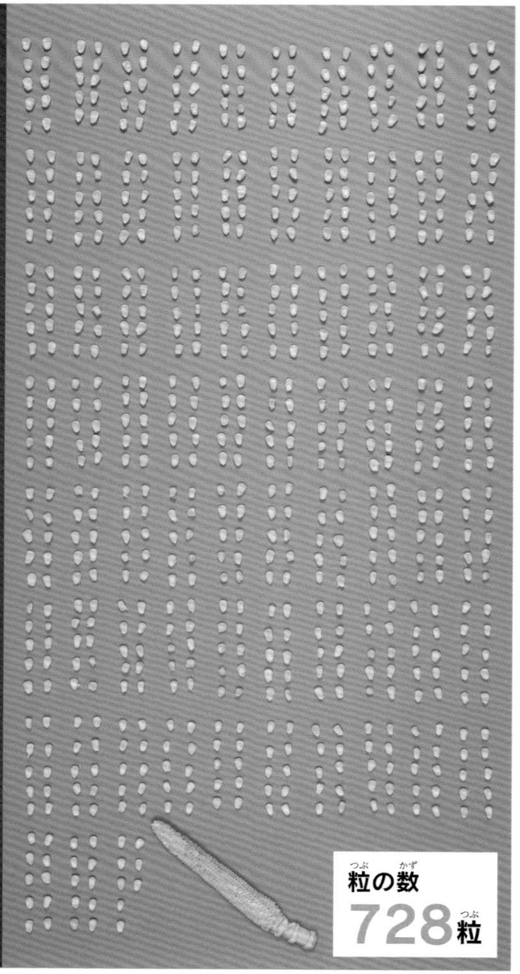
粒《つぶ》の数《かず》
728粒《つぶ》

※ひげは10本ずつをひと束として数えています。

とうもろこしのひげの正体《しょうたい》は、雌《め》花《ばな》から伸《の》びる雌《め》しべ

とうもろこしの粒《つぶ》には、雌《め》しべとつながっていた部分《ぶぶん》が残《のこ》っています。
雌《め》しべは受粉《じゅふん》すると先《さき》が枯《か》れてしまうよ！
雌《め》しべと粒《つぶ》はつながっています。
雌《め》しべの先《さき》に花粉《かふん》がついて受粉《じゅふん》すると、
雌《め》しべのつけ根《ね》がふくらみ、粒《つぶ》（実《み》）になります。
きゅーたん

とうもろこしの栄養《えいよう》

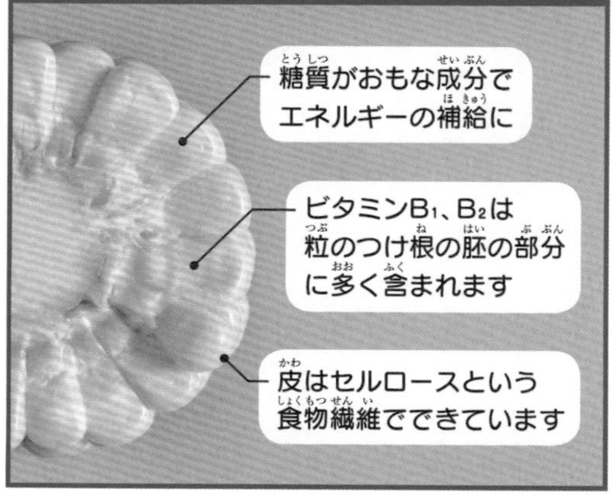
糖質《とうしつ》がおもな成分《せいぶん》でエネルギーの補給《ほきゅう》に
ビタミンB_1、B_2は粒《つぶ》のつけ根《ね》の胚《はい》の部分《ぶぶん》に多《おお》く含《ふく》まれます
皮《かわ》はセルロースという食物繊維《しょくもつせんい》でできています

夏《なつ》の野《や》菜《さい》、とうもろこしの粒《つぶ》とひげをそれぞれ数《かぞ》えてみると同《おな》じ数《かず》や近《ちか》い数《かず》になることがわかりました。

とうもろこしのひげの正体《しょうたい》は雌《め》花《ばな》から伸《の》びている「絹《けん》糸《し》」と呼《よ》ばれる雌《め》しべで、受《じゅ》粉《ふん》すると雌《め》しべのつけ根《ね》がふくらんで粒《つぶ》（実《み》）になるので、ひげと粒《つぶ》の数《かず》はほぼ同《おな》じになります。

ひげが多《おお》いとうもろこしには粒《つぶ》も多《おお》くつまっています。

監修　農研機構九州沖縄農業研究センター

少年写真新聞
Juniors' Visual Journal
http://www.schoolpress.co.jp/
株式会社 少年写真新聞社 〒102-8232 東京都千代田区九段南4-7-16市ヶ谷KTビル I TEL 03(3264)2624 FAX 03(5276)7785

給食ニュース

昭和39年5月4日第3種郵便物認可 2018年7月18日発行 第1739号 旬刊 毎月3回（8・18・28日）発行 1か年定価17,640円
★定期刊行物は終わる期間を予定しない刊行物です。年度が替わりましても、購読中止のお申し出がない場合、引き続きニュースをご送付申し上げます。

食育の6つの目標
食事の重要性 感謝の心
心身の健康 社会性
食品を選択する能力 食文化

No.1739
2018年（平成30年）
7月18日号
7716

健康《けんこう》な生活《せいかつ》を送《おく》るためにも 炭水化物《たんすいかぶつ》をぬかないで！

炭水化物《たんすいかぶつ》をぬく極端《きょくたん》なダイエットは、体《からだ》に悪《わる》い影響《えいきょう》をおよぼしてしまいます

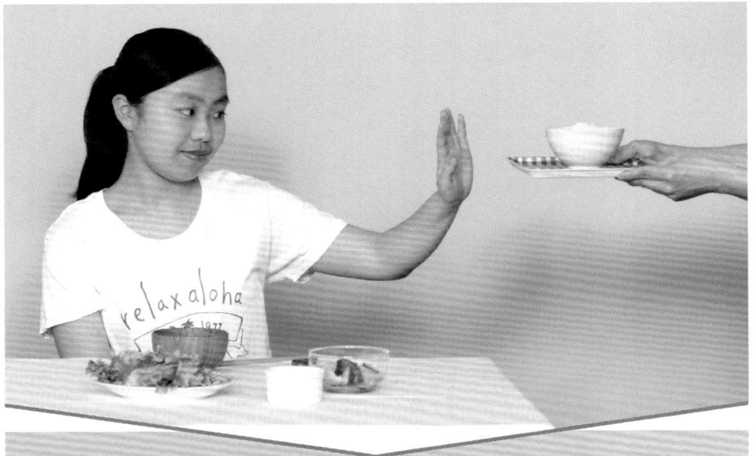

栄養《えいよう》バランスのよい食事《しょくじ》

3つのグループの食品《しょくひん》や6つの食品群《しょくひんぐん》から食品《しょくひん》を組《く》み合《あ》わせて栄養《えいよう》のバランスがととのった食事《しょくじ》をとります。

適度《てきど》な運動《うんどう》

成長期《せいちょうき》の今《いま》は、筋肉《きんにく》や骨《ほね》、内臓《ないぞう》などが発達《はったつ》する時期《じき》なので、適度《てきど》な運動《うんどう》をして丈夫《じょうぶ》な体《からだ》をつくることが大切《たいせつ》です。

十分《じゅうぶん》な睡眠《すいみん》

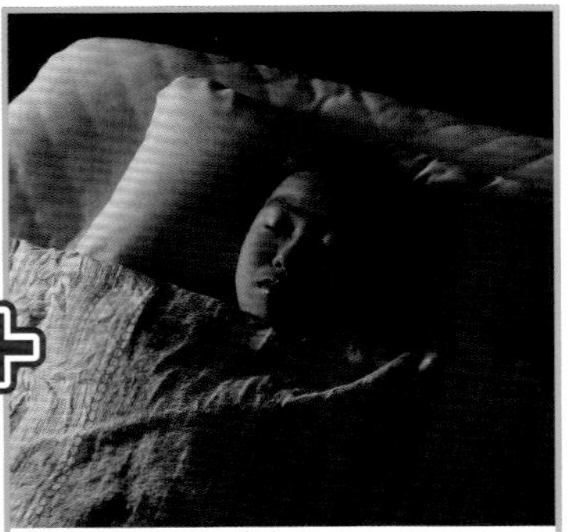

睡眠《すいみん》によって生活《せいかつ》リズムがととのい、疲《つか》れが取《と》れ、記憶《きおく》が定着《ていちゃく》するほか、体《からだ》の発達《はったつ》に重要《じゅうよう》な成長《せいちょう》ホルモンが出《で》ます。

炭水化物《たんすいかぶつ》ぬきダイエットに注意《ちゅうい》！

炭水化物《たんすいかぶつ》が多《おお》い食品《しょくひん》

炭水化物《たんすいかぶつ》は五大栄養素《ごだいえいようそ》の一《ひと》つで、体《からだ》や脳《のう》の働《はたら》きにとってとても大切《たいせつ》です。極端《きょくたん》にとらない食事《しょくじ》が続《つづ》くと、疲《つか》れやすくなったり、たんぱく質《しつ》や脂《し》質《しつ》をとる割合《わりあい》が高《たか》まって腎臓《じんぞう》や血管《けっかん》への負担《ふたん》が増《ふ》えたり、筋肉《きんにく》が減少《げんしょう》したりします。

炭水化物《たんすいかぶつ》を多《おお》く含《ふく》むごはんなどを3食《しょく》で毎回《まいかい》、しっかりとるようにしましょう。

1日《にち》に必要《ひつよう》な エネルギー量《りょう》と炭水化物量《たんすいかぶつりょう》

9歳男子《さいだんし》

エネルギー量《りょう》 1,850kcal
炭水化物量《たんすいかぶつりょう》 約《やく》255g
↳ごはんにすると 約《やく》4.3杯《ばい》

9歳女子《さいじょし》

エネルギー量《りょう》 1,700kcal
炭水化物量《たんすいかぶつりょう》 約《やく》234g
↳ごはんにすると 約《やく》4杯《はい》

※身体活動量は「ふつう」で、炭水化物をエネルギー量の55%で計算しています。体格や活動量によっても違いがありますので、あくまでも参考にしてください。

炭水化物《たんすいかぶつ》は体《からだ》や脳《のう》のエネルギー源《げん》になる大切《たいせつ》な栄養素《えいようそ》です。

炭水化物《たんすいかぶつ》ぬきの極端《きょくたん》なダイエットは、栄養素《えいようそ》のバランスをくずしてしまい、疲《つか》れやすくなったり、筋肉《きんにく》が減《へ》ったりするなどの、悪影響《あくえいきょう》を与《あた》えます。

健康《けんこう》な生活《せいかつ》を送《おく》るためには、栄養《えいよう》のバランスがとれた食事《しょくじ》と、適度《てきど》な運動《うんどう》、十分《じゅうぶん》な睡眠《すいみん》のすべてが大切《たいせつ》です。

監修 東京家政学院大学 人間栄養学部 人間栄養学科 教授 原光彦先生

今《いま》は成長期《せいちょうき》！
身長《しんちょう》も伸《の》びて体重《たいじゅう》も増《ふ》えます

身長《しんちょう》が急《きゅう》に伸《の》びる時《とき》（成長《せいちょう》スパート）は体重《たいじゅう》も増《ふ》えます。成長《せいちょう》スパートの時期《じき》は女子《じょし》の方《ほう》が早《はや》く訪《おとず》れますが、個人差《こじんさ》もあります。

体重増加《たいじゅうぞうか》＝太《ふと》るではないのです。

少年写真新聞
Juniors' Visual Journal
http://www.schoolpress.co.jp/
株式会社 少年写真新聞社 〒102-8232 東京都千代田区九段南4-7-16市ヶ谷KTビルI TEL 03（3264）2624 FAX 03（5276）7785
昭和39年5月4日第3種郵便物認可 2017年8月8日発行 第1740号 旬刊 毎月3回（8・18・28日）発行 1か年定価17,640円

給食ニュース

食育の6つの目標
食事の重要性 感謝の心
心身の健康 社会性
食品を選択する能力 食文化

No.1740
2018年（平成30年）
8月8日号

カレーライスの食材《しょくざい》の生産地《せいさんち》を調《しら》べました

カレーライスに使《つか》われている食材《しょくざい》はどこでつくられているの？

カレー粉《こ》｜インド、モロッコ、マレーシア、イラン、中華人民共和国《ちゅうかじんみんきょうわこく》ほか

品名《ひんめい》：カレー粉《こ》
原材料名《げんざいりょうめい》：ターメリック、コリアンダー、クミン、フェネグリーク、こしょう、赤《あか》とうがらし、ちんぴ、その他香辛料《たこうしんりょう》

表示《ひょうじ》を見《み》ると、カレー粉《こ》はいろいろなスパイスを混《ま》ぜたものとわかります。

きゅーたん

東京都《とうきょうと》のある小学校《しょうがっこう》の今日《きょう》の献立《こんだて》はカレーライス。いろいろな食《しょく》材《ざい》が使《つか》われているよ。

ぶた肉《にく》｜宮崎県産《みやざきけんさん》

写真提供　宮崎県畜産試験場

小麦粉《こむぎこ》｜佐賀県産《さがけんさん》

写真提供　さが県産品流通デザイン公社

米《こめ》｜山形県産《やまがたけんさん》

バター｜北海道産《ほっかいどうさん》

写真提供　北海道農政部農政課

にんじん｜千葉県産《ちばけんさん》

たまねぎ｜香川県産《かがわけんさん》

じゃがいも｜茨城県産《いばらきけんさん》

写真提供　（公社）千葉県観光物産協会

食材《しょくざい》が食卓《しょくたく》に並《なら》ぶまで　にんじんの場合《ばあい》

生産者《せいさんしゃ》

農家《のうか》の人《ひと》がにんじんを育《そだ》てて、収穫《しゅうかく》します。食材《しょくざい》の出発点《しゅっぱつてん》です。

出荷団体《しゅっかだんたい》や集荷業者《しゅうかぎょうしゃ》がにんじんを集《あつ》めて出荷《しゅっか》します。

卸売業者《おろしうりぎょうしゃ》

市場《しじょう》

せりが行《おこな》われて、仲《なか》卸業者《おろしぎょうしゃ》や小売《こうり》店《てん》の人《ひと》が買《か》います。

仲卸業者《なかおろしぎょうしゃ》

小売店《こうりてん》

市場《しじょう》や仲卸《なかおろし》業者《ぎょうしゃ》からにんじんを仕《し》入れ、販売《はんばい》します。

家庭《かてい》・学校《がっこう》

家《いえ》の人《ひと》や調《ちょう》理員《りいん》さんが調《ちょう》理《り》します。

※これは一例です。

食卓《しょくたく》へ

カレーライスが食卓《しょくたく》に並《なら》ぶまでに、たくさんの人《ひと》がかかわっているんだね。

給食《きゅうしょく》の献立《こんだて》のカレーライスに使《つか》われている食材《しょくざい》の、生産地《せいさんち》を調《しら》べました。

食材《しょくざい》は、いろいろな場所《ばしょ》からたくさんの人《ひと》たちのおかげで、届《とど》いていることがわかりました。

毎日《まいにち》食《た》べられることに、感謝《かんしゃ》して食事《しょくじ》をしましょう。

少年写真新聞
Juniors' Visual Journal
http://www.schoolpress.co.jp/
株式会社 少年写真新聞社 〒102-8232 東京都千代田区九段南4-7-16市ヶ谷KTビルI TEL03(3264)2624 FAX03(5276)7785
昭和39年5月4日第3種郵便物認可 2018年8月28日発行 第1741号 旬刊 毎月3回（8・18・28日）発行 1か年定価17,640円

給食ニュース

食育の6つの目標
食事の重要性 感謝の心
心身の健康 社会性
食品を選択する能力 食文化

No.1741
2018年（平成30年）
8月28日号
7716
★定期刊行物は終わる期間を予定しない刊行物です。年度が替わりましても、購読中止のお申し出がない場合、引き続きニュースをご送付申し上げます。

自《じ》分《ぶん》でできる！シリーズ

休《やす》みの日《ひ》の昼《ちゅう》食《しょく》、コンビニ食《しょく》をアレンジ

家《いえ》にある野《や》菜《さい》などの食《しょく》品《ひん》を加《くわ》えることで不《ふ》足《そく》しがちな栄《えい》養《よう》素《そ》を補《おぎな》いましょう

Aさんが選《えら》んだコンビニ食《しょく》

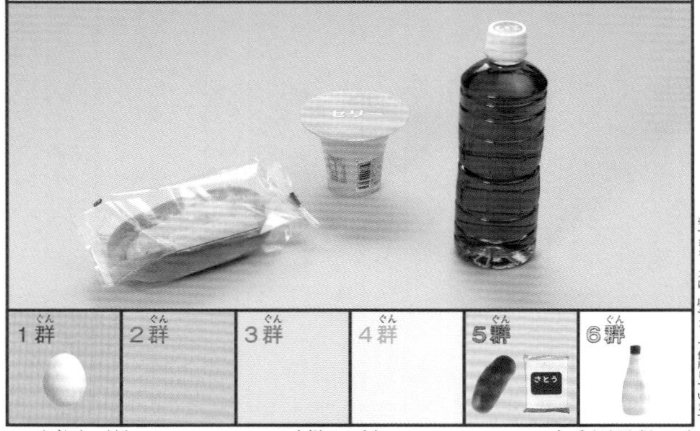

※マヨネーズは、卵サンドで使用しています

足《た》りないのは → 2群《ぐん》…牛乳《ぎゅうにゅう》・乳製品《にゅうせいひん》、小魚《こざかな》、海藻《かいそう》
3群《ぐん》…緑黄色野菜《りょくおうしょくやさい》
4群《ぐん》…その他《た》の野菜《やさい》、果物《くだもの》

家《いえ》にある食品《しょくひん》

家《いえ》にあるものを足《た》して栄養《えいよう》バランスをアップ

きゅーたん

プラス

昼食《ちゅうしょく》に卵《たまご》サンドとゼリー、麦茶《むぎちゃ》を選《えら》びました。6つの基礎食品群《きそしょくひんぐん》に当《あ》てはめてみると、2群《ぐん》、3群《ぐん》、4群《ぐん》がありません。家《いえ》にある食品《しょくひん》を加《くわ》えることで不足《ふそく》している栄養素《えいようそ》が補《おぎな》えます。

Bさんが選《えら》んだコンビニ食《しょく》

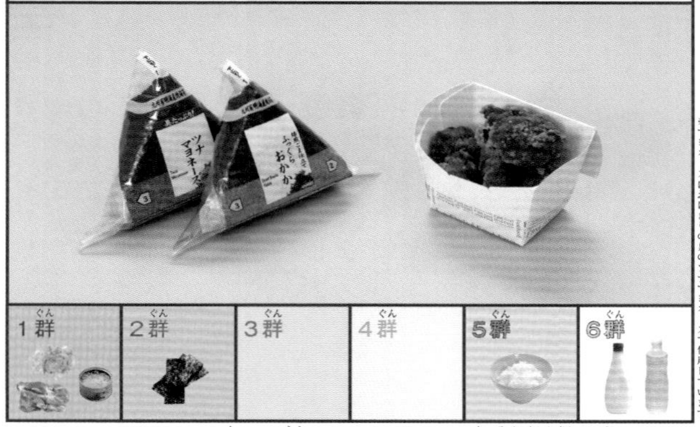

※マヨネーズはおにぎりの具のツナマヨネーズで使用しています

足《た》りないのは → 3群《ぐん》…緑黄色野菜《りょくおうしょくやさい》
4群《ぐん》…その他《た》の野菜《やさい》、果物《くだもの》

家《いえ》にある食品《しょくひん》

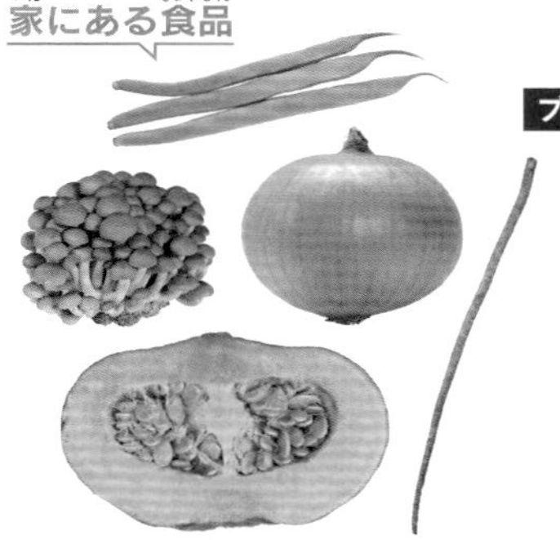

プラス

おにぎりととりのから揚《あ》げを選《えら》びました。6つの基礎食品群《きそしょくひんぐん》に当《あ》てはめてみると3群《ぐん》と4群《ぐん》が足《た》りません。家《いえ》で野菜《やさい》やきのこを使《つか》ったみそ汁《しる》を加《くわ》えたところ、栄養《えいよう》バランスがよくなりました。

不足《ふそく》しがちな食品《しょくひん》をしっかりとろう

2群《ぐん》 牛乳《ぎゅうにゅう》・乳製品《にゅうせいひん》、小魚《こざかな》、海藻《かいそう》

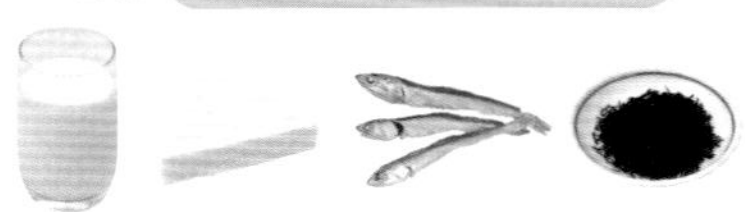

3群《ぐん》 緑黄色野菜《りょくおうしょくやさい》
4群《ぐん》 その他《た》の野菜《やさい》、果物《くだもの》

2群《ぐん》は骨《ほね》や歯《は》をつくるカルシウムやたんぱく質《しつ》が多《おお》く、3、4群《ぐん》には体《からだ》の調子《ちょうし》をととのえるビタミンなどが多《おお》く含《ふく》まれます。

夏休《なつやす》みなどに、コンビニで昼食《ちゅうしょく》を買《か》うと好《す》きなものだけになり、栄養《えいよう》バランスがくずれてしまいがちです。その時《とき》は六《むっ》つの基礎食品群《きそしょくひんぐん》に当《あ》てはめると、栄養《えいよう》バランスをチェックすることができます。

足《た》りない食品群《しょくひんぐん》があれば家《いえ》にある食品《しょくひん》を使《つか》い調理《ちょうり》して加《くわ》えると、栄養《えいよう》バランスがよくなります。

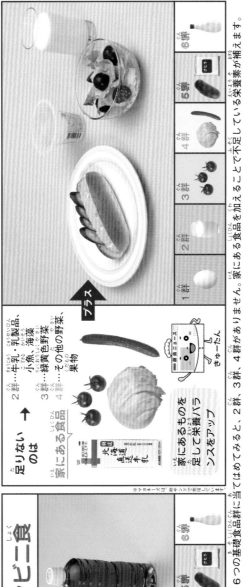

少年写真新聞
Juniors' Visual Journal
http://www.schoolpress.co.jp/
株式会社 少年写真新聞社 〒102-8232 東京都千代田区九段南4-7-16市ヶ谷KTビルⅠ TEL03(3264)2624 FAX 03(5276)7785

給食ニュース

昭和39年5月4日第3種郵便物認可 2018年9月8日発行 第1742号 旬刊 毎月3回(8・18・28日)発行 1か年定価17,640円
★定期刊行物は終わる期間を予定しない刊行物です。年度が替わりましても、購読中止のお申し出がない場合、引き続きニュースをご送付申し上げます。

食育の6つの目標
食事の重要性　感謝の心
心身の健康　社会性
食品を選択する能力　食文化

No.1742
2018年(平成30年)
9月8日号
7716

食料《しょくりょう》自《じ》給《きゅう》率《りつ》アップのためにできること

朝《ちょう》食《しょく》には、ごはんを食《た》べるなど、1人《ひとり》ひとりが考《かんが》えて行《こう》動《どう》しましょう

どうして食料《しょくりょう》自給率《じきゅうりつ》が下《さ》がっているのだろう？

➡ それは国内《こくない》で100%自給《じきゅう》できる米《こめ》を食《た》べる量《りょう》が減《へ》って、肉《にく》や牛乳《ぎゅうにゅう》・乳製品《にゅうせいひん》、油脂《ゆし》などの消費《しょうひ》量《りょう》が増《ふ》えたからです。肉《にく》となる牛《うし》や豚《ぶた》などのえさや、油《あぶら》の原料《げんりょう》も、多《おお》くが輸入《ゆにゅう》されています。

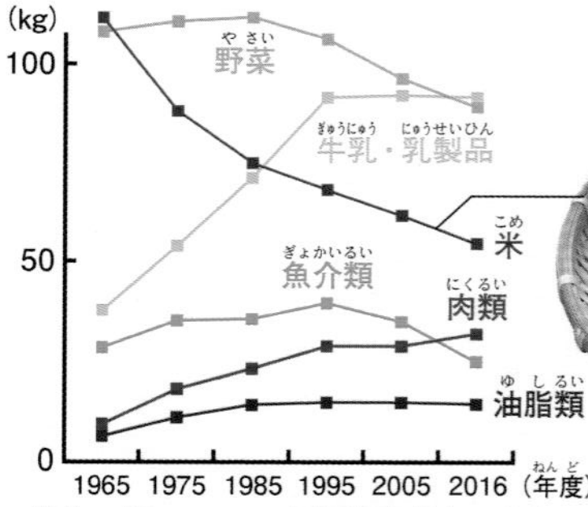
(kg)
100
50
0
野菜《やさい》
牛乳《ぎゅうにゅう》・乳製品《にゅうせいひん》
米《こめ》
魚介類《ぎょかいるい》
肉類《にくるい》
油脂類《ゆしるい》
1965 1975 1985 1995 2005 2016 (年度《ねんど》)

1人《ひとり》1年《ねん》あたりの供給純食料《きょうきゅうじゅんしょくりょう》の変化《へんか》

出典：農林水産省「食料需給表」

食品《しょくひん》の自給率《じきゅうりつ》(2016年度《ねんど》／概算《がいさん》)

米《こめ》(主食用《しゅしょくよう》)	100%
野菜《やさい》	80%
肉類《にくるい》	53%(8%)
牛乳《ぎゅうにゅう》・乳製品《にゅうせいひん》	62%(27%)
魚介類《ぎょかいるい》	53%
油脂類《ゆしるい》	12%

食料自給率《しょくりょうじきゅうりつ》(カロリーベース)

1965年度《ねんど》 73%
↓
2016年度《ねんど》 38%

※( )内《ない》の数値《すうち》はえさの自給率《じきゅうりつ》を考慮《こうりょ》したものです。

自分《じぶん》の食生活《しょくせいかつ》をふり返《かえ》って実践《じっせん》しよう

考《かんが》えよう 自分《じぶん》たちでできることを考《かんが》える

わたしは
地域《ちいき》の食材《しょくざい》を
もっと食べる
ようにしよう
ぼくは、
ごはんを
しっかり
食《た》べるよ

実践《じっせん》しよう 朝食《ちょうしょく》にごはんを食《た》べる

ごはんは粒《つぶ》のまま食《た》べるので、よくかむことができ、満腹感《まんぷくかん》も得《え》られ、脳《のう》や体《からだ》のエネルギー源《げん》として最適《さいてき》です。

効果《こうか》 勉強《べんきょう》や運動《うんどう》に集中《しゅうちゅう》できる

午前中《ごぜんちゅう》から授業《じゅぎょう》や運動《うんどう》に集中《しゅうちゅう》でき、成長期《せいちょうき》の体《からだ》づくりにも役立《やくだ》ちます。

発展《はってん》 食料自給率《しょくりょうじきゅうりつ》アップのために みんなが実践《じっせん》すると……

米《こめ》をはじめ、国産《こくさん》の農産物《のうさんぶつ》の生産量《せいさんりょう》が増《ふ》えて、農家《のうか》の人《ひと》が元気《げんき》になります。

日本《にほん》の食料《しょくりょう》
自給率《じきゅうりつ》は38%！
先進国《せんしんこく》の中《なか》でも
とても低《ひく》いよ。
食料自給率《しょくりょうじきゅうりつ》が低《ひく》い
とどうなるの？
きゅーたん

食《た》べ物《もの》を輸出《ゆしゅつ》している国《くに》で、食《た》べ物《もの》が足《た》りなくなった時《とき》は、輸出《ゆしゅつ》を制限《せいげん》する場合《ばあい》があります。すると、ふだん食《た》べているものが食《た》べられなくなるかもしれないのです。

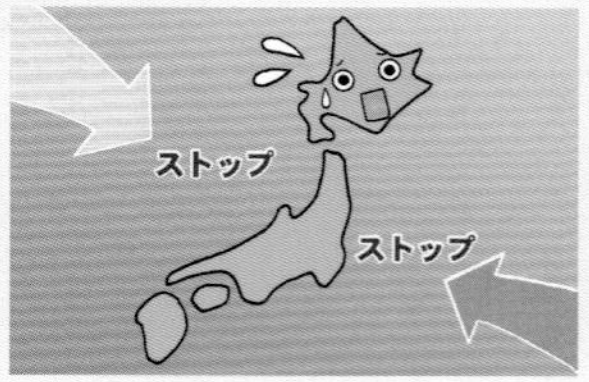
ストップ
ストップ

食料自給率《しょくりょうじきゅうりつ》を
上《あ》げるには
どうしたら
よいのかな？
自分《じぶん》で
できることを
考《かんが》えてみよう！

①国内《こくない》の生産《せいさん》で100%まかなえるごはんを中心《ちゅうしん》とした栄養《えいよう》バランスのよい食事《しょくじ》を心《こころ》がけます。
②地域《ちいき》でとれる旬《しゅん》の食材《しょくざい》を食《た》べるようにします。
③食《た》べ残《のこ》しをしないようにします。

朝どり
野菜
旬
ナス
000円

食料《しょくりょう》自給率《じきゅうりつ》を上《あ》げるため、自分《じぶん》たちでも、できることがいろいろあり、その一《ひと》つが朝食《ちょうしょく》にごはんを食《た》べることです。

ごはんを、しっかり食《た》べると、脳《のう》や体《からだ》のエネルギー源《げん》となるので、朝《あさ》から勉強《べんきょう》や運動《うんどう》に集中《しゅうちゅう》できます。

その上《うえ》、国産《こくさん》の農産物《のうさんぶつ》をたくさん食《た》べると、生産量《せいさんりょう》が増《ふ》えて農家《のうか》の人《ひと》が元気《げんき》になるなど、よい影響《えいきょう》があるので、朝食《ちょうしょく》にごはんを食《た》べる習慣《しゅうかん》を身《み》につけてみませんか。

協力 公益社団法人 米穀安定供給確保支援機構

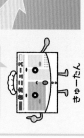

少年写真新聞
Juniors' Visual Journal
http://www.schoolpress.co.jp/
株式会社 少年写真新聞社 〒102-8232 東京都千代田区九段南4-7-16市ヶ谷KTビルⅠ TEL03(3264)2624 FAX 03(5276)7785

給食ニュース

昭和39年5月4日第3種郵便物認可 2018年9月18日発行 第1743号 旬刊 毎月3回(8・18・28日)発行 1か年定価17,640円
★定期刊行物は終わる期間を予定しない刊行物です。年度が替わりましても、購読中止のお申し出がない場合、引き続きニュースをご送付申し上げます。

食育の6つの目標
食事の重要性 感謝の心
心身の健康 社会性
食品を選択する能力 食文化

No.1743
2018年(平成30年)
9月18日号
7716

食育《しょくいく》まんが 秋《あき》の夜空《よぞら》に浮《う》かぶ月《つき》を眺《なが》める月見《つきみ》

※2018年の十五夜は9月24日ですが、満月は9月25日です。十五夜が必ずしも満月になるとは限りません。

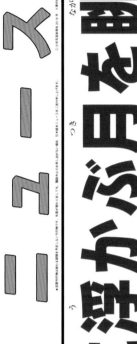

少年写真新聞
Juniors' Visual Journal
http://www.schoolpress.co.jp/
株式会社 少年写真新聞社 〒102-8232 東京都千代田区九段南4-7-16市ヶ谷KTビル1 TEL 03(3264)2624 FAX 03(5276)7785

給 食 ニ ュ ー ス

昭和39年5月4日第3種郵便物認可 2018年9月28日発行 第1744号 旬刊 毎月3回（8・18・28日）発行 1か年定価17,640円
★定期刊行物は終わる期間を予定しない刊行物です。年度が替わりましても、購読中止のお申し出がない場合、引き続きニュースをご送付申し上げます。

食育の6つの目標
食事の重要性　感謝の心
心身の健康　社会性
食品を選択する能力　食文化

No.1744
2018年（平成30年）
9月28日号
7716

頭《あたま》や骨《ほね》のついた魚《さかな》を上手《じょうず》に食《た》べるには

食《た》べにくそうに見《み》える頭《あたま》や骨《ほね》のついた魚《さかな》も食《た》べ方《かた》を知《し》れば上手《じょうず》に食《た》べられます

背《せ》びれや胸《むな》びれを取《と》り、皿《さら》の奥《おく》に置《お》きます。

はしで魚全体《さかなぜんたい》を軽《かる》く押《お》し、上《うえ》の身《み》を頭《あたま》の方《ほう》から食《た》べていきます。

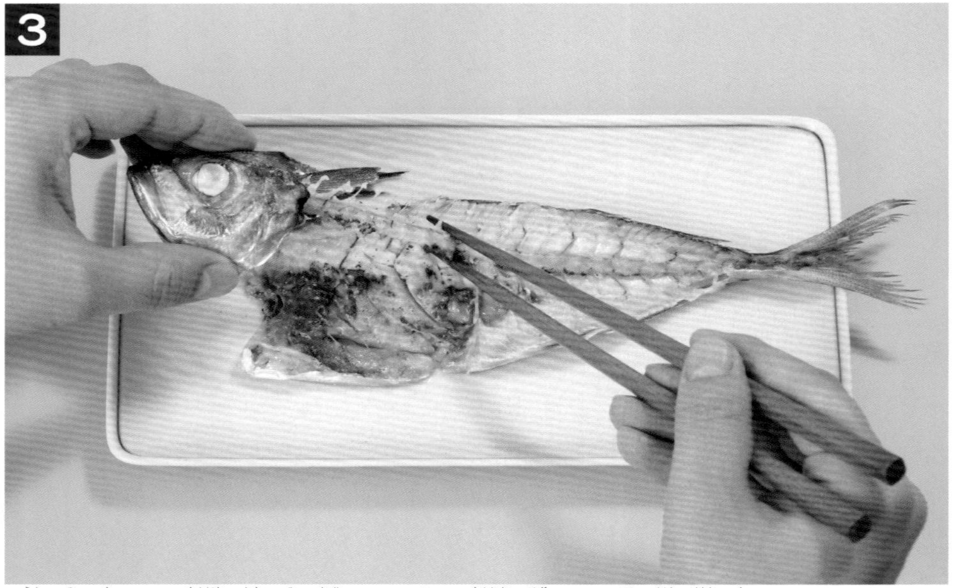

上《うえ》の身《み》を食《た》べたら、中骨《なかぼね》と下《した》の身《み》の間《あいだ》にはしを入《い》れて中骨《なかぼね》を外《はず》します。手《て》で魚《さかな》の頭《あたま》を持《も》ってもよいでしょう。

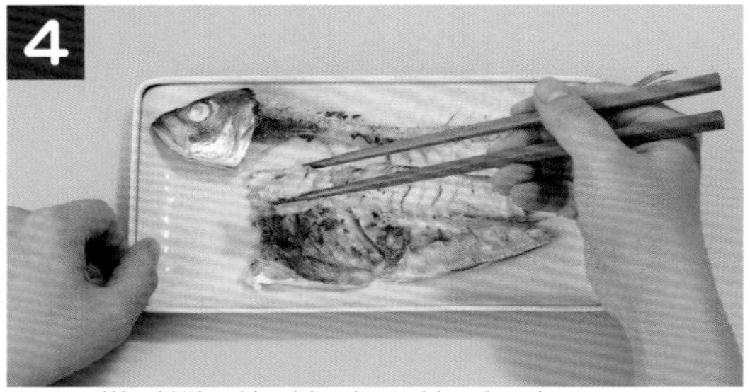

頭《あたま》と中骨《なかぼね》は皿《さら》の奥《おく》に置《お》き、下《した》の身《み》を食《た》べます。

食《た》べ終《お》わったら、残《のこ》った骨《ほね》などを皿《さら》の奥《おく》にまとめておきます。

こんな食《た》べ方《かた》をしないように気《き》をつけよう

魚《さかな》の身《み》を引《ひ》っくりかえして食《た》べる

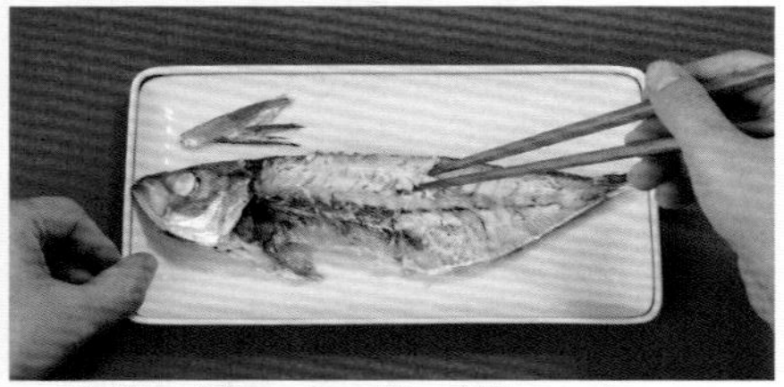
中骨《なかぼね》を外《はず》さずに骨《ほね》の間《あいだ》から食《た》べる

中骨《なかぼね》を外《はず》さずに、身《み》を引《ひ》っくりかえして下《した》の身《み》を食《た》べたり、骨《ほね》の間《あいだ》から食《た》べたりしてはいけません。

頭《あたま》や骨《ほね》つきの魚《さかな》も食《た》べ方《かた》を知《し》って、練習《れんしゅう》をすると上手《じょうず》に食《た》べられるようになります。

はしだけで食《た》べにくい時《とき》は、魚《さかな》に手《て》を添《そ》えて食《た》べてもよいでしょう。

この写真《しゃしん》のように食《た》べると、食《た》べ終《お》わった後《あと》も、美《うつく》しく、はしづかいの達人《たつじん》になれます。

監修　岐阜大学大学院　教育学研究科　准教授　柴崎直人先生

食事《しょくじ》マナーの達人《たつじん》 柴崎直人先生《しばざきなおとせんせい》に聞《き》いてみました

Q.どうしてきれいに食《た》べるとよいのですか？

一緒《いっしょ》に食《た》べる人《ひと》が見《み》ていて気持《きも》ちがよいだけではなく、食《た》べ物《もの》や生産者《せいさんしゃ》、料理《りょうり》をつくる人《ひと》、材料《ざいりょう》を買《か》う人《ひと》、太陽《たいよう》や雨《あめ》などの自然《しぜん》の恵《めぐ》みなど、あらゆるものを大切《たいせつ》にしたいという心《こころ》をあらわすことができるからです。

Q.上手《じょうず》に魚《さかな》を食《た》べるこつはありますか？

まだ熱《あつ》いうちに、頭《あたま》から尾《お》にかけて、はしで軽《かる》く全体《ぜんたい》を押《お》さえておくと、骨《ほね》と身《み》がはがれやすくなりますよ。食《た》べられない骨《ほね》などは、皿《さら》の奥《おく》にまとめて置《お》く習慣《しゅうかん》をつけましょう。

きゅーたん

少年写真新聞
Juniors' Visual Journal
http://www.schoolpress.co.jp/

給食ニュース

昭和39年５月４日第３種郵便物認可　2018年10月８日発行　第1745号　旬刊　毎月３回（８・18・28日）発行　１か年定価17,640円

No.1745
2018年（平成30年）
10月８日号
7716

食育の６つの目標
食事の重要性　感謝の心
心身の健康　社会性
食品を選択する能力　食文化

プロ野球選手《やきゅうせんしゅ》の負《ま》けない体《からだ》をつくる食事《しょくじ》

東京《とうきょう》ヤクルトスワローズの戸田寮《とだりょう》は、食事《しょくじ》を選《えら》ぶ力《ちから》を身《み》につけられる環境《かんきょう》がととのっています

選手《せんしゅ》は、おいしくてバランスのよい食事《しょくじ》を力《ちから》にかえて試合《しあい》に臨《のぞ》みます。

昼食《ちゅうしょく》の献立《こんだて》（一例《いちれい》）

エネルギー源《げん》となる糖質《とうしつ》が中心《ちゅうしん》の献立《こんだて》です。

献立名《こんだてめい》

- そば（温《おん》・冷《れい》）
- プルコギ
- 春雨《はるさめ》の中華《ちゅうか》あえ
- いなりずし
- ホットドック
- 生野菜《なまやさい》
- フルーツ
- 青《あお》りんごゼリー
- ドーナッツ
- ヨーグルト
- 乳酸菌飲料《にゅうさんきんいんりょう》

献立《こんだて》から自分《じぶん》に合《あ》う料理《りょうり》を選《えら》びます。

テーブルの中心《ちゅうしん》には「栄養《えいよう》メモ」が。

豊富《ほうふ》なメニューのほかに、バナナなどの補食《ほしょく》もあります。

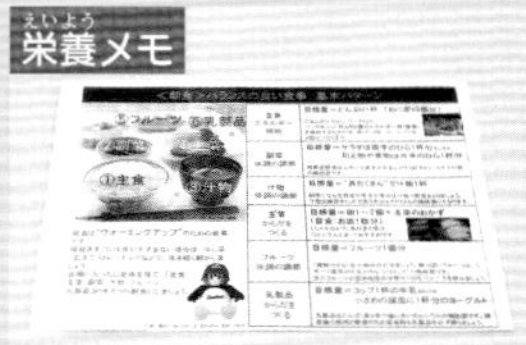

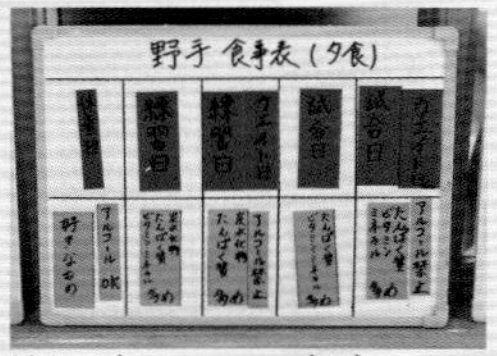

食堂内《しょくどうない》には、選手《せんしゅ》が栄養《えいよう》に関心《かんしん》を持《も》つための工夫《くふう》が。

プロ野球選手《やきゅうせんしゅ》の食事内容《しょくじないよう》について、東京《とうきょう》ヤクルトスワローズの戸田寮《とだりょう》の食堂《しょくどう》を取材《しゅざい》しました。

選手《せんしゅ》は、栄養《えいよう》サポートを受《う》けて、自《みずか》らが、主食《しゅしょく》・主菜《しゅさい》・副菜《ふくさい》・汁物《しるもの》・果物《くだもの》・乳製品《にゅうせいひん》の献立《こんだて》から食事《しょくじ》の量《りょう》や栄養《えいよう》バランスを考《かんが》えて選《えら》んでいます。

食事《しょくじ》は、パワーの源《みなもと》になるので、みなさんもしっかりと食《た》べましょう。

取材協力　株式会社ヤクルト球団

株式会社《かぶしきがいしゃ》ヤクルト球団《きゅうだん》
チーム運営部《うんえいぶ》
コンディショニング
サポートグループ
管理栄養士《かんりえいようし》／公認《こうにん》スポーツ栄養士《えいようし》
天方一匡《あまがたかずまさ》さん

Q. 野球選手《やきゅうせんしゅ》の食事《しょくじ》のポイントや栄養《えいよう》サポートについて教《おし》えてください

プロ野球選手《やきゅうせんしゅ》は、毎日試合《まいにちしあい》が行《おこな》われるので疲労回復《ひろうかいふく》が重要《じゅうよう》です。また、ポジションによって運動量《うんどうりょう》が違《ちが》うので、食《た》べる量《りょう》も違《ちが》ってきます。栄養《えいよう》サポートでは、主食《しゅしょく》・主菜《しゅさい》・副菜《ふくさい》・汁物《しるもの》・果物《くだもの》・乳製品《にゅうせいひん》を含《ふく》む基本《きほん》の食事《しょくじ》について「選択《せんたく》できる力《ちから》」を身《み》につけるための栄養指導《えいようしどう》が大切《たいせつ》だと思《おも》います。遠征先《えんせいさき》で苦手《にがて》な食《た》べ物《もの》が出《で》ても、栄養《えいよう》バランスを考《かんが》えて、これなら食《た》べられるというものを「選択《せんたく》できる力《ちから》」を持《も》ってもらえたらと感《かん》じています。

Q. 野球《やきゅう》をしている子《こ》どもたちに食事《しょくじ》のアドバイスをお願《ねが》いします

好《す》ききらいをなくすことから始《はじ》めましょう。つくってくれる方《かた》に感謝《かんしゃ》の気持《きも》ちで「いただきます」「ごちそうさま」のあいさつをきちんとしてもらいたいなと思《おも》います。一流《いちりゅう》の選手《せんしゅ》もきちんと食事《しょくじ》のあいさつをしています。そして、食事《しょくじ》の力《ちから》を信《しん》じて食事《しょくじ》をきちんととりましょう。

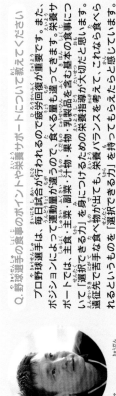

少年写真新聞
Juniors' Visual Journal
http://www.schoolpress.co.jp/
株式会社 少年写真新聞社　〒102-8232 東京都千代田区九段南4-7-16市ヶ谷KTビルI　TEL 03（3264）2624　FAX 03（5276）7785

給 食 ニ ュ ー ス

昭和39年5月4日第3種郵便物認可　2018年10月18日発行　第1746号　旬刊　毎月3回（8・18・28日）発行　1か年定価17,640円
★定期刊行物は終わる期間を予定しない刊行物です。年度が替わりましても、購読中止のお申し出がない場合、引き続きニュースをご送付申し上げます。

食育の６つの目標
食事の重要性　感謝の心
心身の健康　社会性
食品を選択する能力　食文化

No.1746
2018年（平成30年）
10月18日号
7716

生活習慣病《せいかつしゅうかんびょう》を予防《よぼう》する食習慣《しょくしゅうかん》

子《こ》どもの頃《ころ》からよい食習慣《しょくしゅうかん》を続《つづ》けることが将来《しょうらい》の健康《けんこう》のために大切《たいせつ》です

早起《はやお》きをして、エネルギー源《げん》となる朝食《ちょうしょく》を、毎日必《まいにちかなら》ずとるようにします。

好《す》ききらいをしないで、いろいろな食品《しょくひん》から栄養《えいよう》をとり、残《のこ》さず食《た》べます。

朝食《ちょうしょく》 → 昼食《ちゅうしょく》（給食《きゅうしょく》） → 間食《かんしょく》 → 夕食《ゆうしょく》 → 朝食

糖分《とうぶん》や脂肪分《しぼうぶん》、塩分《えんぶん》をとりすぎないようにして、栄養《えいよう》バランスのよい食事《しょくじ》を心《こころ》がけます。

間食《かんしょく》は、食《た》べる時間《じかん》と量《りょう》を決《き》めて、だらだら食《た》べ続《つづ》けたり、とりすぎたりしないようにします。

生活習慣病《せいかつしゅうかんびょう》とは

食事《しょくじ》や運動《うんどう》、睡眠《すいみん》などの生活習慣《せいかつしゅうかん》が深《ふか》くかかわって起《お》こる病気《びょうき》をいいます。糖尿病《とうにょうびょう》や心筋《しんきん》こうそく、脳卒中《のうそっちゅう》などがあります。

死亡原因《しぼうげんいん》の割合《わりあい》

出典「平成28年（2016）人口動態統計」厚生労働省

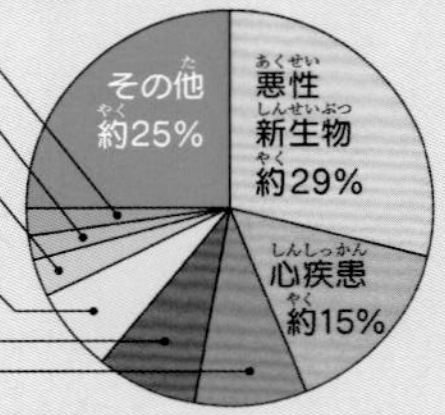
悪性《あくせい》新生物《しんせいぶつ》 約《やく》29%
心疾患《しんしっかん》 約《やく》15%
肺炎《はいえん》 約《やく》9%
脳血管疾患《のうけっかんしっかん》 約《やく》8%
老衰《ろうすい》 約《やく》7%
不慮《ふりょ》の事故《じこ》 約《やく》3%
腎不全《じんふぜん》 約《やく》2%
自殺《じさつ》 約《やく》2%
その他《た》 約《やく》25%

日本人《にほんじん》の死因《しいん》の上位《じょうい》は生活習慣《せいかつしゅうかん》が深《ふか》く関係《かんけい》する病気《びょうき》です。生活習慣病予防《せいかつしゅうかんびょうよぼう》には、子《こ》どもの頃《ころ》からよい生活習慣《せいかつしゅうかん》を身《み》につけることが大切《たいせつ》です。

なぜ子《こ》どもの頃《ころ》からの習慣《しゅうかん》が大切《たいせつ》なの？

肥満《ひまん》は生活習慣病《せいかつしゅうかんびょう》の原因《げんいん》の１つです。子《こ》どもの肥満《ひまん》はおとなの肥満《ひまん》に移行《いこう》しやすく、また、長年《ながねん》の習慣《しゅうかん》をかえるのは大変《たいへん》です。今《いま》のうちからよい習慣《しゅうかん》を心《こころ》がけましょう。

給食ニュース

きゅーたん

生活習慣病《せいかつしゅうかんびょう》は、食事《しょくじ》や運動《うんどう》、睡眠《すいみん》などの生活習慣《せいかつしゅうかん》が関係《かんけい》する病気《びょうき》です。予防《よぼう》のためには子《こ》どものうちから朝食《ちょうしょく》を毎日《まいにち》とって、糖分《とうぶん》や脂肪分《しぼうぶん》、塩分《えんぶん》をとりすぎずに栄養《えいよう》バランスのよい食事《しょくじ》を心《こころ》がけることが大切《たいせつ》です。

また、食習慣《しょくしゅうかん》を改善《かいぜん》するためには、運動《うんどう》や睡眠習慣《すいみんしゅうかん》などの、生活全般《せいかつぜんぱん》をととのえることがとても重要《じゅうよう》です。

監修　富山大学 医学部 教授　関根道和先生

運動《うんどう》も睡眠《すいみん》も重要《じゅうよう》

生活習慣病予防《せいかつしゅうかんびょうよぼう》には、生活《せいかつ》リズムをととのえることが大切《たいせつ》です。適度《てきど》な運動《うんどう》をして、早起《はやお》き早寝《はやね》を心《こころ》がけることが、食習慣《しょくしゅうかん》の改善《かいぜん》にもつながります。

少年写真新聞
Juniors' Visual Journal
http://www.schoolpress.co.jp/
給食ニュース
食育の6つの目標
食事の重要性　感謝の心
心身の健康　社会性
食品を選択する能力　食文化
No.1747
2018年（平成30年）
10月28日号

めくってみよう！

間食《かんしょく》の脂質《ししつ》の量《りょう》はどれくらい？

ポテトチップス（60g）

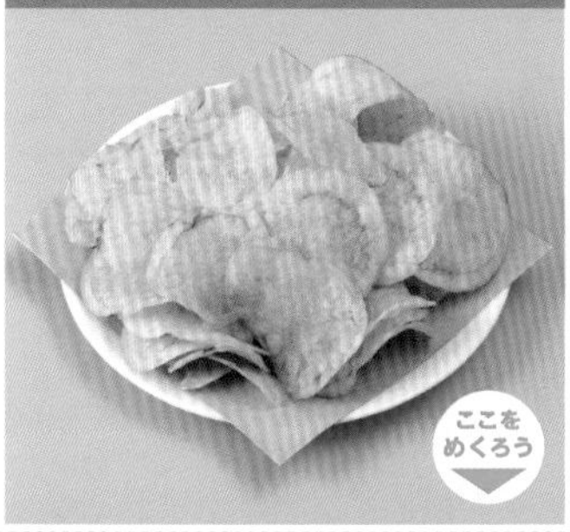
ここをめくろう

フライドチキン（80g）

ここをめくろう

チーズバーガー（1個《こ》）
※パンを除く

ここをめくろう

揚《あ》げせんべい（3枚《まい》）

ここをめくろう

そのほかの間食《かんしょく》の脂質《ししつ》の量《りょう》は……

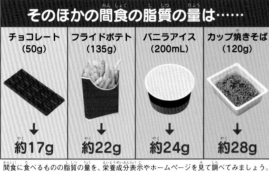

チョコレート（50g）	フライドポテト（135g）	バニラアイス（200mL）	カップ焼《や》きそば（120g）

↓	↓	↓	↓
約《やく》17g	約《やく》22g	約《やく》24g	約《やく》28g

間食《かんしょく》に食《た》べるものの脂質《ししつ》の量《りょう》を、栄養成分表示《えいようせいぶんひょうじ》やホームページを見《み》て調《しら》べてみましょう。

間食《かんしょく》で脂質《ししつ》をとりすぎないためには

脂質《ししつ》の少《すく》ない間食《かんしょく》を選《えら》ぼう

果物《くだもの》

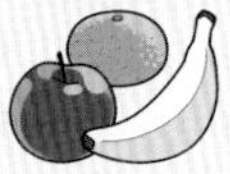

おにぎり

野菜《やさい》スティック

ふかしいも

量《りょう》を決《き》めて食《た》べよう

今日《きょう》はこれだけ！
給食ニュース
きゅーたん

栄養成分表示《えいようせいぶんひょうじ》を見《み》よう

のりしろ

つくり方

1. ----- をはさみで切ります。「そのほかの間食の脂質の量は……」「間食で脂質をとりすぎないためには」の部分は、掲示用写真ニュースの近くに掲示してください。
2. のりしろにのりづけをして、タイトルの部分を重ねて上下２枚をはり合わせます。

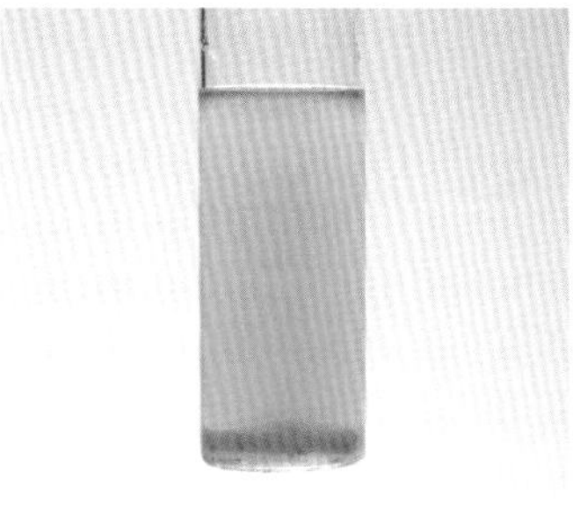

約《やく》19g

約《やく》13g

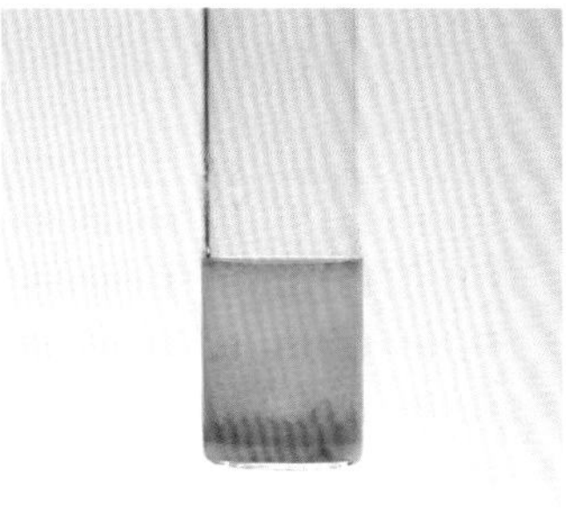

約《やく》11g

約《やく》８g

※脂質の量は編集部で検出実験を行ってはかったものなので、商品の栄養成分表示に書かれている数値より少ない値になっています。

脂質《ししつ》の検出実験《けんしゅつじっけん》をしたところ、揚《あ》げ物《もの》やスナック菓子《がし》などの間食《かんしょく》に食《た》べる機会《きかい》の多《おお》い食《た》べ物《もの》からは、たくさんの脂質《ししつ》を取《と》り出《だ》すことができました。

食品《しょくひん》を煮《に》て出《で》てきた脂質《ししつ》をはかりました。

1日《にち》の脂質摂取目標量《ししつせっしゅもくひょうりょう》

男子《だんし》	年齢《ねんれい》	女子《じょし》
約《やく》34g～約《やく》52g	6～7歳《さい》	約《やく》32g～約《やく》48g
約《やく》41g～約《やく》62g	8～9歳《さい》	約《やく》38g～約《やく》57g
約《やく》50g～約《やく》75g	10～11歳《さい》	約《やく》47g～約《やく》70g
約《やく》58g～約《やく》87g	12～14歳《さい》	約《やく》53g～約《やく》80g

※脂質の総エネルギーに占める割合を20％～30％で計算しています。（身体活動レベル　ふつう）

年齢《ねんれい》や活動量《かつどうりょう》によっても必要《ひつよう》な脂質《ししつ》の量《りょう》は違《ちが》います。

脂質《ししつ》をとりすぎていると……
肥満《ひまん》の原因《げんいん》になる
生活習慣病《せいかつしゅうかんびょう》になりやすくなる
糖尿病
高血圧

身近《みぢか》な間食《かんしょく》の脂質量《ししつりょう》を調《しら》べると、揚《あ》げ物《もの》や、スナック菓子《がし》などに多《おお》く含《ふく》まれていました。

脂質《ししつ》は、体《からだ》を動《うご》かすエネルギーのもととなる、大切《たいせつ》な栄養素《えいようそ》ですが、とりすぎは肥満《ひまん》や生活習慣病《せいかつしゅうかんびょう》などの原因《げんいん》になることがあります。

ふだんの間食《かんしょく》のとり方《かた》を見直《みなお》して、脂質《ししつ》のとりすぎに気《き》をつけましょう。

少年写真新聞
Juniors' Visual Journal
http://www.schoolpress.co.jp/
株式会社 少年写真新聞社 〒102-8232 東京都千代田区九段南4-7-16市ヶ谷KTビルI TEL03(3264)2624 FAX03(5276)7785

給食ニュース

昭和39年5月4日第3種郵便物認可 2018年11月8日発行 第1748号 旬刊 毎月3回（8・18・28日）発行 1か年定価17,640円
★定期刊行物は終わる期間を予定しない刊行物です。年度が替わりましても、購読中止のお申し出がない場合、引き続きニュースをご送付申し上げます。

食育の６つの目標
食事の重要性 感謝の心
心身の健康 社会性
食品を選択する能力 食文化

No.1748
2018年（平成30年）
11月8日号
7716

食《しょく》の仕事人《しごとにん》

パティシエは世界一《せかいいち》の仕事《しごと》

好《す》きなことをして一生《いっしょう》ごはんを食《た》べていけるのはすごく幸《しあわ》せなこと

お客《きゃく》さまの目《め》の前《まえ》でつくるカウンターデザートは、「おいしいものを出《だ》したい」との考《かんが》えから生《う》まれました。

パソコンなどを使《つか》って文章《ぶんしょう》を書《か》く仕事《しごと》をする時《とき》もあります。

①～④カウンターデザートは、皿《さら》にケーキとソースやナッツ、クリームなどを目《め》の前《まえ》で盛《も》ります。⑤店内《てんない》のショーケースには持《も》ち帰《かえ》り用《よう》のケーキが多《おお》く並《なら》びます。

Toshi Yoroizukaの鎧塚《よろいづか》俊彦《としひこ》さんにお聞《き》きしました

きゅーたん

Q. スイーツをつくる時《とき》に心《こころ》がけていることはありますか？

当《あ》たり前《まえ》のことですけれど、とにかく「おいしいもの」をつくるのが一番《いちばん》ですね。

Q. お客《きゃく》さまの目《め》の前《まえ》でつくる「カウンターデザート」のきっかけは、つくりたてを提供《ていきょう》するためですか？

「つくりたてを」というより、「おいしいものを出《だ》したい」と考《かんが》えた時《とき》に、どうしたらいいかと思《おも》ったら、目《め》の前《まえ》でやるのが一番《いちばん》理《り》にかなっていたということですね。

Q. 子《こ》どもたちに向《む》けてメッセージをお願《ねが》いします

本当《ほんとう》にやりたければ、どんどんチャレンジしていってもらいたいなと思《おも》います。ぼくは、パティシエは世界一《せかいいち》の仕事《しごと》だってよくいうんです。パティシエってお菓子《かし》をつくるのが好《す》きで（それが仕事《しごと》になり）、好《す》きなことをして一生《いっしょう》ごはんを食《た》べていけるのはすごく幸《しあわ》せなことです。

取材協力 東京都 Toshi Yoroizuka

鎧塚《よろいづか》さんは、おいしいものにこだわり、お客《きゃく》さまの目《め》の前《まえ》でつくるカウンターデザートを、行《おこな》っています。

そして素材《そざい》を大切《たいせつ》にし、自社《じしゃ》農園《のうえん》を開設《かいせつ》して、畑《はたけ》からケーキづくりをしています。

パティシエは世界一《せかいいち》の仕事《しごと》であり、好《す》きなことをすることができる幸《しあわ》せを感《かん》じてほしいと、話《はな》してくれました。

素材《そざい》を大切《たいせつ》にしています

写真提供 東京都 Toshi Yoroizuka

写真提供 東京都 Toshi Yoroizuka

南米《なんべい》エクアドルや神奈川県《かながわけん》小田原市《おだわらし》に自社《じしゃ》農園《のうえん》を開設《かいせつ》。素材《そざい》は、だれがどういう思《おも》いでつくっているのかが一番《いちばん》大切《たいせつ》と鎧塚《よろいづか》さん。

少年写真新聞
Juniors' Visual Journal
http://www.schoolpress.co.jp/

給食ニュース

食育の6つの目標
食事の重要性
感謝の心
心身の健康
社会性
食品を選択する能力
食文化

No.1749
2018年（平成30年）
11月18日号

食育《しょくいく》まんが 秋《あき》の味覚《みかく》！ きのこを食《た》べよう

少年写真新聞
Juniors' Visual Journal
http://www.schoolpress.co.jp/
株式会社 少年写真新聞社 〒102-8232 東京都千代田区九段南4-7-16市ヶ谷KTビルⅠ TEL03（3264）2624 FAX 03（5276）7785

給食ニュース

昭和39年5月4日第3種郵便物認可 2018年11月28日発行 第1750号 旬刊 毎月3回（8・18・28日）発行 1か年定価17,640円
★定期刊行物は終わる期間を予定しない刊行物です。年度が替わりましても、購読中止のお申し出がない場合、引き続きニュースをご送付申し上げます。

食育の6つの目標
食事の重要性　感謝の心
心身の健康　社会性
食品を選択する能力　食文化

No.1750
2018年（平成30年）
11月28日号
7716

自分《じぶん》でできる！シリーズ

適量《てきりょう》で栄養《えいよう》バランスのよい 弁当《べんとう》づくりのこつ

自分《じぶん》に合《あ》った弁当《べんとう》をつくるには、弁当箱《べんとうばこ》の大《おお》きさや詰《つ》め方《かた》に気《き》をつけましょう

主食《しゅしょく》はごはん、主菜《しゅさい》はさけの塩焼《しおや》き、副菜《ふくさい》は青菜《あおな》の炒《いた》め物《もの》と根菜《こんさい》の煮物《にもの》の弁当《べんとう》です。

①弁当箱《べんとうばこ》の大《おお》きさを確認《かくにん》しよう

自分《じぶん》に合《あ》う弁当箱《べんとうばこ》の容量《ようりょう》の目安《めやす》

	6～7歳《さい》	8～9歳《さい》	10～11歳《さい》	12～14歳《さい》
男子《だんし》	520mL 450～580mL	620mL 530～700mL	750mL 650～830mL	870mL 770～970mL
女子《じょし》	480mL 420～550mL	570mL 500～630mL	700mL 620～780mL	800mL 720～900mL

※弁当箱の容量は、『日本人の食事摂取基準（2015年版）』の数値を用いて算出し、身体活動レベル等を考慮して、幅を持たせています。

弁当箱《べんとうばこ》の大《おお》きさは、1食分《しょくぶん》に必要《ひつよう》なエネルギー量《りょう》とほぼ同《おな》じ数値《すうち》です。1食《しょく》に必要《ひつよう》なエネルギー量《りょう》は、体《からだ》の大《おお》きさや運動量《うんどうりょう》などによっても違《ちが》うので、たくさん運動《うんどう》をする人《ひと》は、大《おお》きめの容量《ようりょう》のものを選《えら》びましょう。

②主食《しゅしょく》3・主菜《しゅさい》1・副菜《ふくさい》2で詰《つ》めよう

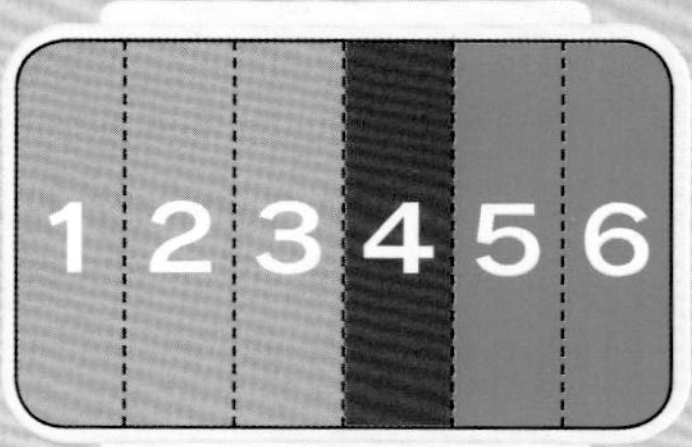

弁当箱《べんとうばこ》を6等分《とうぶん》にして、主食《しゅしょく》・主菜《しゅさい》・副菜《ふくさい》をそれぞれの割《わり》合《あい》になるようにすき間《ま》なく詰《つ》めましょう。

1食《しょく》の量《りょう》を弁当箱《べんとうばこ》の大《おお》きさで決《き》めて、主食《しゅしょく》・主菜《しゅさい》・副菜《ふくさい》を3・1・2の割合《わりあい》で詰《つ》めることを「3・1・2弁当箱法《べんとうばこほう》」といいます。主食《しゅしょく》・主菜《しゅさい》・副菜《ふくさい》による食事《しょくじ》のととのえ方《かた》です。

「3・1・2弁当箱法」出典：NPO法人食生態学実践フォーラム

主食《しゅしょく》・主菜《しゅさい》・副菜《ふくさい》のおもな食品《しょくひん》

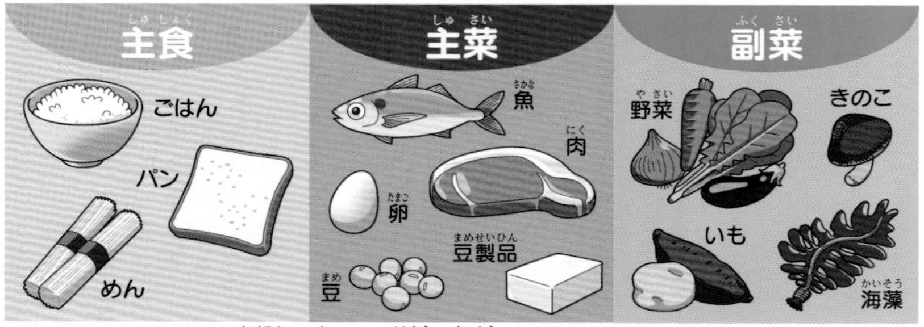

さまざまな食品《しょくひん》を使《つか》って、弁当《べんとう》の栄養《えいよう》バランスをととのえましょう。

監修 高知大学 名誉教授 針谷順子先生

弁当箱《べんとうばこ》の大《おお》きさや、詰《つ》め方《かた》に気《き》をつけると、自分《じぶん》に合《あ》う量《りょう》のバランスのよい弁当《べんとう》ができます。これは、一食《いっしょく》に何《なに》をどれだけ食《た》べたらよいかの目安《めやす》になり、ふだんの食事《しょくじ》にも活用《かつよう》できます。これまでに、学《まな》んだことを、生《い》かして自分《じぶん》で弁当《べんとう》をつくってみましょう。

ほかにもあるよ！ 弁当《べんとう》づくりのポイント

- 肉《にく》や魚《さかな》は十分《じゅうぶん》に加熱《かねつ》しよう
- おかずは汁気《しるけ》を切《き》ってから詰《つ》めよう
- おかずを詰《つ》める時《とき》は、手《て》ではなく、はしやスプーンを使《つか》おう
- 料理《りょうり》が冷《さ》めてからふたをしよう
- 同《おな》じ味《あじ》つけや同《おな》じ調理法《ちょうりほう》のおかずが重《かさ》ならないようにしよう
- 調理《ちょうり》にかけられる時間《じかん》や食材《しょくざい》の価格《かかく》も考《かんが》えよう
- いろいろな色《いろ》の食品《しょくひん》を使《つか》ったり、季節感《きせつかん》を考《かんが》えたりしよう

少年写真新聞
Juniors' Visual Journal
http://www.schoolpress.co.jp/
株式会社 少年写真新聞社 〒102-8232 東京都千代田区九段南4-7-16 市ヶ谷KTビルI TEL 03（3264）2624 FAX 03（5276）7785

給食ニュース

昭和39年5月4日第3種郵便物認可 2018年12月8日発行 第1751号 旬刊 毎月3回（8・18・28日）発行 1か年定価17,640円
★定期刊行物は終わる期間を予定しない刊行物です。年度が替わりましても、購読中止のお申し出がない場合、引き続きニュースをご送付申し上げます。

食育の6つの目標
食事の重要性　感謝の心
心身の健康　社会性
食品を選択する能力　食文化

No.1751
2018年（平成30年）
12月8日号
7716

根深《ねぶか》ねぎと葉《は》ねぎの違《ちが》いを知《し》ろう！

それぞれのねぎは特徴《とくちょう》を生《い》かしていろいろな料理《りょうり》に使《つか》われています

辛《から》み甘《あま》みの強《つよ》い根深《ねぶか》ねぎ

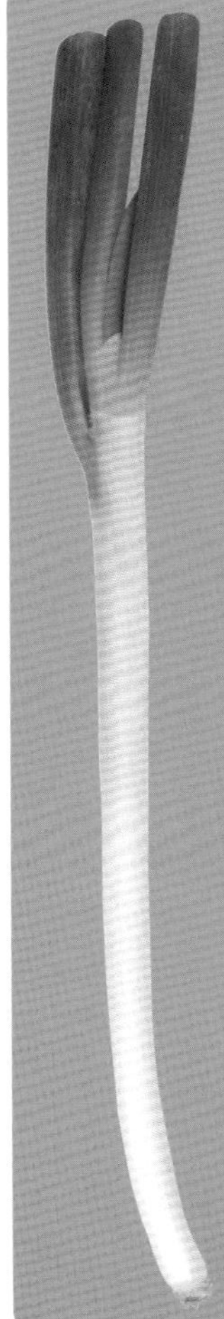

根深《ねぶか》ねぎは、白《しろ》い部分《ぶぶん》（葉鞘部《ようしょうぶ》）が長《なが》いのが特徴《とくちょう》。緑《みどり》の部分《ぶぶん》は緑黄色野菜《りょくおうしょくやさい》、白《しろ》い部分《ぶぶん》は淡色野菜《たんしょくやさい》です。香《かお》りや辛《から》みが強《つよ》く、加熱《かねつ》すると甘《あま》みが出《で》ます。おもに東日本《ひがしにほん》で親《した》しまれてきました。

下仁田《しもにた》ねぎ▶
殿様《とのさま》ねぎとも呼《よ》ばれる太《ふと》く短《みじか》いねぎ。加熱《かねつ》すると、とても甘《あま》くなります。
写真提供　群馬県下仁田町役場

仙台《せんだい》曲《ま》がりねぎ▶
ねぎを途中《とちゅう》でぬき、土《つち》の上《うえ》に寝《ね》かせて植《う》え直《なお》すことで曲《ま》がり、甘《あま》くなります。
写真提供　宮城県食産業振興課

根深《ねぶか》ねぎの特徴《とくちょう》を生《い》かした料理《りょうり》

寄《よ》せなべ
さばのみそ煮《に》

加熱《かねつ》すると出《で》る甘《あま》みを生《い》かしてなべ物《もの》や煮物《にもの》などに使《つか》われたり、一緒《いっしょ》に煮《に》る肉《にく》や魚《さかな》の臭《くさ》みを和《やわ》らげたりします。

葉《は》ねぎの特徴《とくちょう》を生《い》かした料理《りょうり》

ねぎ焼《や》き
冷《ひ》ややっこ

葉《は》ねぎは、香《かお》りや彩《いろど》りがよいので、お好《この》み焼《や》きやねぎ焼《や》き、薬味《やくみ》などに使《つか》われます。

香《かお》りと彩《いろど》りのよい葉《は》ねぎ

葉《は》ねぎは緑《みどり》の葉《は》の部分《ぶぶん》が多《おお》いのが特《とく》徴《ちょう》。緑黄色野菜《りょくおうしょくやさい》で、カロテン、ビタミンCが豊富《ほうふ》に含《ふく》まれています。香《かお》りや彩《いろど》りがよく、料理《りょうり》に風味《ふうみ》をそえます。おもに西日本《にしにほん》で親《した》しまれてきました。

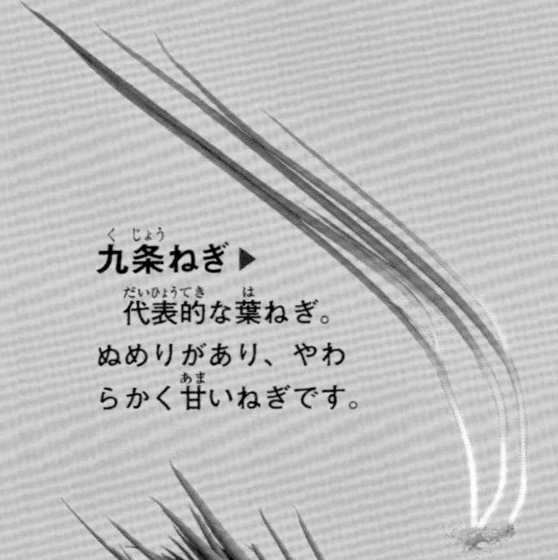

九条《くじょう》ねぎ▶
代表的《だいひょうてき》な葉《は》ねぎ。ぬめりがあり、やわらかく甘《あま》いねぎです。

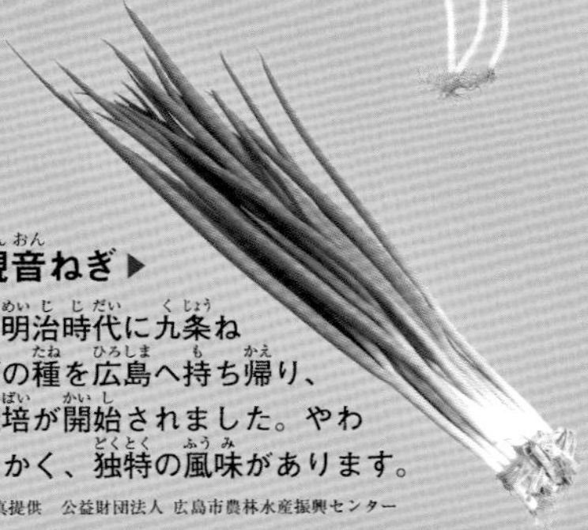

観音《かんおん》ねぎ▶
明治時代《めいじじだい》に九条《くじょう》ねぎの種《たね》を広島《ひろしま》へ持《も》ち帰《かえ》り、栽培《さいばい》が開始《かいし》されました。やわらかく、独特《どくとく》の風味《ふうみ》があります。
写真提供　公益財団法人 広島市農林水産振興センター

白《しろ》い部分《ぶぶん》が長《なが》いのは？

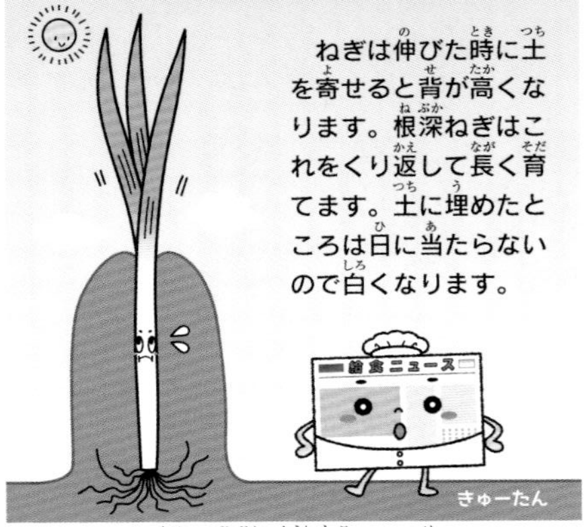

ねぎは伸《の》びた時《とき》に土《つち》を寄《よ》せると背《せ》が高《たか》くなります。根深《ねぶか》ねぎはこれをくり返《かえ》して長《なが》く育《そだ》てます。土《つち》に埋《う》めたところは日《ひ》に当《あ》たらないので白《しろ》くなります。

ねぎの白《しろ》い部分《ぶぶん》（葉鞘部《ようしょうぶ》）は、葉《は》です。

いろいろな料理《りょうり》に使《つか》われているねぎは白《しろ》い部分《ぶぶん》を長《なが》く育《そだ》てる根深《ねぶか》ねぎと、緑《みどり》の葉《は》が多《おお》い葉《は》ねぎに大《おお》きくわけられます。根深《ねぶか》ねぎは、煮《に》たり焼《や》いたりした時《とき》に出《で》る甘《あま》みを、葉《は》ねぎは香《かお》りや彩《いろど》りなど、特徴《とくちょう》を生《い》かして使《つか》われます。いろいろな料理《りょうり》で、それぞれのねぎを味《あじ》わいましょう。

少年写真新聞
Juniors' Visual Journal
http://www.schoolpress.co.jp/
株式会社 少年写真新聞社 〒102-8232 東京都千代田区九段南4-7-16市ヶ谷KTビルI TEL03（3264）2624 FAX 03（5276）7785

給食ニュース

昭和39年5月4日第3種郵便物認可 2018年12月18日発行 第1752号 旬刊 毎月3回（8・18・28日）発行 1か年定価17,640円
★定期刊行物は終わる期間を予定しない刊行物です。年度が替わりましても、購読中止のお申し出がない場合、引き続きニュースをご送付申し上げます。

食育の６つの目標
食事の重要性　感謝の心
心身の健康　社会性
食品を選択する能力　食文化

No.1752
2018年（平成30年）
12月18日号
7716

冬場《ふゆば》の食中毒《しょくちゅうどく》から身《み》を守《まも》る手洗《てあら》い

ノロウイルスが原因《げんいん》となる食中毒《しょくちゅうどく》をみんなで防《ふせ》ぐ方法《ほうほう》はきれいに手《て》を洗《あら》うことです

データでチェック 患者数《かんじゃすう》が一番《いちばん》多《おお》い食中毒《しょくちゅうどく》は？

【平成《へいせい》25年《ねん》～29年《ねん》の病因物質別《びょういんぶっしつべつ》の平均患者数《へいきんかんじゃすう》】

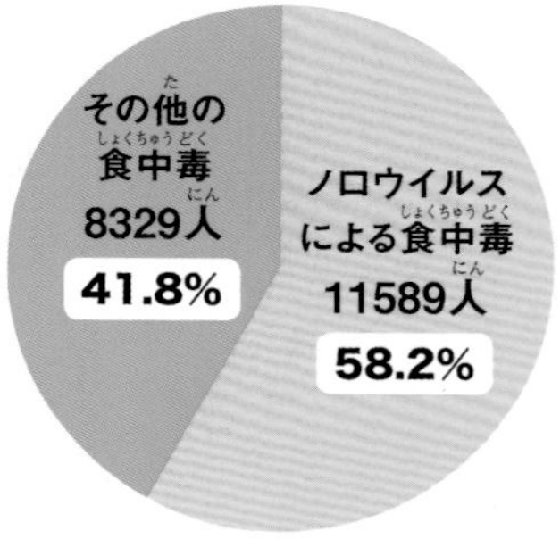
その他《た》の
食中毒《しょくちゅうどく》
8329人《にん》
41.8%
ノロウイルス
による食中毒《しょくちゅうどく》
11589人《にん》
58.2%

データでチェック ノロウイルスによる食中毒《しょくちゅうどく》が発生《はっせい》しやすいのは？

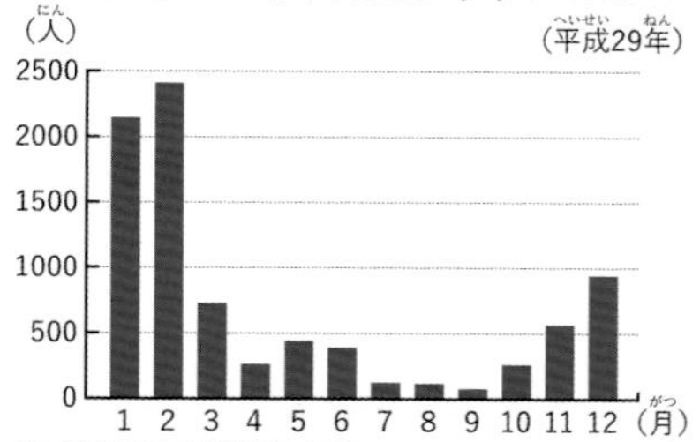
（人《にん》）
（平成《へいせい》29年《ねん》）
2500
2000
1500
1000
500
0
1 2 3 4 5 6 7 8 9 10 11 12（月《がつ》）

出典：「食中毒統計」厚生労働省より作製

ノロウイルスによる食中毒《しょくちゅうどく》は、手《て》や食品《しょくひん》を通《とお》して感染《かんせん》し、下痢《げり》やおう吐《と》などの症状《しょうじょう》が出《で》ます。少《すこ》しのウイルスでも感染力《かんせんりょく》が高《たか》く、患者数《かんじゃすう》が多《おお》いのが特徴《とくちょう》です。また、冬場《ふゆば》に発生《はっせい》しやすいため、この季節《きせつ》は特《とく》に注意《ちゅうい》が必要《ひつよう》です。

寒《さむ》くてもしっかり
手《て》を洗《あら》おう！
給食ニュース
きゅーたん

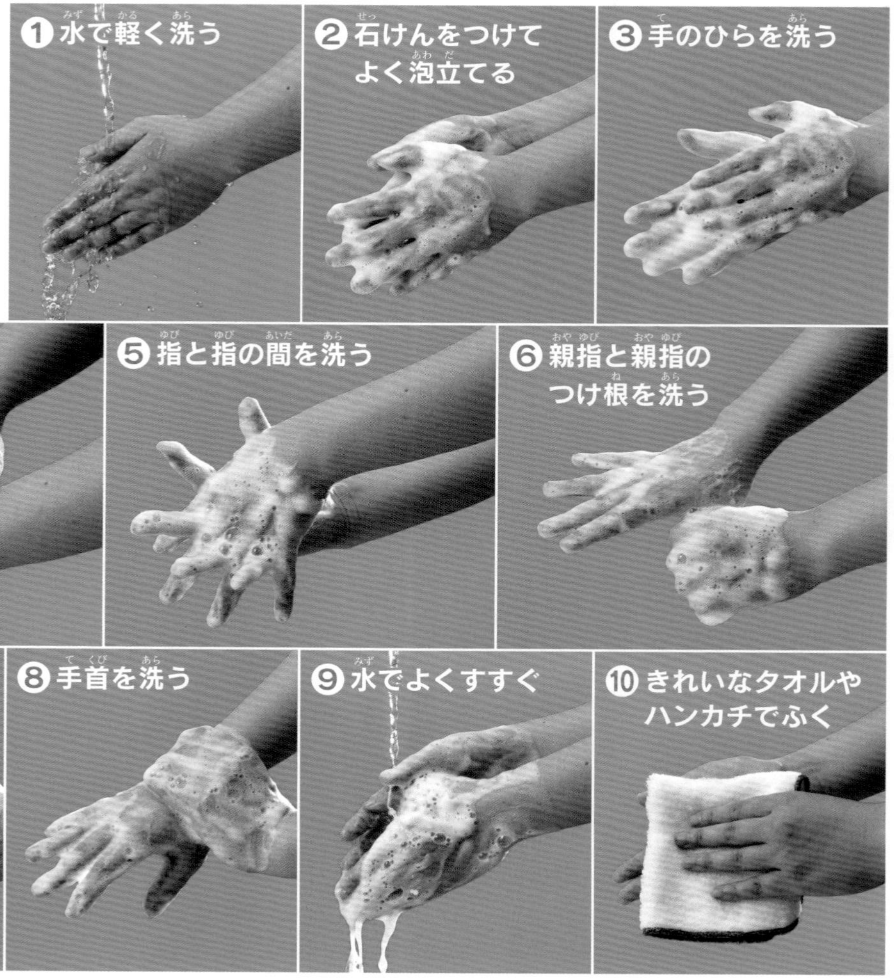
①水《みず》で軽《かる》く洗《あら》う
②石《せっ》けんをつけて
よく泡立《あわだ》てる
③手《て》のひらを洗《あら》う
④手《て》の甲《こう》を洗《あら》う
⑤指《ゆび》と指《ゆび》の間《あいだ》を洗《あら》う
⑥親指《おやゆび》と親指《おやゆび》の
つけ根《ね》を洗《あら》う
⑦指先《ゆびさき》やつめを洗《あら》う
⑧手首《てくび》を洗《あら》う
⑨水《みず》でよくすすぐ
⑩きれいなタオルや
ハンカチでふく

きちんとした手洗《てあら》いを身《み》につけると

生涯《しょうがい》にわたって 命《いのち》を守《まも》ることに！

きちんとした手洗《てあら》いの方法《ほうほう》を今《いま》のうちに身《み》につけておくと、将来《しょうらい》にわたって、食中毒《しょくちゅうどく》や病気《びょうき》を防《ふせ》ぐことができます。

食中毒《しょくちゅうどく》の患者《かんじゃ》は冬場《ふゆば》がいちばん多《おお》くなっています。

これは、ノロウイルスが原因《げんいん》の食中毒《しょくちゅうどく》が多発《たはつ》するからで、予防《よぼう》のためには手洗《てあら》いが大切《たいせつ》です。

手洗《てあら》いによって自分《じぶん》だけでなく、周《まわ》りの人《ひと》への感染《かんせん》も防《ふせ》げるので、きれいに洗《あら》う習慣《しゅうかん》をつけましょう。

監修 川崎医科大学 小児科学 教授 中野貴司先生

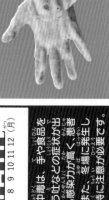

少年写真新聞
Juniors' Visual Journal
http://www.schoolpress.co.jp/
株式会社 少年写真新聞社 〒102-8232 東京都千代田区九段南4-7-16市ヶ谷KTビルI TEL 03(3264)2624 FAX 03(5276)7785

給食ニュース

昭和39年5月4日第3種郵便物認可 2019年1月8日発行 第1753号 旬刊 毎月3回（8・18・28日）発行 1か年定価17,640円
★定期刊行物は終わる期限を予定しない刊行物です。年度が替わりましても、購読中止のお申し出がない場合、引き続きニュースをご送付申し上げます。

食育の６つの目標
食事の重要性　感謝の心　心身の健康　社会性　食品を選択する能力　食文化

No.1753
2019年（平成31年）
1月8日号
7716

日本《にほん》のいろいろな雑煮《ぞうに》を見《み》てみよう

広島県《ひろしまけん》 広島市《ひろしまし》など

写真提供 広島酔心調理製菓専門学校

●丸《まる》もち

「福《ふく》をかき寄《よ》せる」といって縁起《えんぎ》のよいかきの入《はい》った雑煮《ぞうに》。

鳥取県《とっとりけん》 海岸部《かいがんぶ》など

写真提供 ©鳥取県

●丸《まる》もち

小豆《あずき》の煮汁《にじる》に丸《まる》もちが入《はい》った甘《あま》い雑煮《ぞうに》。塩味《しおあじ》の地域《ちいき》もあります。

新潟県《にいがたけん》 新潟市《にいがたし》など

写真提供 新潟市農林水産部 食と花の推進課

■角《かく》もち

さけやいくらなどが入《はい》った雑煮《ぞうに》。いくらは火《ひ》を通《とお》したものを使《つか》います。

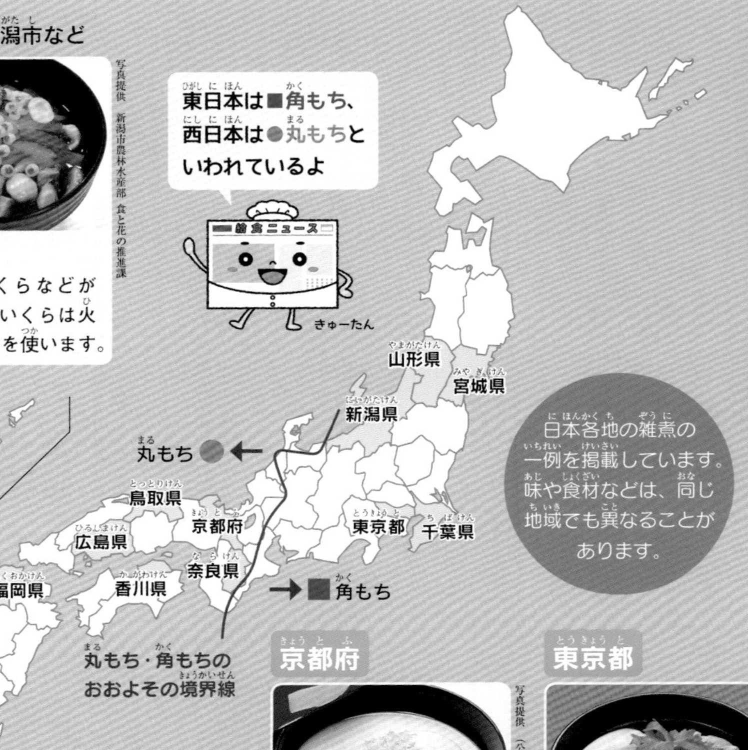

東日本《ひがしにほん》は■角《かく》もち、
西日本《にしにほん》は●丸《まる》もちと
いわれているよ
給食ニュース
きゅーたん
山形県《やまがたけん》
宮城県《みやぎけん》
新潟県《にいがたけん》
丸《まる》もち●←
沖縄県《おきなわけん》
鳥取県《とっとりけん》
京都府《きょうとふ》
東京都《とうきょうと》
千葉県《ちばけん》
広島県《ひろしまけん》
奈良県《ならけん》
福岡県《ふくおかけん》
香川県《かがわけん》
→■角《かく》もち
丸《まる》もち・角《かく》もちのおおよその境界線《きょうかいせん》

日本各地《にほんかくち》の雑煮《ぞうに》の一例《いちれい》を掲載《けいさい》しています。味《あじ》や食材《しょくざい》などは、同《おな》じ地域《ちいき》でも異《こと》なることがあります。

福岡県《ふくおかけん》 福岡市《ふくおかし》など

写真提供 福岡市

●丸《まる》もち

焼《や》きあごのだしにかつお菜《な》という野菜《やさい》と、ぶりの入《はい》った雑煮《ぞうに》。

香川県《かがわけん》 讃岐地方《さぬきちほう》など

写真提供 香川県農政水産部 農業経営課

●丸《まる》もち（あんこ入《い》り）

白《しろ》みそとあんこ入《い》りの丸《まる》もちの雑煮《ぞうに》は、讃岐地方《さぬきちほう》の正月《しょうがつ》の味《あじ》。

沖縄県《おきなわけん》

写真提供 うるま市

正月《しょうがつ》には、豚《ぶた》のもつを使《つか》った中身汁《なかみじる》などを食《た》べます。

奈良県《ならけん》

写真提供 奈良県農林部

●丸《まる》もち

豆腐《とうふ》、だいこん、にんじんなどが入《はい》った雑煮《ぞうに》。もちを取《と》り出《だ》してきな粉《こ》をつけて食《た》べます。

京都府《きょうとふ》

写真提供（公益社団法人）京のふるさと産品協会

●丸《まる》もち

煮《に》た丸《まる》もちに、昆布《こんぶ》だしの白《しろ》みそ仕立《じた》て。具《ぐ》はさといもやだいこんです。

東京都《とうきょうと》

■角《かく》もち

かつおだしのすまし汁《じる》。具《ぐ》はとり肉《にく》、だいこん、みつばなど。

山形県《やまがたけん》 庄内地方《しょうないちほう》など

写真提供「食の都庄内」ブランド戦略会議

●丸《まる》もち

東北《とうほく》では珍《めずら》しい丸《まる》もち。江戸時代《えどじだい》、北前船《きたまえぶね》での交流《こうりゅう》により京文化《きょうぶんか》の影響《えいきょう》を受《う》けたといわれています。

千葉県《ちばけん》 安房郡《あわぐん》、東金市《とうがねし》 九十九里町《くじゅうくりまち》など

写真提供 千葉県東金市

■角《かく》もち

「はばを利《き》かせる」にかけて、香《かお》りのよいはばのりをかけて食《た》べます。

宮城県《みやぎけん》 仙台市《せんだいし》など

写真提供 宮城県観光課

■角《かく》もち

焼《や》きはぜのだし。せん切《ぎ》りの根菜《こんさい》や凍《こお》り豆腐《どうふ》、わんから出《で》るほど大《おお》きなはぜを使《つか》います。

雑煮《ぞうに》は地域《ちいき》や家庭《かてい》により味《あじ》や食材《しょくざい》、もちの形《かたち》などに違《ちが》いがあります。大《おお》きくわけて、東日本《ひがしにほん》は角《かく》もち、西日本《にしにほん》は丸《まる》もちといわれ、それぞれの土地《とち》でとれた郷土色豊《きょうどしょくゆた》かな食材《しょくざい》が使《つか》われています。自分《じぶん》の食《た》べている雑煮《ぞうに》がどんな雑煮《ぞうに》か、周《まわ》りの人《ひと》と話《はな》してみましょう。

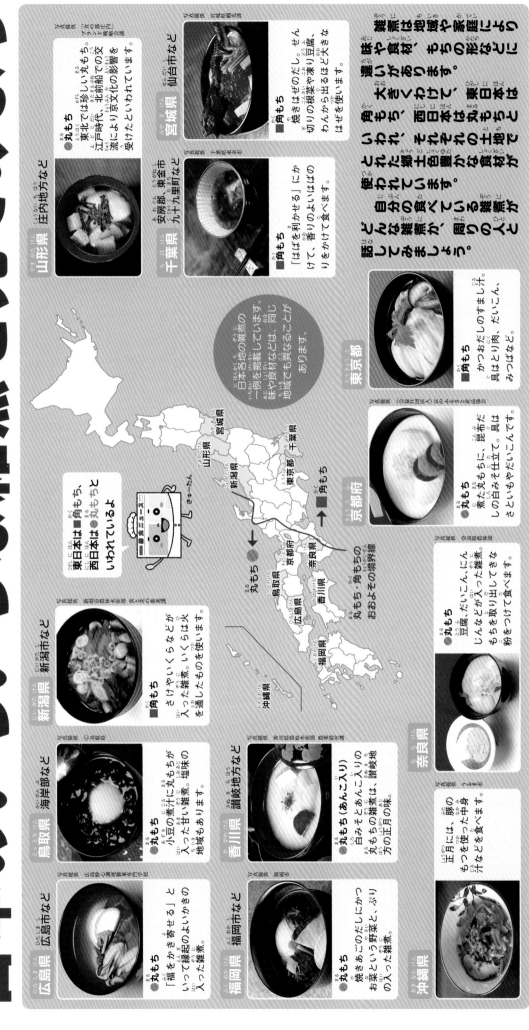

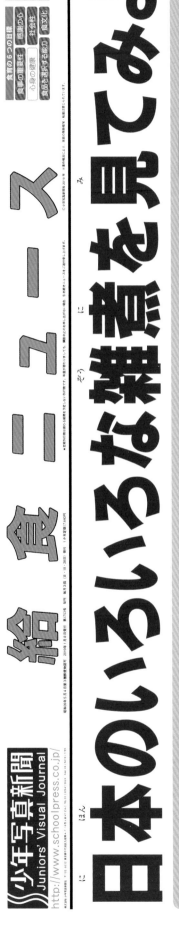

少年写真新聞
Juniors' Visual Journal
http://www.schoolpress.co.jp/
株式会社 少年写真新聞社 〒102-8232 東京都千代田区九段南4-7-16市ヶ谷KTビルI TEL 03（3264）2624 FAX 03（5276）7785

給食ニュース

昭和39年5月4日第3種郵便物認可 2019年1月18日発行 第1754号 旬刊 毎月3回（8・18・28日）発行 1か年定価17,640円
★定期刊行物は終わる期間を予定しない刊行物です。年度が替わりましても、購読中止のお申し出がない場合、引き続きニュースをご送付申し上げます。

食育の6つの目標
食事の重要性　感謝の心
心身の健康　社会性
食品を選択する能力　食文化

No.1754
2019年（平成31年）
1月18日号
7716

食《しょく》育《いく》まんが 給食《きゅうしょく》は食《た》べて学《まな》べる生《い》きた教材《きょうざい》

少年写真新聞
Juniors' Visual Journal
http://www.schoolpress.co.jp/
株式会社 少年写真新聞社 〒102-8232 東京都千代田区九段南4-7-16市ヶ谷KTビルI TEL 03（3264）2624 FAX 03（5276）7785

給食ニュース

昭和39年5月4日第3種郵便物認可 2019年1月28日発行 第1755号 旬刊 毎月3回（8・18・28日）発行 1か年定価17,640円
★定期刊行物は終わる期間を予定しない刊行物です。年度が替わりましても、購読中止のお申し出がない場合、引き続きニュースをご送付申し上げます。

食育の6つの目標
食事の重要性 感謝の心
心身の健康 社会性
食品を選択する能力 食文化

No.1755
2019年（平成31年）
1月28日号
7716

がんばれ受験生《じゅけんせい》！ 試験《しけん》で力《ちから》を発揮《はっき》するための食事《しょくじ》

ふだんから3食《しょく》を規則正《きそくただ》しくとり、栄養《えいよう》バランスのよいものを食《た》べることが大切《たいせつ》です

試験前夜《しけんぜんや》の夕食《ゆうしょく》

油《あぶら》の多《おお》い料理《りょうり》や刺身《さしみ》などの生《なま》もの、刺激《しげき》の強《つよ》いものは避《さ》けましょう。

早寝《はやね》　早起《はやお》き

試験当日《しけんとうじつ》の朝《あさ》ごはん

和食《わしょく》、洋食《ようしょく》どちらの場合《ばあい》でも、主食《しゅしょく》をしっかりと食《た》べます。緊張《きんちょう》などで食欲《しょくよく》がない場合《ばあい》でも、おにぎりなどの食《た》べやすい主食《しゅしょく》を必《かなら》ず食《た》べるようにしましょう。

試《し》験《けん》スタート

試験当日《しけんとうじつ》の弁当《べんとう》

彩《いろど》りや味《あじ》などを工夫《くふう》して食欲《しょくよく》が増《ま》すようにします。

どんな時《とき》でも毎日心《まいにちこころ》がけたい食生活《しょくせいかつ》

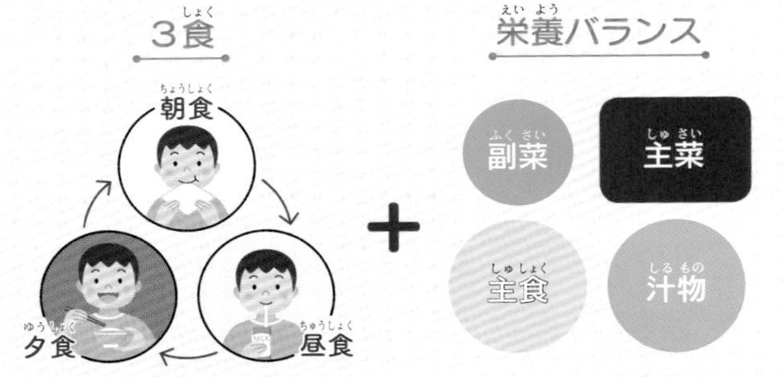

毎日《まいにち》3食《しょく》を決《き》まった時間《じかん》にとることで、生活《せいかつ》リズムがととのいます。

主食《しゅしょく》、主菜《しゅさい》、副菜《ふくさい》、汁物《しるもの》をそろえると栄養《えいよう》バランスがよくなります。

Q. かぜをひいたら どうすればいいの？

かぜやインフルエンザは、体《からだ》の抵抗力《ていこうりょく》が低下《ていか》していたり、人混《ひとご》みにいたりすると、かかりやすくなります。もし、かぜをひいてしまったら、焦《あせ》らずに栄養《えいよう》のあるものをとり、しっかり休養《きゅうよう》するようにしましょう。食事《しょくじ》は、消化《しょうか》のよい煮込《にこ》みうどんやおかゆ、温《あたた》かい汁物《しるもの》などで、胃腸《いちょう》の負担《ふたん》にならないようにします。また、発熱《はつねつ》や下痢《げり》などがあると体内《たいない》の水分《すいぶん》も失《うしな》われるので、ほうじ茶《ちゃ》やスポーツドリンクなどで十分《じゅうぶん》に水分《すいぶん》を補給《ほきゅう》しましょう。

試験当日《しけんとうじつ》に力《ちから》を発揮《はっき》するためには、食生活《しょくせいかつ》や、生活《せいかつ》リズムをととのえて、万全《ばんぜん》な体調《たいちょう》で臨《のぞ》むことが重要《じゅうよう》です。
食事《しょくじ》は、朝食《ちょうしょく》、昼食《ちゅうしょく》、夕食《ゆうしょく》の三食《さんしょく》を栄養《えいよう》バランスのよい献立《こんだて》にして、早寝《はやね》早起《はやお》きで睡眠時間《すいみんじかん》を十分《じゅうぶん》にとります。
また、前日《ぜんじつ》や当日《とうじつ》には油《あぶら》や生《なま》もの、刺激《しげき》の強《つよ》いものは避《さ》けるようにして、しっかり朝《あさ》ごはんを食《た》べましょう。

監修　学校法人古屋学園　二葉栄養専門学校　校長　小川万紀子先生

朝型生活《あさがたせいかつ》をしよう！

朝《あさ》ごはんを毎日《まいにち》食《た》べている人《ひと》や、朝型生活《あさがたせいかつ》の人《ひと》は成績《せいせき》が高《たか》い傾向《けいこう》にあるといいます。また、睡眠《すいみん》をしっかりとることは、勉強《べんきょう》したことを脳《のう》に定着《ていちゃく》させるためにとても重要《じゅうよう》です。ふだんから早寝早起《はやねはやお》き朝《あさ》ごはんで、朝型生活《あさがたせいかつ》を実践《じっせん》しましょう。

少年写真新聞
Juniors' Visual Journal
http://www.schoolpress.co.jp/

給食ニュース

食育の6つの目標
食事の重要性　感謝の心
心身の健康　社会性
食品を選択する能力　食文化

No.1756
2019年(平成31年)
2月8日号

日本《に》本《ほん》各《かく》地《ち》で受《う》け継《つ》がれる伝《でん》統《とう》野《や》菜《さい》

伝統野菜《でんとうやさい》は、日本各地《にほんかくち》で昔《むかし》から栽培《さいばい》されてきた地域特有《ちいきとくゆう》の野菜《やさい》です

八列《はちれつ》とうもろこし

写真提供　札幌保健医療大学

北海道《ほっかいどう》

実《み》が大《おお》きくてかたく、実《み》が1周《しゅう》に8列並《れつなら》んでいるのが特徴《とくちょう》。焼《や》いて食《た》べるほか、粉《こな》にして使《つか》われます。

会津小菊《あいづこぎく》かぼちゃ

撮影協力　福島県立会津農林高等学校

福島県《ふくしまけん》

江戸時代《えどじだい》からつくられていて、輪切《わぎ》りにすると菊《きく》のような形《かたち》になるかぼちゃ。皮《かわ》がかたく、冬《ふゆ》まで保存《ほぞん》できます。

三浦《みうら》だいこん

写真提供　三浦市農業協同組合

神奈川県《かながわけん》

中央《ちゅうおう》から下《した》が太《ふと》く、4kgくらいになるものもあります。煮《に》くずれしにくく、おでんなどに使《つか》われます。

加賀太《かがふと》きゅうり

写真提供　石川県

石川県《いしかわけん》

重《おも》さが1kgのものもある大型《おおがた》のきゅうり。果肉《かにく》は厚《あつ》いけれどやわらかいため、加熱《かねつ》する料理《りょうり》に適《てき》しています。

天王寺《てんのうじ》かぶら

写真提供　大阪市

大阪府《おおさかふ》

江戸時代《えどじだい》から親《した》しまれている、白《しろ》く平《ひら》べったいかぶ。なめらかで甘《あま》みが強《つよ》く、葉《は》もやわらかいのが特徴《とくちょう》です。

岩国《いわくに》れんこん

写真提供　岩国市

山口県《やまぐちけん》

江戸時代《えどじだい》、岩国《いわくに》の藩主《はんしゅ》の命《めい》を受《う》けて栽培《さいばい》がはじまりました。独特《どくとく》のもっちりした粘《ねば》りとしゃきしゃき感《かん》が特徴《とくちょう》。

水前寺《すいぜんじ》もやし

写真提供　熊本市

熊本県《くまもとけん》

江津湖《えづこ》のわき水《みず》を利用《りよう》して栽培《さいばい》される大型《おおがた》のもやし。縁起《えんぎ》ものとして正月《しょうがつ》の料理《りょうり》に使《つか》われます。

地域《ちいき》の伝統野菜《でんとうやさい》について調《しら》べて話《はな》そう

昔《むかし》と今《いま》の生産地《せいさんち》は同《おな》じかな？

伝統野菜《でんとうやさい》を食《た》べると地産地消《ちさんちしょう》になるね！

どんな歴史《れきし》があるのかな？

旬《しゅん》はいつ？

なぜこの土地《とち》で長《なが》くつくられてきたの？

給食《きゅうしょく》にも使《つか》われていたよ！

日本各地《にほんかくち》で古《ふる》くから栽培《さいばい》されている、特有《とくゆう》の野菜《やさい》を伝統野菜《でんとうやさい》といいます。

手間《てま》がかかるという理由《りゆう》から、生産《せいさん》は減少《げんしょう》していましたが、最近《さいきん》では再《ふたた》び伝統《でんとう》野菜《やさい》が見直《みなお》されており農家《のうか》や地域《ちいき》の人《ひと》が生産《せいさん》に力《ちから》を注《そそ》いでいます。

伝統野菜《でんとうやさい》を食《た》べることは、地域《ちいき》で生産《せいさん》された食材《しょくざい》を地域《ちいき》で消費《しょうひ》する、地産地消《ちさんちしょう》にもなります。

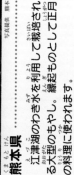

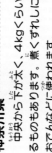

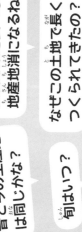

少年写真新聞
Juniors' Visual Journal
http://www.schoolpress.co.jp/
株式会社 少年写真新聞社 〒102-8232 東京都千代田区九段南4-7-16市ケ谷KTビルI TEL 03(3264)2624 FAX 03(5276)7785

給食ニュース

昭和39年5月4日第3種郵便物認可 2019年2月18日発行 第1757号 旬刊 毎月3回(8・18・28日)発行 1か年定価17,640円

★定期刊行物は終わる期間を予定しない刊行物です。年度が替わりましても、購読中止のお申し出がない場合、引き続きニュースをご送付申し上げます。

食育の6つの目標
食事の重要性　感謝の心
心身の健康　社会性
食品を選択する能力　食文化

No.1757
2019年(平成31年)
2月18日号
7716

異文化《いぶんか》を知《し》ろう

世界《せかい》で食《た》べられているパン大集合《だいしゅうごう》!

パンは地域《ちいき》の気候風土《きこうふうど》や料理《りょうり》に合《あ》うように改良《かいりょう》されて食《た》べ継《つ》がれてきました

イギリス

ティンブレッド

山《やま》のようにふくらんだ形《かたち》が特徴《とくちょう》。ティンという型《かた》に入《い》れて、ふたをしないで焼《や》くのでこのような形《かたち》になります。イギリス食《しょく》パンや山型食《やまがたしょく》パンとも呼《よ》ばれます。

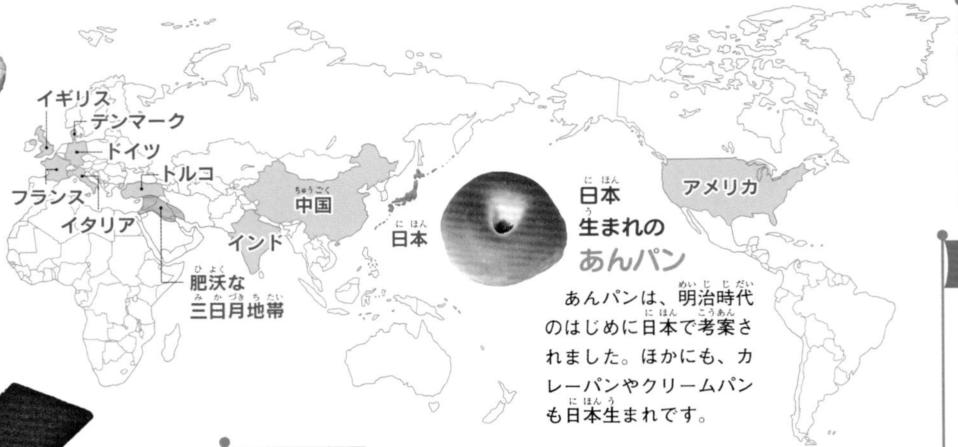

日本《にほん》生《う》まれのあんパン

あんパンは、明治時代《めいじじだい》のはじめに日本《にほん》で考案《こうあん》されました。ほかにも、カレーパンやクリームパンも日本生《にほんう》まれです。

ドイツ

プレッツェル

プンパーニッケル

プレッツェルは、ラテン語《ご》で「組《く》み合《あ》わせた腕《うで》」という意味《いみ》があり、ドイツでパン屋《や》のマークにもなっています。ドイツでは、小麦《こむぎ》だけでなくプンパーニッケルのようにライ麦《むぎ》を使《つか》ったパンも多《おお》く食《た》べられています。

中国《ちゅうごく》

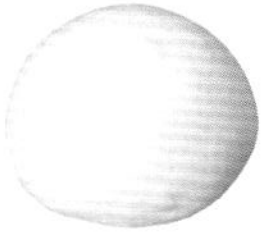
マントウ

小麦粉《こむぎこ》に水《みず》を入《い》れて発酵《はっこう》させて蒸《む》したマントウ。中《なか》には何《なに》も入《はい》っていません。専《もっぱ》ら中国北部《ちゅうごくほくぶ》で主食《しゅしょく》として食《た》べられています。

アメリカ

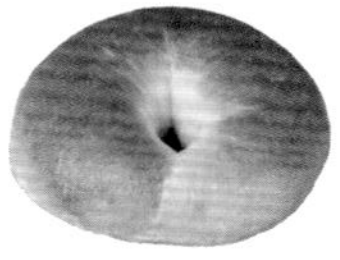
ベーグル

元《もと》もとはユダヤの人《ひと》が、アメリカに渡《わた》って伝《つた》えたといいます。焼《や》く前《まえ》に生地《きじ》を熱湯《ねっとう》でゆでるのが特徴《とくちょう》です。上下半分《じょうげはんぶん》に切《き》って、いろいろな食材《しょくざい》をはさんで食《た》べることも多《おお》いようです。

トルコ

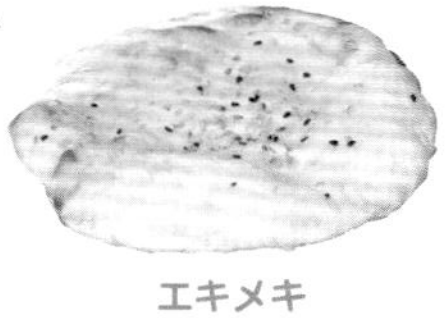
エキメキ

エキメキとは、トルコ語《ご》でパンの総称《そうしょう》です。中《なか》が空洞《くうどう》になったものや、棒状《ぼうじょう》のものなど、いろいろなエキメキがあります。パンに焼《や》いた羊《ひつじ》の肉《にく》などをはさんで食《た》べることもあります。

インド

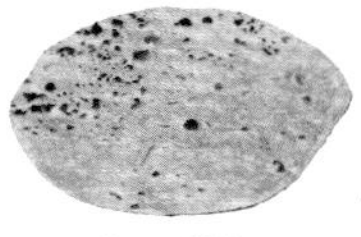
チャパティ

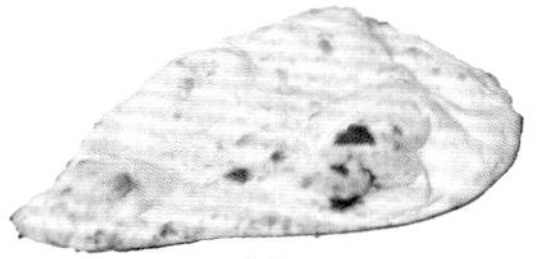
ナン

チャパティは全粒《ぜんりゅう》粉《ふん》に水《みず》を加《くわ》えて発酵《はっこう》させないでつくります。一方《いっぽう》、ナンは材料《ざいりょう》を混《ま》ぜて発酵《はっこう》させ、タンドールという窯《かま》の内側《うちがわ》にはりつけて焼《や》いたものです。どちらも右手《みぎて》でちぎって、煮込《にこ》み料理《りょうり》やスープなどをつけて食《た》べます。

フランス

バゲット

クロワッサン

フランスでよく食《た》べられているバゲット。フランス語《ご》で「棒《ぼう》」などを意味《いみ》します。クロワッサンは「三日月《みかづき》」という意味《いみ》があります。

イタリア

フォカッチャ

生地《きじ》にオリーブオイルを混《ま》ぜ、表面《ひょうめん》にもぬって焼《や》きます。古代《こだい》ローマ時代《じだい》からつくられていたといわれていて、フォカッチャとは、イタリア語《ご》で火《ひ》で焼《や》いたものという意味《いみ》があります。

デンマーク

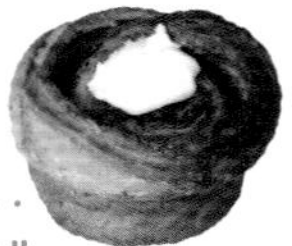
スモー・スナイル

デニッシュ・ペストリーとは、デンマークの菓子《かし》パンという意味《いみ》です。デンマーク語《ご》でスモーはバター、スナイルは渦《うず》という意味《いみ》で、デンマークでよく食《た》べられているデニッシュ・ペストリーです。

大昔《おおむかし》から食《た》べられているパン

昨年《さくねん》(2018年《ねん》)、ヨルダンの遺跡《いせき》でおよそ1万《まん》4500年前《ねんまえ》のパンのかけらが見《み》つかったというニュースがありました。農耕《のうこう》がはじまるずっと前《まえ》のことです。このあたりは、「肥沃《ひよく》な三日月地帯《みかづきちたい》」と呼《よ》ばれていて、農耕《のうこう》がはじまった地域《ちいき》ともいわれています。

パンは、大昔《おおむかし》から世界各地《せかいかくち》で食《た》べられていて、材料《ざいりょう》やつくり方《かた》、形《かたち》、味《あじ》、発酵《はっこう》の有無《うむ》など、さまざまです。日本《にほん》でも、あんパンやカレーパンなど、独自《どくじ》のパンがあります。

ここにあるパンはほんの一部《いちぶ》ですので、世界《せかい》にあるいろいろなパンを調《しら》べてみませんか。

監修　立命館大学　食マネジメント学部　教授　南直人先生

少年写真新聞
Juniors' Visual Journal
http://www.schoolpress.co.jp/
株式会社 少年写真新聞社 〒102-8232 東京都千代田区九段南4-7-16市ヶ谷KTビルI TEL 03(3264)2624 FAX 03(5276)7785

給食ニュース

昭和39年5月4日第3種郵便物認可 2019年2月28日発行 第1758号 旬刊 毎月3回（8・18・28日）発行 1か年定価17,640円
★定期刊行物は終わる期間を予定しない刊行物です。年度が替わりましても、購読中止のお申し出がない場合、引き続きニュースをご送付申し上げます。

食育の6つの目標
食事の重要性　感謝の心
心身の健康　社会性
食品を選択する能力　食文化

No.1758
2019年（平成31年）
2月28日号
7716

食《しょく》育《いく》まんが 食《しょく》品《ひん》ロスの少《すく》ない調《ちょう》理《り》をしよう

少年写真新聞
Juniors' Visual Journal
http://www.schoolpress.co.jp/
株式会社 少年写真新聞社　〒102-8232 東京都千代田区九段南4-7-16市ヶ谷KTビルⅠ TEL03(3264)2624　FAX 03(5276)7785

給食ニュース

昭和39年5月4日第3種郵便物認可　2019年3月8日発行　第1759号　旬刊　毎月3回（8・18・28日）発行　1か年定価17,640円
★定期刊行物は終わる期間を予定しない刊行物です。年度が替わりましても、購読中止のお申し出がない場合、引き続きニュースをご送付申し上げます。

食育の６つの目標
食事の重要性　感謝の心
心身の健康　社会性
食品を選択する能力　食文化

No.1759
2019年（平成31年）
3月8日号
7716

食《しょく》の自立《じりつ》を目指《めざ》して　食品表示《しょくひんひょうじ》から情報《じょうほう》を読《よ》みとろう

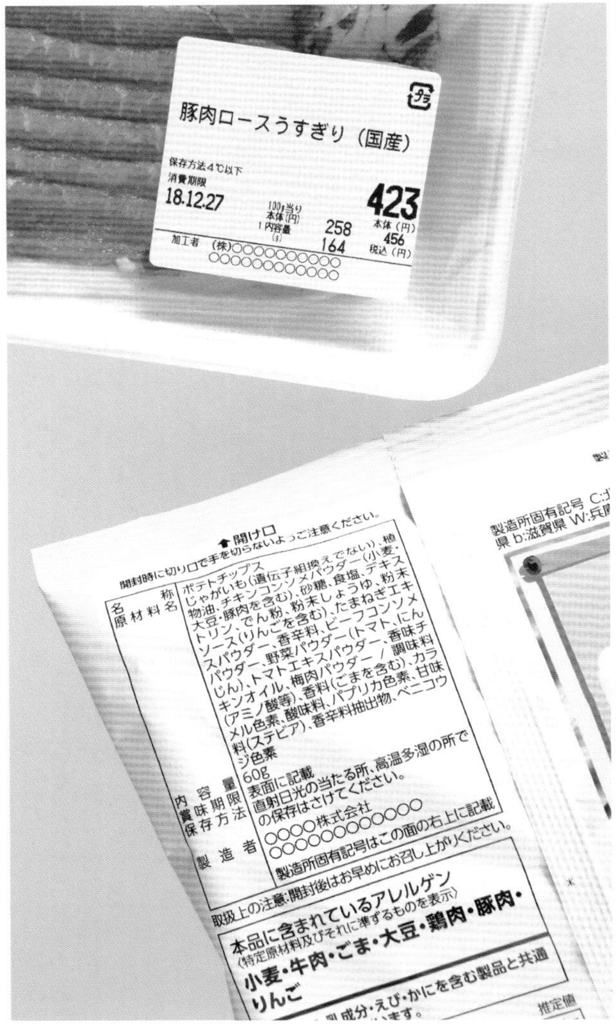

食品表示《しょくひんひょうじ》を見《み》てみると……

生鮮食品《せいせんしょくひん》（肉《にく》）

①豚肉ロースうすぎり②（国産）
③保存方法4℃以下
消費期限
④18.12.27
100g当り
本体(円)　258
⑤内容量
(g)　164
423
本体（円）
456
税込（円）
⑥加工者　（株）○○○○○○○○○○
○○○○○○○○○○○○○○

①名称《めいしょう》
②原産地《げんさんち》
国産品《こくさんひん》は国産《こくさん》の表示《ひょうじ》が、輸入品《ゆにゅうひん》には原産国名《げんさんこくめい》が表示《ひょうじ》される。
③保存方法《ほぞんほうほう》
④消費期限《しょうひきげん》
⑤内容量《ないようりょう》
⑥加工者《かこうしゃ》の名称《めいしょう》と加工所《かこうしょ》の所在地《しょざいち》など

きゅーたん

加工食品《かこうしょくひん》（ポテトチップス）

①	名　称	ポテトチップス
②	原材料名	じゃがいも（遺伝子組換えでない）、植物油、チキンコンソメパウダー（小麦・大豆・豚肉を含む）、砂糖、食塩、デキストリン、でん粉、粉末しょうゆ、粉末ソース（りんごを含む）、たまねぎエキスパウダー、香辛料、ビーフコンソメパウダー、野菜パウダー（トマト、にんじん）、トマトエキスパウダー、香味チキンオイル、梅肉パウダー / 調味料（アミノ酸等）、香料（ごまを含む）、カラメル色素、酸味料、パプリカ色素、甘味料（ステビア）、香辛料抽出物、ベニコウジ色素
③	内容量	60g
④	賞味期限	表面に記載
④	保存方法	直射日光の当たる所、高温多湿の所での保存はさけてください。
⑤	製造者	○○○○株式会社 ○○○○○○○○○○○○○ 製造所固有記号はこの面の右上に記載

取扱上の注意：開封後はお早めにお召し上がりください。

⑥ 本品に含まれているアレルゲン
〈特定原材料及びそれに準ずるものを表示〉
小麦・牛肉・ごま・大豆・鶏肉・豚肉・りんご

本品は卵・乳成分・えび・かにを含む製品と共通の設備で製造しています。

⑦ 栄養成分表示（1袋60g当たり）　推定値

エネルギー	334kcal	炭水化物	32.6g
たんぱく質	3.3g	食塩相当量	0.6g
脂質	21.1g		

①名称《めいしょう》
②原材料名《げんざいりょうめい》
多《おお》く使《つか》われる順《じゅん》に表示《ひょうじ》される。
食品添加物《しょくひんてんかぶつ》も表示《ひょうじ》される。
③内容量《ないようりょう》
④賞味期限《しょうみきげん》・保存方法《ほぞんほうほう》
⑤製造者《せいぞうしゃ》の名称《めいしょう》と製造所《せいぞうしょ》の所在地《しょざいち》など
⑥アレルゲンの表示《ひょうじ》
原材料名《げんざいりょうめい》に表示《ひょうじ》される場合《ばあい》もある。
ナシ・カロチノイド）・酸化防止剤（V．C）・カゼインNa・発色剤（亜硝酸Na）・V．C・レシチン・香辛料抽出物・酸味料・（原材料の一部に卵・乳成分・小麦・大豆・豚肉を含む）
⑦栄養成分表示《えいようせいぶんひょうじ》

消費期限《しょうひきげん》と賞味期限《しょうみきげん》の違《ちが》い

消費期限《しょうひきげん》

衛生的《えいせいてき》に安全《あんぜん》に食《た》べられる期限《きげん》。品質《ひんしつ》が急速《きゅうそく》に劣化《れっか》しやすいものに表示《ひょうじ》され、すぎた食品《しょくひん》は食《た》べないようにします。

賞味期限《しょうみきげん》

おいしさが保証《ほしょう》されている期限《きげん》。比較的傷《ひかくてきいた》みにくいものに表示《ひょうじ》され、すぎても食《た》べられないということではありません。

※どちらの期限も開封前の状態で、定められた方法で保存した場合です。開封した場合は早めに食べましょう。

インターネット・新聞《しんぶん》・テレビ・雑誌《ざっし》　メディアの食情報《しょくじょうほう》

わたしたちの周《まわ》りには食《しょく》の情報《じょうほう》があふれています。中《なか》には大《おお》げさなものや誤《あやま》った情報《じょうほう》もあります。特《とく》にインターネットの情報《じょうほう》はだれでも発信《はっしん》できるため、信頼性《しんらいせい》が高《たか》くないものもあります。情報《じょうほう》に惑《まど》わされないためには、発信元《はっしんもと》を確《たし》かめて、周《まわ》りの人《ひと》に相談《そうだん》したり、本《ほん》で調《しら》べたりして、情報《じょうほう》の信頼性《しんらいせい》について考《かんが》えることが大切《たいせつ》です。

販売《はんばい》される食品《しょくひん》には、安全性《あんぜんせい》を確《たし》かめ、選《えら》ぶ際《さい》の判断材料《はんだんざいりょう》となる情報《じょうほう》を、表示《ひょうじ》することが義務《ぎむ》づけられています。
これを食品表示《しょくひんひょうじ》といい原材料名《げんざいりょうめい》や内容量《ないようりょう》、保存方法《ほぞんほうほう》や消費期限《しょうひきげん》、アレルゲン、栄養成分《えいようせいぶん》などの情報《じょうほう》が記載《きさい》されています
いろいろな食品《しょくひん》が販売《はんばい》されていますので、食品表示《しょくひんひょうじ》の情報《じょうほう》を読《よ》みとり、自分《じぶん》に必要《ひつよう》な食品《しょくひん》を選《えら》ぶようにしましょう。

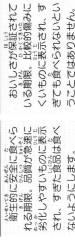

少年写真新聞
Juniors' Visual Journal
http://www.schoolpress.co.jp/
株式会社 少年写真新聞社　〒102-8232 東京都千代田区九段南4-7-16市ヶ谷KTビルⅠ TEL03（3264）2624 FAX 03（5276）7785

給食ニュース

昭和39年5月4日第3種郵便物認可　2019年3月18日発行　第1760号　旬刊　毎月3回（8・18・28日）発行　1か年定価17,640円
★定期刊行物は終わる期間を予定しない刊行物です。年度が替わりましても、購読中止のお申し出がない場合、引き続きニュースをご送付申し上げます。

食育の６つの目標
食事の重要性　感謝の心　心身の健康　社会性　食品を選択する能力　食文化

No.1760
2019年（平成31年）
3月18日号
7716

キャベツもこまつなも　みんな菜《な》の花《はな》

これらの野菜《やさい》は４枚《まい》の花《はな》びらが十字《じゅうじ》に咲《さ》くアブラナ科《か》アブラナ属《ぞく》の植物《しょくぶつ》です

キャベツ

キャベツには胃《い》の粘膜《ねんまく》の修復《しゅうふく》に役立《やくだ》つビタミンUが含《ふく》まれています。この成分《せいぶん》はキャベツから発見《はっけん》されたため、キャベジンとも呼《よ》ばれています。今《いま》の時季《じき》、葉《は》がやわらかい春《はる》キャベツが出回《でまわ》っています。

ブロッコリー

ブロッコリーは花《はな》が咲《さ》く前《まえ》のつぼみの部分《ぶぶん》を食《た》べる野菜《やさい》で、ビタミンCが豊富《ほうふ》に含《ふく》まれています。2016年《ねん》の出荷量《しゅっかりょう》を見《み》てみると、1位《い》が北海道《ほっかいどう》、２位《い》が愛知県《あいちけん》、３位《い》が埼玉県《さいたまけん》になっています。

かぶ

かぶは春《はる》の七草《ななくさ》の「すずな」で、日本《にほん》で大昔《おおむかし》から食《た》べられてきました。根《ね》にはでんぷんの消化《しょうか》を助《たす》けるジアスターゼ（アミラーゼ）が含《ふく》まれています。葉《は》は緑黄色野菜《りょくおうしょくやさい》でカロテンやビタミンCが豊富《ほうふ》です。

こまつな

体内《たいない》でビタミンAにかわるカロテンや、カルシウム、鉄《てつ》などが豊富《ほうふ》に含《ふく》まれています。江戸時代《えどじだい》に、小松川《こまつがわ》（今《いま》の東京都江戸川区《とうきょうとえどがわく》）でつくられていたので「小松菜《こまつな》」と名《な》づけられたといいます。

アブラナ科《か》アブラナ属《ぞく》の野菜《やさい》たち

キャベツ、ブロッコリー、かぶ、こまつなのほかにも、はくさい、チンゲンサイ、みずな、カリフラワーなど、アブラナ科《か》アブラナ属《ぞく》の野菜《やさい》はたくさんあります。ふだんは、葉《は》やつぼみ、根《ね》などを食《た》べるため、花《はな》は見《み》る機会《きかい》が少《すく》ないかもしれませんが、畑《はたけ》などを観察《かんさつ》すると、いろいろな菜《な》の花《はな》が咲《さ》いているのがわかります。

― 花《はな》のつくりを見《み》てみよう ―

上《うえ》から見《み》ると　　横《よこ》から見《み》ると

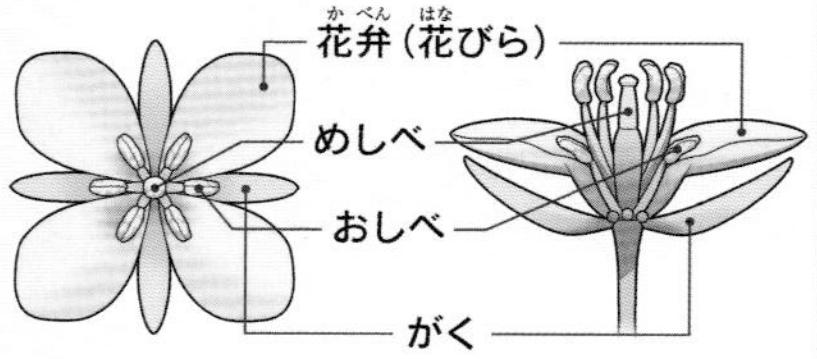

キャベツやかぶなどの野菜《やさい》を収穫《しゅうかく》しないでいると、菜《な》の花《はな》と呼《よ》ばれる黄色《きいろ》い花《はな》が咲《さ》きます。
菜《な》の花《はな》が咲《さ》くのはアブラナ科《か》アブラナ属《ぞく》の植物《しょくぶつ》で、花《はな》びらが四枚《よんまい》、十字《じゅうじ》につくのが特徴《とくちょう》です。
身近《みぢか》な野菜《やさい》で、ほかにどんなアブラナ属《ぞく》の植物《しょくぶつ》があるのか、調《しら》べてみませんか。

監修　千葉大学大学院　園芸学研究科　教授　江頭祐嘉合先生

少年写真新聞
Juniors' Visual Journal
2018年（平成30年）
4月8日発行 第1729号付録
©少年写真新聞社2018年
給食ニュース
株式会社 少年写真新聞社
〒102-8232 東京都千代田区九段南4-7-16 市ヶ谷KTビルI
http://www.schoolpress.co.jp/
※著作権法により、本紙の無断複写・転載は禁じられています。
★定期刊行物は終わる期間を予定しない刊行物です。年度が替わりましても、購読中止のお申し出がない場合、引き続きニュースをご送付申し上げます。

チーム学校で取り組む『給食ニュース』を使った食育指導

このページは、『給食ニュース』を活用した指導法を知りたいという先生方の声から生まれました。『給食ニュース』は掲示する以外にも指導資料などで活用することができます。ここで紹介したものはあくまでも一例ですので、学校の実態に合わせて、ご活用ください。

給食の時間 特別活動 見てみよう 給食ができるまで

※給食の時間、特別活動など

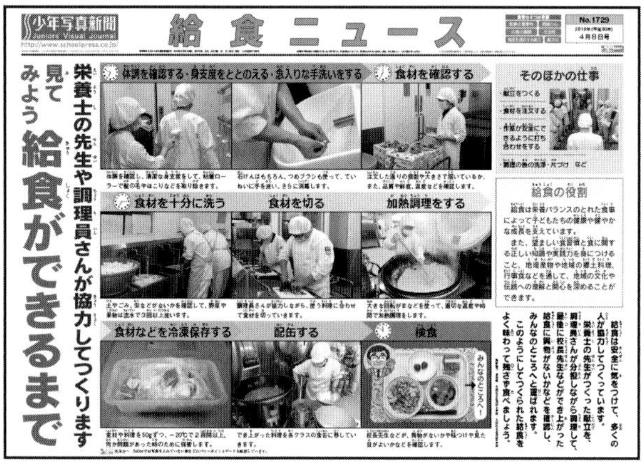
少年写真新聞 給食ニュース No.1729 2018年（平成30年）4月8日号
見てみよう 給食ができるまで
栄養士の先生や調理員さんが協力してつくります
体調を確認する・身支度をととのえる・念入りな手洗いをする
体調を確認し、清潔な身支度をして、粘着ローラーで髪の毛やほこりなどを取り除きます。
石けんはもちろん、つめブラシも使って、ていねいに手を洗い、さらに消毒します。
食材を確認する
注文した通りの食材や大きさで届いているか、また、品質や鮮度、温度などを確認します。
食材を十分に洗う
土やごみ、虫などがないかを確認して、野菜や果物は流水で3回以上洗います。
食材を切る
調理員さんが協力しながら、使う料理に合わせて食材を切っていきます。
加熱調理をする
大きな回転がまなどを使って、適切な温度や時間で加熱調理をします。
食材などを冷凍保存する
食材や料理を50gずつ、－20℃で２週間以上、何か問題があった時のために保管します。
配缶する
でき上がった料理を各クラスの食缶に移していきます。
検食
みんなのところへ！
校長先生などが、異物がないかや味つけや見た目がよいかなどを確認します。
そのほかの仕事
・献立をつくる
・食材を注文する
・作業が安全にできるように打ち合わせをする
・調理の後の洗浄・片づけ など
給食の役割
給食は栄養バランスのとれた食事によって子どもたちの健康や健やかな成長を支えています。
また、望ましい食習慣と食に関する正しい知識や実践力を身につけること、地場産物や地域の郷土料理、行事食などを通して、地域の文化や伝統への理解と関心を深めることができます。
給食は安全に気をつけて、多くの人が協力してつくっています。栄養士の先生がつくった献立を、調理員さんが分担しながら調理して、最後に校長先生などができ上がった給食に異物がないかなどを確認し、みんなのところへと運ばれます。
このようにしてつくられた給食をよく味わって残さず食べましょう。

『給食ニュース』2018年４月８日号

給食が始まる前や、給食センターを見学する時の指導などでご活用できます。

話し方例

みなさんが毎日食べている給食は、安全安心で栄養バランスがとれています。このように給食が食べられるのは、給食室（給食センター）で栄養士の先生や調理員さんが、衛生面に十分気をつけながら、大きいなべやへらなどを使って調理してくれているからです。では、給食ができるまでを見てみましょう（『給食ニュース』を使って説明していく）。

給食の時間 教科等 元気な体と丈夫な骨をつくる牛乳

※給食の時間、小学校３・４学年体育科保健、小学校５・６学年家庭科、中学校技術・家庭 家庭分野など

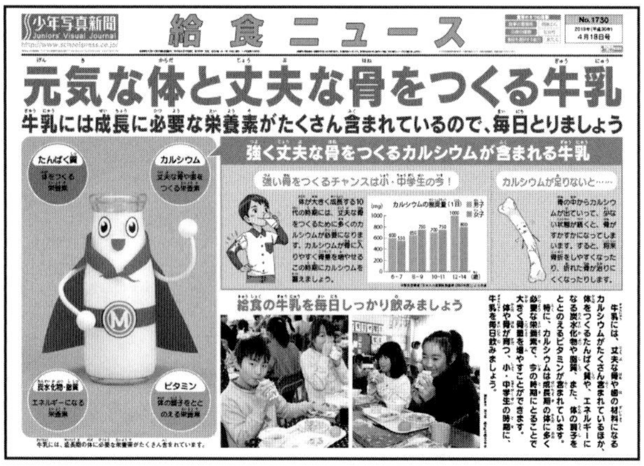
少年写真新聞 給食ニュース No.1730 2018年（平成30年）4月18日号
元気な体と丈夫な骨をつくる牛乳
牛乳には成長に必要な栄養素がたくさん含まれているので、毎日とりましょう
たんぱく質 体をつくる栄養素
カルシウム 丈夫な骨や歯をつくる栄養素
炭水化物・脂質 エネルギーになる栄養素
ビタミン 体の調子をととのえる栄養素
牛乳には、成長期の体に必要な栄養素がたくさん含まれています。
強く丈夫な骨をつくるカルシウムが含まれる牛乳
強い骨をつくるチャンスは小・中学生の今！
体が大きく成長する10代の時期には、丈夫な骨をつくるために多くのカルシウムが必要になります。カルシウムが骨に入りやすく骨量を増やせるこの時期にカルシウムを蓄えましょう。
カルシウムの推奨量（1日）（mg） 男子 女子
6-7歳 600 550
8-9歳 650 750
10-11歳 700 750
12-14歳 1000 800
カルシウムが足りないと……
骨の中からカルシウムが出ていって、少ない状態が続くと、骨がすかすかになってしまいます。すると、将来骨折をしやすくなったり、折れた骨が治りにくくなったりします。
給食の牛乳を毎日しっかり飲みましょう
牛乳には、丈夫な骨や歯の材料になるカルシウムがたくさん含まれているほか、体をつくるたんぱく質や、エネルギーになる炭水化物や脂質、また、体の調子をととのえるビタミンが含まれています。
特に、カルシウムは成長期の体に多く必要な栄養素で、今の時期にとることで大きく骨量を増やすことができます。
体や骨が育つ、小・中学生の時期に、牛乳を毎日飲みましょう。

『給食ニュース』2018年４月18日号

牛乳の栄養や成長期にとりたいカルシウムなどについて理解を深めることができます。

話し方例

給食には毎日牛乳が出ます。これは、みなさんの成長に欠かせないカルシウムなどの栄養素がたくさん含まれているからです。

カルシウムは、丈夫な骨や歯をつくるのに大切な栄養素です。成長期の今は骨量が増えていく時期ですので、カルシウムをはじめ、いろいろな栄養をバランスよくとることが大切です。毎日の給食で、主食やおかず、牛乳を残さないようにしましょう。

※食物アレルギーのある子どもがいる場合は、十分な配慮をしてください。

2018年（平成30年） **4月8日号**

給食ニュース 一口メモ

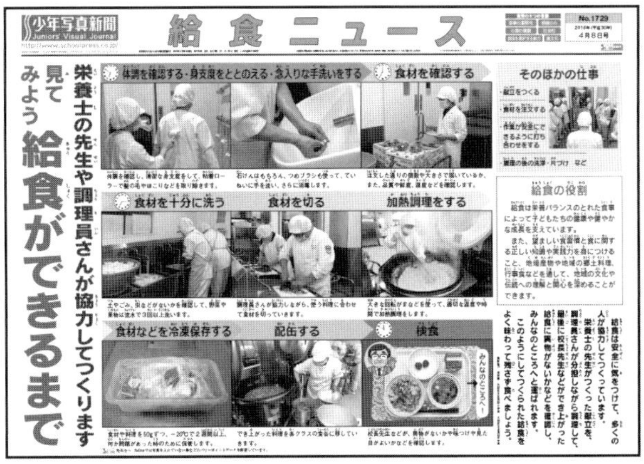
少年写真新聞 Juniors' Visual Journal
http://www.schoolpress.co.jp/

給食ニュース

No.1729
2018年（平成30年）
4月8日号

見てみよう 給食ができるまで
栄養士の先生や調理員さんが協力してつくります

体調を確認する・身支度をととのえる・念入りな手洗いをする
体調を確認し、清潔な身支度をして、粘着ローラーで髪の毛やほこりなどを取り除きます。
石けんはもちろん、つめブラシも使って、ていねいに手を洗い、さらに消毒します。

食材を確認する
注文した通りの個数や大きさで届いているか、また、品質や鮮度、温度などを確認します。

食材を十分に洗う
土やごみ、虫などがないかを確認して、野菜や果物は流水で3回以上洗います。

食材を切る
調理員さんが協力しながら、使う料理に合わせて食材を切っていきます。

加熱調理をする
大きな回転がまなどを使って、適切な温度や時間で加熱調理をします。

食材などを冷凍保存する
食材や料理を50gずつ、－20℃で2週間以上、何か問題があった時のために保存します。

配缶する
でき上がった料理を各クラスの食缶に移していきます。

検食
校長先生などが、異物がないかや味つけや見た目がよいかなどを確認します。

そのほかの仕事
・献立をつくる
・食材を注文する
・作業が安全にできるように打ち合わせをする
・調理の後の洗浄・片づけ　など

給食の役割
給食は栄養バランスのとれた食事によって子どもたちの健康や健やかな成長を支えています。
また、望ましい食習慣と食に関する正しい知識や実践力を身につけること、地場産物や地域の郷土料理、行事食などを通して、地域の文化や伝統への理解と関心を深めることができます。

給食は安全に気をつけて、多くの人が協力してつくっています。栄養士の先生がつくった献立を、調理員さんが分担しながら調理して、最後に校長先生などができ上がった給食に異物がないかなどを確認し、みんなのところへと運ばれます。
このようにしてつくられた給食をよく味わって残さず食べましょう。

給食《きゅうしょく》ができるまでを知《し》ろう

みなさんが毎日《まいにち》食《た》べている給食《きゅうしょく》は、どのようにつくられているのか、知《し》っていますか？

給食《きゅうしょく》をつくる時《とき》は清潔《せいけつ》な身支度《みじたく》と手洗《てあら》い・消毒《しょうどく》をします。その後《あと》、食材《しょくざい》を洗《あら》う、切《き》る、加熱《かねつ》するなどの調理《ちょうり》をします。加熱《かねつ》をする時《とき》は中心部《ちゅうしんぶ》までしっかり火《ひ》を通《とお》すために75℃で１分間以上《ぷんかんいじょう》（ノロウイルス汚染《おせん》のおそれのある食品《しょくひん》は85～90℃で90秒間以上《びょうかんいじょう》）加熱《かねつ》することが決《き》められています。また、みなさんのところへ運《はこ》ばれる前《まえ》に、校長先生《こうちょうせんせい》などが異物《いぶつ》がないかや、量《りょう》や味《あじ》つけなどを確認《かくにん》します。

安全安心《あんぜんあんしん》な給食《きゅうしょく》を届《とど》けるための決《き》まりはほかにもあり、栄養士《えいようし》の先生《せんせい》や調理員《ちょうりいん》さんたちが協力《きょうりょく》してその決《き》まりを守《まも》りながら、給食《きゅうしょく》をつくってくれています。味《あじ》わって残《のこ》さず食《た》べましょう。

2018年（平成30年） **4月18日号**

給食ニュース 一口メモ

少年写真新聞 Juniors' Visual Journal

給食ニュース

No.1730

2018年（平成30年）4月18日号

元気な体と丈夫な骨をつくる牛乳

牛乳には成長に必要な栄養素がたくさん含まれているので、毎日とりましょう

たんぱく質

カルシウム 丈夫な骨や歯をつくる栄養素

炭水化物・脂質 エネルギーになる栄養素

ビタミン 体の調子をととのえる栄養素

牛乳には、成長期の体に必要な栄養素がたくさん含まれています。

強く丈夫な骨をつくるカルシウムが含まれる牛乳

強い骨をつくるチャンスは小・中学生の今！

体が大きく成長する10代の時期には、丈夫な骨をつくるために多くのカルシウムが必要になります。カルシウムが骨に入りやすく骨量を増やせるこの時期にカルシウムを蓄えましょう。

カルシウムの推奨量（1日）

(歳)	男子 (mg)	女子 (mg)
6-7	600	550
8-9	650	750
10-11	700	750
12-14	1000	800

カルシウムが足りないと……

骨の中からカルシウムが出ていって、少ない状態が続くと、骨がすかすかになってしまいます。すると、骨折をしやすくなったり、折れた骨が治りにくくなったりします。

給食の牛乳を毎日しっかり飲みましょう

牛乳には、丈夫な骨や歯の材料になるカルシウムがたくさん含まれているほか、体をつくるたんぱく質や、エネルギーになる炭水化物や脂質、また、体の調子をととのえるビタミンが含まれています。

特に、カルシウムは成長期の体に多く必要な栄養素で、今の時期にとることで大きく骨量を増やすことができます。

体や骨が育つ、小・中学生の時期に、牛乳を毎日飲みましょう。

元気《げんき》な体《からだ》と丈夫《じょうぶ》な骨《ほね》をつくる牛乳《ぎゅうにゅう》

牛乳《ぎゅうにゅう》は体《からだ》や骨《ほね》をつくるために欠《か》かせない栄《えい》養《よう》素《そ》が多《おお》く含《ふく》まれる食品《しょくひん》です。

牛乳《ぎゅうにゅう》には、骨《ほね》や歯《は》をつくるカルシウムが多《おお》く含《ふく》まれ、ほかにも体《からだ》をつくるたんぱく質《しつ》や、エネルギーとなる炭水化物《たんすいかぶつ》や脂質《ししつ》、体《からだ》の調子《ちょうし》をととのえるビタミンも含《ふく》んでいます。

特《とく》に骨《ほね》の材料《ざいりょう》になるカルシウムは、骨《ほね》が大《おお》きく成長《せいちょう》する小《しょう》・中学生《ちゅうがくせい》の時《とき》に多《おお》く必要《ひつよう》になります。この時期《じき》は骨《ほね》の窓《まど》が開《ひら》く時期《じき》ともいわれ、骨《ほね》にカルシウムがとり込《こ》まれやすく、大《おお》きく骨量《こつりょう》を増《ふ》やせます。カルシウムが不足《ふそく》すると骨《ほね》に蓄《たくわ》えていたカルシウムが血液《けつえき》に放出《ほうしゅつ》されてしまい、骨《ほね》はすかすかになり、骨折《こっせつ》しやすくなってしまいます。

体《からだ》や骨《ほね》が育《そだ》つ、小《しょう》・中《ちゅう》学生《がくせい》の時期《じき》に、牛乳《ぎゅうにゅう》を毎《まい》日《にち》飲《の》みましょう。

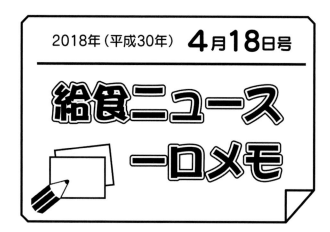

2018年（平成30年） 4月28日号

給食ニュース 一口メモ

春《はる》がきた！ 花見《はなみ》を楽《たの》しもう

日本《にほん》には、全国各地《ぜんこくかくち》に桜《さくら》の名所《めいしょ》があり、春《はる》になると、さまざまな場所《ばしょ》から桜《さくら》のたよりが聞《き》こえてきます。花見《はなみ》といえば桜《さくら》の花《はな》を思《おも》い浮《う》かべますが、奈良時代《ならじだい》は、梅《うめ》の花《はな》の花見《はなみ》が行《おこな》われていました。「万葉集《まんようしゅう》」には桜《さくら》の花《はな》よりも梅《うめ》の花《はな》の歌《うた》が多《おお》く詠《よ》まれているそうです。桜《さくら》の花見《はなみ》は、平安時代《へいあんじだい》になると貴族《きぞく》の間《あいだ》の遊《あそ》びとして盛《さか》んになり、江戸時代《えどじだい》になると庶民《しょみん》が楽《たの》しむ行事《ぎょうじ》になりました。

今《いま》は、家族《かぞく》や友《とも》だちと弁当《べんとう》や飲《の》み物《もの》などを味《あじ》わい、桜《さくら》を楽《たの》しみますが、昔《むかし》は春《はる》の農作業《のうさぎょう》の前《まえ》に豊作《ほうさく》を祈願《きがん》するための習《なら》わしとして行《おこな》われていたそうです。

きれいな桜《さくら》の花《はな》を眺《なが》めながら、持《も》ち寄《よ》った弁当《べんとう》や飲《の》み物《もの》を味《あじ》わい、春《はる》の訪《おとず》れをみんなで楽《たの》しみましょう。

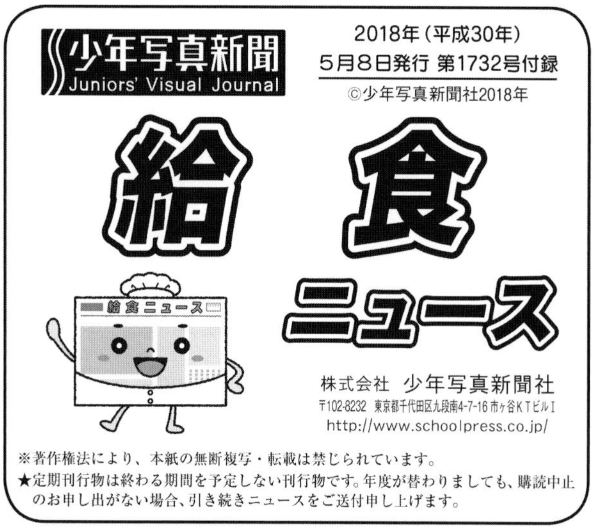
少年写真新聞
Juniors' Visual Journal
2018年（平成30年）
5月8日発行 第1732号付録
©少年写真新聞社2018年
給食
ニュース
株式会社 少年写真新聞社
〒102-8232 東京都千代田区九段南4-7-16 市ヶ谷KTビルI
http://www.schoolpress.co.jp/
※著作権法により、本紙の無断複写・転載は禁じられています。
★定期刊行物は終わる期間を予定しない刊行物です。年度が替わりましても、購読中止のお申し出がない場合、引き続きニュースをご送付申し上げます。

チーム学校で取り組む『給食ニュース』を使った食育指導

このページは、『給食ニュース』を活用した指導法を知りたいという先生方の声から生まれました。『給食ニュース』は掲示する以外にも指導資料などで活用することができます。ここで紹介したものはあくまでも一例ですので、学校の実態に合わせて、ご活用ください。

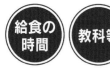

給食の時間 **教科等**

白い綿毛に包まれて育つそらまめ

※給食の時間、小学校第２学年生活科、小学校第３学年、第５学年理科、総合的な学習の時間など

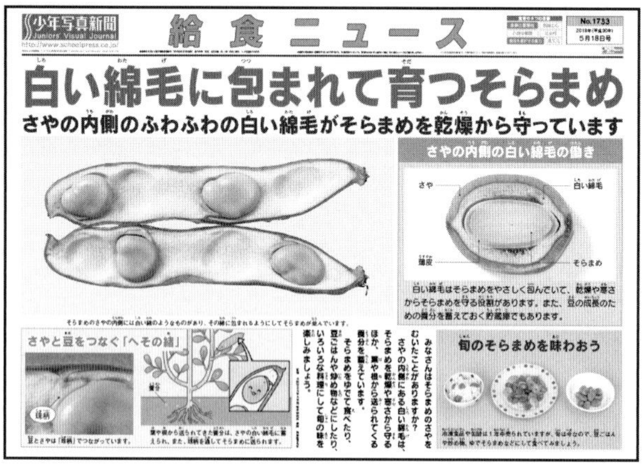
少年写真新聞 Juniors' Visual Journal
給食ニュース
No.1733 2018年（平成30年） 5月18日号
白い綿毛に包まれて育つそらまめ
さやの内側のふわふわの白い綿毛がそらまめを乾燥から守っています
さやの内側の白い綿毛の働き
さや
白い綿毛
種皮
そらまめ
白い綿毛はそらまめをやさしく包んでいて、乾燥や寒さからそらまめを守る役割があります。また、豆の成長のための養分を蓄えておく貯蔵庫でもあります。
そらまめのさやの内側には白い綿のようなものがあり、その綿に包まれるようにしてそらまめが並んでいます。
さやと豆をつなぐ「へその緒」
珠柄
豆とさやは「珠柄」でつながっています。
養分
葉や根から送られてきた養分は、さやの白い綿毛に蓄えられ、また、珠柄を通してそらまめに送られます。
みなさんはそらまめのさやをむいたことがありますか？　さやの内側にある白い綿毛は、そらまめを乾燥や寒さから守るほか、葉や根から送られてくる養分を蓄えています。
そらまめをゆでて食べたり、豆ごはんや炒め物などにしたり、いろいろな料理にして旬の味を楽しみましょう。
旬のそらまめを味わおう

『給食ニュース』2018年５月18日号

給食にそらまめが使われる時や、植物の成長について学習する時にご活用できます。

話し方例

今日の給食には、旬のそらまめが出ています。そらまめは、〇年生がさやをむいてくれました。そらまめのさやの内側には、白い綿毛のようなものがあります。これには、そらまめを乾燥や寒さから守ってくれたり、栄養分を蓄えておいたりする役割があります。豆とさやは、「珠柄《しゅへい》」というへその緒のようなものでつながっていて、さやの中で大きく育っていきます。そらまめの旬は今ですので、給食で味わってみましょう。

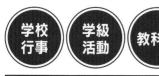

学校行事 **学級活動** **教科等**

汗の働きを知り、適切な水分補給をしよう

※運動会や体育祭、中学校保健体育科保健分野など

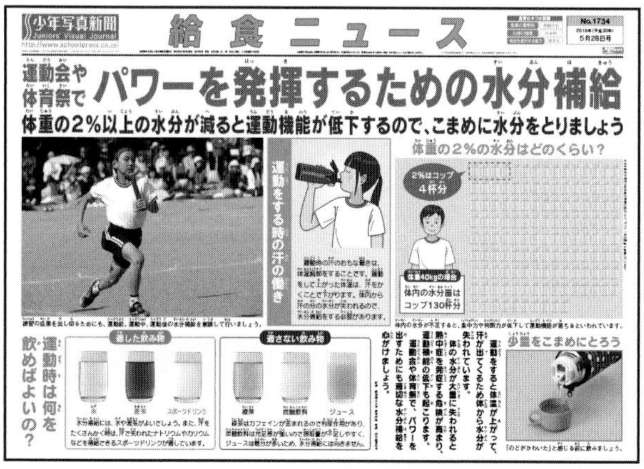
少年写真新聞 Juniors' Visual Journal
給食ニュース
No.1734 2018年（平成30年） 5月28日号
運動会や体育祭で パワーを発揮するための水分補給
体重の2%以上の水分が減ると運動機能が低下するので、こまめに水分をとりましょう
運動をする時の汗の働き
運動時の汗のおもな働きは、体温調節をすることです。運動をして上がった体温は、汗をかくことで下がります。体内から汗の分の水分が失われるので、水分補給をする必要があります。
練習の成果を出し切るためにも、運動前、運動中、運動後の水分補給を意識して行いましょう。
体重の２%の水分はどのくらい？
2%はコップ4杯分
体重40kgの場合
体内の水分量はコップ130杯分
体内の水分が不足すると、集中力や判断力が低下して運動機能が落ちるといわれています。
運動時は何を飲めばよいの？
適した飲み物
水　麦茶　スポーツドリンク
水分補給には、水や麦茶がよいでしょう。また、汗をたくさんかく時は、汗で失われたナトリウムやカリウムなどを補給できるスポーツドリンクが適しています。
適さない飲み物
緑茶　炭酸飲料　ジュース
緑茶はカフェインが含まれるので利尿作用があり、炭酸飲料は満足感が強いので補給量が不足しやすく、ジュースは糖分が多いため、水分補給には向きません。
運動をすると体温が上がって、汗が出てくるため体から水分が失われています。体の水分が大量に失われると熱中症を発症する危険が高まり、運動機能の低下も起こります。運動会や体育祭で、パワーを出すためにも適切な水分補給を心がけましょう。
少量をこまめにとろう
「のどがかわいた」と感じる前に飲みましょう。

『給食ニュース』2018年５月28日号

体内の水分量や汗の働きを知り、適切な水分補給について学ぶことができます。

話し方例

みなさんの体の中の水分量は、体重の約65％です。例えば体重が40kgの場合、26Lくらいです。運動をすると体温が上がり汗をかきます。汗は体温を調節する働きがあるため、汗をかくことで上がった体温が下がります。そこで、汗で失われた水分をしっかり補給する必要があります。また、激しい運動などで体重の２％（40kgの人は800mL）以上の水分を失うと運動機能が低下するので、水分補給はのどがかわく前に、こまめにすることが重要です。

2018年（平成30年）**5月8日号**

給食ニュース 一口メモ

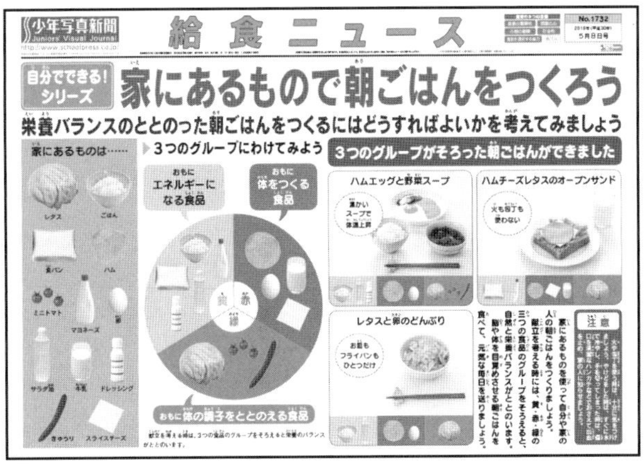

自分《じぶん》でできる！　シリーズ

家《いえ》にあるもので朝《あさ》ごはんをつくろう

毎日《まいにち》、朝《あさ》ごはんを食《た》べていますか？　朝《あさ》ごはんは脳《のう》や体《からだ》を目覚《めざ》めさせて、生活《せいかつ》リズムをととのえる大切《たいせつ》な食事《しょくじ》です。家《いえ》にあるもので、自分《じぶん》や家族《かぞく》の人《ひと》の朝《あさ》ごはんづくりに挑戦《ちょうせん》してみましょう。

献立《こんだて》を考《かんが》える時《とき》は、黄《き》・赤《あか》・緑《みどり》の３つの食《しょく》品《ひん》のグループをそろえるようにすると、自然《しぜん》と栄養《えいよう》バランスがととのいます。調理《ちょうり》をする時《とき》は、火《ひ》や包丁《ほうちょう》でやけどやけがをしないように気《き》をつけましょう。また、短《みじか》い時間《じかん》でできるように調理《ちょうり》や片《かた》づけを工夫《くふう》することも大切《たいせつ》です。

自分《じぶん》で食事《しょくじ》をつくると、食事《しょくじ》を準備《じゅんび》してくれる人《ひと》への感謝《かんしゃ》の気持《きも》ちを持《も》つことができます。

朝《あさ》ごはんをしっかり食《た》べて、元気《げんき》な毎日《まいにち》をすごしましょう。

2018年（平成30年）5月18日号

給食ニュース 一口メモ

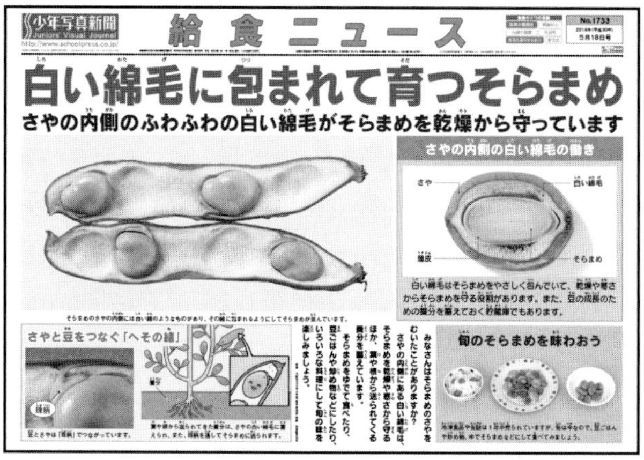
少年写真新聞

給食ニュース

No.1733

白い綿毛に包まれて育つそらまめ

さやの内側のふわふわの白い綿毛がそらまめを乾燥から守っています

さやの内側の白い綿毛の働き

さやと豆をつなぐ「へその緒」

旬のそらまめを味わおう

白《しろ》い綿《わた》毛《げ》に包《つつ》まれて育《そだ》つそらまめ

そらまめは、今《いま》が旬《しゅん》の食《た》べ物《もの》で、この時期《じき》はさやがついたままの新鮮《しんせん》なものが出回《でまわ》っています。

そらまめのさやは内側《うちがわ》がふわふわの白《しろ》い綿《わた》毛《げ》になっていて、この綿毛《わたげ》がそらまめを包《つつ》んで、乾燥《かんそう》や寒《さむ》さから守《まも》っています。また、葉《は》や根《ね》から送《おく》られてきた養分《ようぶん》を一時的《いちじてき》に蓄《たくわ》える貯蔵庫《ちょぞうこ》の役割《やくわり》も持《も》っています。さやとそらまめは、「珠柄《しゅへい》」というへその緒《お》でつながっていて、養分《ようぶん》は成長《せいちょう》に合《あ》わせて、珠柄《しゅへい》を通《とお》してそらまめに送《おく》られます。

そらまめは、塩《しお》ゆでにして食《た》べる以外《いがい》にも、豆《まめ》ごはんにしたり、炒《いた》め物《もの》などにしたりして、いろいろな料理《りょうり》にすることができます。今《いま》が旬《しゅん》のそらまめをぜひ味《あじ》わってみましょう。

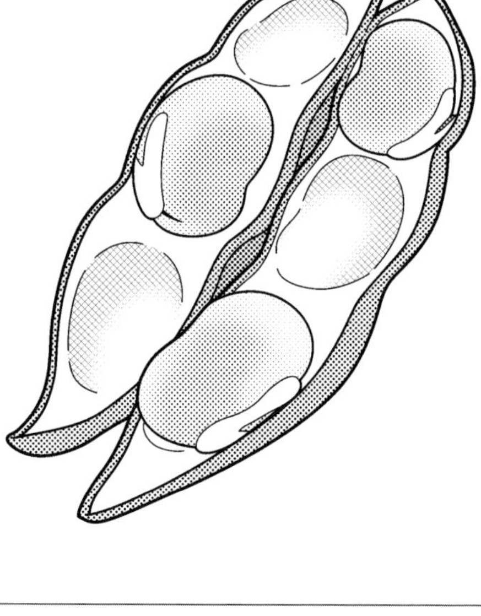

2018年（平成30年） **5月28日号**

給食ニュース 一口メモ

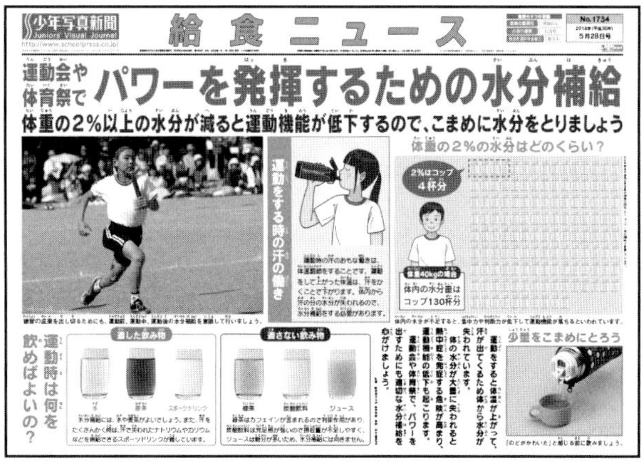
少年写真新聞 Juniors' Visual Journal http://www.schoolpress.co.jp/

給食ニュース

No.1734 2018年（平成30年）5月28日号

運動会や体育祭で パワーを発揮するための水分補給

体重の2％以上の水分が減ると運動機能が低下するので、こまめに水分をとりましょう

練習の成果を出し切るためにも、運動前、運動中、運動後の水分補給を意識して行いましょう。

運動をする時の汗の働き

運動時の汗のおもな働きは、体温調節をすることです。運動をして上がった体温は、汗をかくことで下がります。体内から汗の分の水分が失われるので、水分補給をする必要があります。

体重の２％の水分はどのくらい？

2％はコップ4杯分

体重40kgの場合 体内の水分量はコップ130杯分

体内の水分が不足すると、集中力や判断力が低下して運動機能が落ちるといわれています。

運動時は何を飲めばよいの？

適した飲み物

水 麦茶 スポーツドリンク

水分補給には、水や麦茶がよいでしょう。また、汗をたくさんかく時は、汗で失われたナトリウムやカリウムなどを補給できるスポーツドリンクが適しています。

適さない飲み物

緑茶 炭酸飲料 ジュース

緑茶はカフェインが含まれるので利尿作用があり、炭酸飲料は炭酸が強いので摂取量が不足しやすく、ジュースは糖分が多いため、水分補給には向きません。

運動をすると体温が上がって、汗が出てくるため体から水分が失われていきます。体の水分が大量に失われると熱中症を発症する危険が高まり、運動機能の低下も起こります。運動会や体育祭で、パワーを出すためにも適切な水分補給を心がけましょう。

少量をこまめにとろう

「のどがかわいた」と感じる前に飲みましょう。

運動会《うんどうかい》や体育祭《たいいくさい》で

パワーを発揮《はっき》するための水分補給《すいぶんほきゅう》

人間《にんげん》の体《からだ》の中《なか》には、たくさんの水分《すいぶん》があります。小学生《しょうがくせい》や中学生《ちゅうがくせい》の体内水分量《たいないすいぶんりょう》は、体重《たいじゅう》の65%くらいです。この体内《たいない》の水分《すいぶん》は、1日《にち》の中《なか》で体《からだ》の外《そと》に出《で》ていく量《りょう》と体《からだ》に入《はい》ってくる量《りょう》がほぼ同《おな》じになるように、バランスよく調節《ちょうせつ》されています。しかし、暑《あつ》い環境《かんきょう》の中《なか》で激《はげ》しい運動《うんどう》をすると、汗《あせ》をかいて体内《たいない》から水《すい》分《ぶん》がたくさん失《うしな》われてバランスがくずれてしまいます。体重《たいじゅう》の２％以上《いじょう》の水分《すいぶん》が失《うしな》われると、体温調節機能《たいおんちょうせつきのう》や運動機能《うんどうきのう》も低下《ていか》します。

水分補給《すいぶんほきゅう》に適《てき》した飲《の》み物《もの》は、水《みず》や麦茶《むぎちゃ》ですが、汗《あせ》をたくさんかく時《とき》はスポーツドリンクが適《てき》しています。

運動会《うんどうかい》や体育祭《たいいくさい》では、「のどがかわいた」と感《かん》じる前《まえ》に、少量《しょうりょう》をこまめにとることを心《こころ》がけて、水分補給《すいぶんほきゅう》をしましょう。

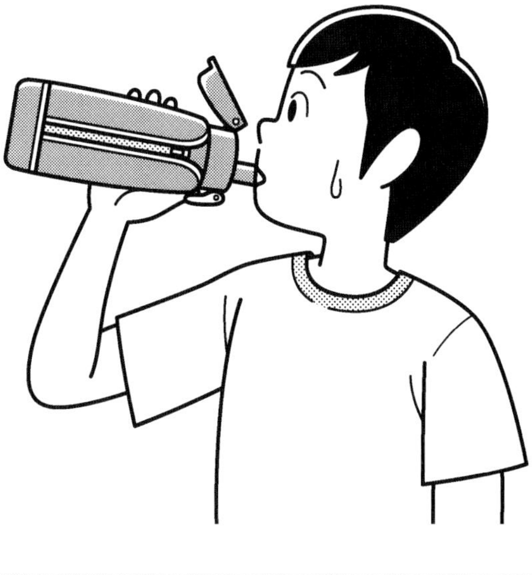

少年写真新聞
Juniors' Visual Journal

2018年（平成30年）
6月8日発行 第1735号付録
©少年写真新聞社2018年

給食
ニュース

株式会社 少年写真新聞社
〒102-8232 東京都千代田区九段南4-7-16 市ヶ谷KTビルI
http://www.schoolpress.co.jp/

チーム学校で取り組む
『給食ニュース』を使った食育指導

このページは、『給食ニュース』を活用した指導法を知りたいという先生方の声から生まれました。『給食ニュース』は掲示する以外にも指導資料などで活用することができます。ここで紹介したものはあくまでも一例ですので、学校の実態に合わせて、ご活用ください。

給食の時間　教科等　ロシアの食生活について知ろう

※給食の時間、小学校第5学年、第6学年社会科、中学校社会科地理的分野、総合的な学習の時間など

『給食ニュース』2018年6月18日号

ロシアの料理や食生活について、理解を深めることができます。

話し方例

6月14日から2018FIFAワールドカップがロシアで開催されます。ロシアは世界一広い国土を持ち、冬は寒さが厳しく、森林や山脈など、地域によって気候風土が異なります。

寒さの厳しい生活の中で生まれたロシア料理がたくさんあり、今でもボルシチやキャベツのスープなど、さまざまなスープが食べられています。また、ボルシチなどに欠かせない野菜は「ビーツ」といって、鮮やかな赤い色が特徴です。ほかにも、ロシアの料理や食生活について、調べてみましょう。

学級活動　教科等　夏場に多い食中毒を防ぐために

※小学校5・6学年体育科、家庭科、中学校技術・家庭科 家庭分野など

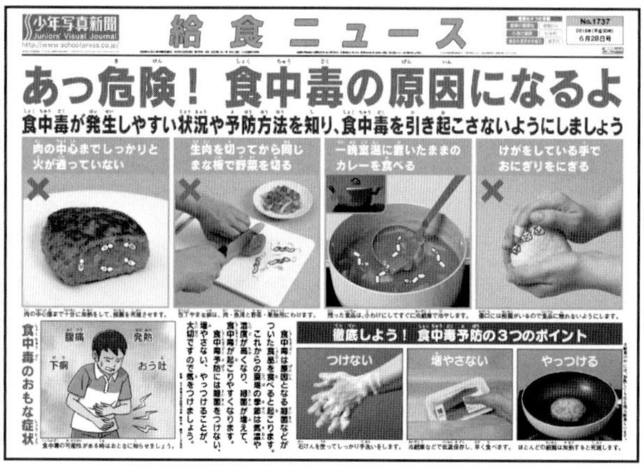

『給食ニュース』2018年6月28日号

食中毒が発生しやすい状況を知り、自分でできる予防方法について学べます。

話し方例

夏場は、気温や湿度が高くなり、食中毒が発生しやすくなります。（『給食ニュース』を見せながら）このように肉の加熱が不十分だったり、同じまな板で野菜や肉を一緒に切ったりすると食中毒の原因になりますので、気をつけましょう。また、食中毒を防ぐためには、石けんできれいに手を洗い、食品を適切な温度で低温保存し、調理の時に十分な加熱をすることが大切です。

自分自身で食中毒を防ぐために何ができるかを、考えてみましょう。

2018年（平成30年） 6月8日号

給食ニュース 一口メモ

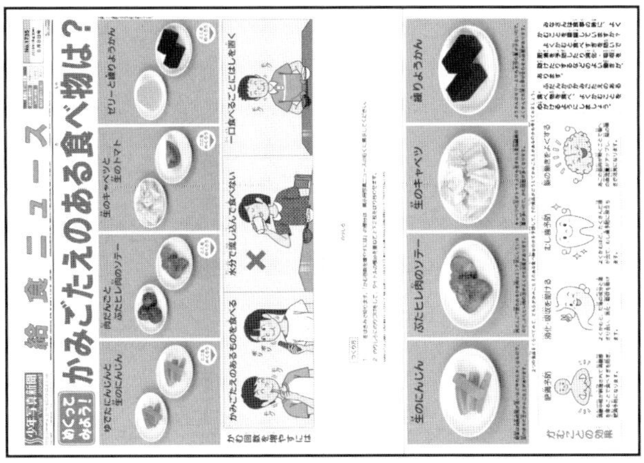
少年写真新聞
給食ニュース
めくってみよう！
かみごたえのある食べ物は？
ゆでたにんじんと生のにんじん
肉だんごとぶたヒレ肉のソテー
生のキャベツと生のトマト
ゼリーと練りようかん
かむ回数を増やすには
かみごたえのあるものを食べる
水分で流し込んで食べない
一口食べるごとにはしを置く
生のにんじん
ぶたヒレ肉のソテー
生のキャベツ
練りようかん
かむことの効果
肥満予防
消化・吸収を助ける
むし歯予防
脳の働きをよくする

よくかんで食《た》べるためにできること

食事《しょくじ》の時《とき》、よくかんで食《た》べていますか？ よくかむと食《た》べすぎを防《ふせ》いで肥満《ひまん》を予防《よぼう》したり、消化《しょうか》・吸収《きゅうしゅう》を助《たす》けたり、むし歯《ば》を予防《よぼう》したり、脳《のう》の働《はたら》きを活発《かっぱつ》にしたりするなどのよい働《はたら》きがあります。

毎日《まいにち》の食事《しょくじ》の中《なか》で、よくかむために自分《じぶん》たちでできることがあります。それは、食事中《しょくじちゅう》に水《みず》やお茶《ちゃ》などの水分《すいぶん》で流《なが》し込《こ》んで食《た》べないようにすることです。さらに一口《ひとくち》食《た》べるごとにはしを置《お》くと、しっかりかむことができます。ほかにもかみごたえのあるものを食《た》べるようにしましょう。食物《しょくもつ》繊維《せんい》の多《おお》い野菜《やさい》や筋繊維《きんせんい》のしっかりしている牛肉《ぎゅうにく》や豚肉《ぶたにく》、乾物《かんぶつ》などはかみごたえのある食品《しょくひん》です。

できそうなことから始《はじ》めて、よくかんで食《た》べる習慣《しゅうかん》を身《み》につけましょう。

2018年（平成30年） 6月18日号

給食ニュース 一口メモ

少年写真新聞 Juniors' Visual Journal

給食ニュース

No.1736 2018年（平成30年）6月18日号

異文化を知ろう

わかるかな？ ロシアの食生活クイズ

東ヨーロッパから北アジアまでの広大な国土を持つロシアの食生活を見てみましょう

Q.1 ①トマト ②ビーツ ③にんじん

Q.2 ①新鮮なうちに全部食べる ②保存食をつくる

Q.3 ①イクラ ②いか ③まぐろ

Q.4 ①暖炉 ②たき火 ③ランプの上

ロシアはこんな国

クイズの答え

A.1 ②ビーツ

A.2 ②保存食をつくる

A.3 ①イクラ

A.4 ①暖炉

ロシア料理は寒さの厳しい生活の中で発展したものが多くあります。昔は、短い夏に収穫された作物を使って、冬の間の大切な食料になる保存食をつくり、暖炉ではスープを煮て、パンを焼きました。現代でもこれらは、ロシアを代表する伝統的な料理です。

ロシアの食生活

スープとパン

カーシャ

スメタナ

異文化《いぶんか》を知《し》ろう

ロシアの食生活《しょくせいかつ》

ロシアの国土《こくど》は、日本《にほん》の約《やく》45倍《ばい》あり、世界《せかい》一《いち》の広《ひろ》さです。

ロシアには、寒《さむ》さの厳《きび》しい土地《とち》での暮《く》らしの中《なか》で生《う》まれた料理《りょうり》が多《おお》くあります。昔《むかし》は、長《なが》い冬《ふゆ》には、暖炉《だんろ》でスープを煮《に》て、パンを焼《や》き、短《みじか》い夏《なつ》の間《あいだ》に栽培《さいばい》した野菜《やさい》や果物《くだもの》で保存《ほぞん》食《しょく》をつくっていました。これらは、現代《げんだい》でもロシアを代表《だいひょう》する伝統的《でんとうてき》な料理《りょうり》です。

ロシア料理《りょうり》に欠《か》かせない野菜《やさい》、ビーツは、ボルシチやサラダなどのいろいろな料理《りょうり》に使《つか》われ、ビーツを使《つか》った料理《りょうり》は赤《あか》く色《いろ》づくのが特徴《とくちょう》です。ビーツは赤《あか》かぶに似《に》ていますが、ほうれんそうの仲間《なかま》です。

広大《こうだい》な国《くに》、ロシアは地域《ちいき》ごとに気候《きこう》が違《ちが》うため、食材《しょくざい》も料理《りょうり》もさまざまです。どんな料理《りょうり》があるのかを調《しら》べてみましょう。

2018年（平成30年） **6月28日号**

給食ニュース 一口メモ

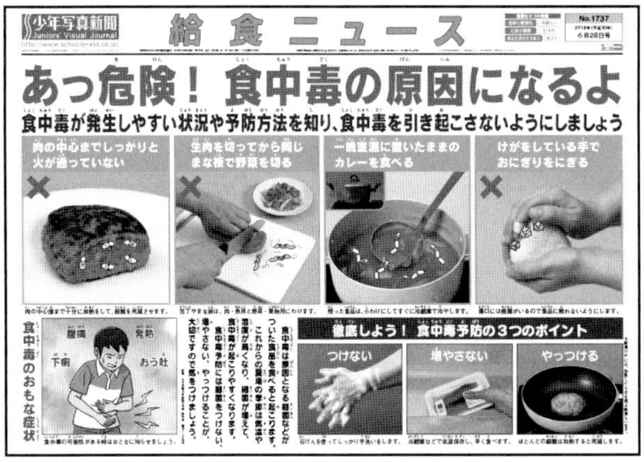
少年写真新聞 Juniors Visual Journal http://www.schoolpress.co.jp/

給食ニュース

No.1737 2018年(平成30年) 6月28日号

あっ危険《きけん》！ 食中毒《しょくちゅうどく》の原因《げんいん》になるよ

食中毒が発生しやすい状況や予防方法を知り、食中毒を引き起こさないようにしましょう

肉の中心までしっかりと火が通っていない

肉の中心部まで十分に加熱をして、細菌を死滅させます。

生肉を切ってから同じまな板で野菜を切る

包丁やまな板は、肉・魚用と野菜・果物用にわけます。

一晩室温に置いたままのカレーを食べる

残った食品は、小わけにしてすぐに冷蔵庫で冷やします。

けがをしている手でおにぎりをにぎる

傷口には細菌がいるので食品に触れないようにします。

食中毒のおもな症状

腹痛 発熱 下痢 おう吐

食中毒の可能性がある時はおとなに知らせましょう。

食中毒は原因となる細菌などがついた食品を食べると起こります。これからの夏場の季節は気温や湿度が高くなり、細菌が増えて、食中毒が起こりやすくなります。食中毒予防には細菌をつけない、増やさない、やっつけることが、大切ですので気をつけましょう。

徹底しよう！ 食中毒予防の３つのポイント

つけない

石けんを使ってしっかり手洗いをします。

増やさない

冷蔵庫などで低温保存し、早く食べます。

やっつける

ほとんどの細菌は加熱すると死滅します。

食中毒《しょくちゅうどく》のことを知《し》って予防《よぼう》しよう

夏場《なつば》の食中毒《しょくちゅうどく》の多《おお》くは、原因《げんいん》となる病原性《びょうげんせい》の細菌《さいきん》がついた食品《しょくひん》を食《た》べることで起《お》こります。おもな症状《しょうじょう》は、腹痛《ふくつう》や下痢《げり》、おう吐《と》、発《はつ》熱《ねつ》などです。細菌《さいきん》は、温度《おんど》や水分《すいぶん》、栄養分《えいようぶん》などの要因《よういん》がそろうと食品《しょくひん》の中《なか》で増殖《ぞうしょく》するので、気温《きおん》や湿度《しつど》が高《たか》くなる夏《なつ》は、食中毒《しょくちゅうどく》が起《お》こりやすくなります。

食中毒《しょくちゅうどく》を防《ふせ》ぐための３つのポイントは細菌《さいきん》を「つけない」、「増《ふ》やさない」、「やっつける」ことです。つけないためには、石《せっ》けんを泡立《あわだ》てて指《ゆび》の間《あいだ》や手首《てくび》などもしっかり洗《あら》いましょう。増《ふ》やさないためには、食材《しょくざい》や料理《りょうり》を冷蔵庫《れいぞうこ》で低《てい》温保存《おんほぞん》しましょう。やっつけるためには、食品《しょくひん》をしっかりと加熱《かねつ》することが重要《じゅうよう》です。

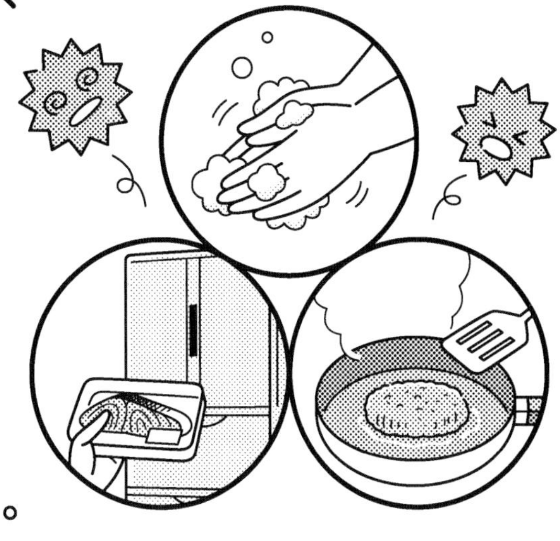

日頃《ひごろ》から、食中毒予防《しょくちゅうどくよぼう》を徹底《てってい》して行《おこな》いましょう。

チーム学校で取り組む 『給食ニュース』を使った食育指導

　このページは、『給食ニュース』を活用した指導法を知りたいという先生方の声から生まれました。『給食ニュース』は、掲示する以外にも指導資料として活用できます。

　ここで紹介したものはあくまでも一例ですので、学校の実態に合わせて、ご活用ください。

給食の時間　教科等　夏の野菜 とうもろこしの秘密！

※給食の時間、小学校第２学年生活科、第５学年理科、総合的な学習の時間など

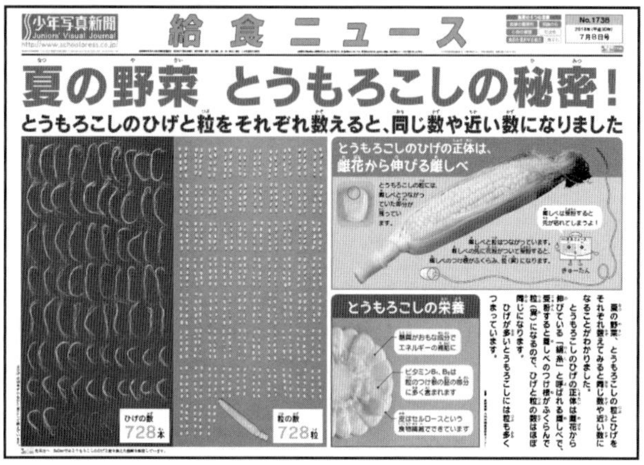
少年写真新聞 Juniors' Visual Journal　給食ニュース　No.1738　7月8日号

夏の野菜 とうもろこしの秘密！

とうもろこしのひげと粒をそれぞれ数えると、同じ数や近い数になりました

ひげの数 728本

粒の数 728粒

とうもろこしのひげの正体は、雌花から伸びる雌しべ

とうもろこしの粒には、雌しべとつながっていた部分が残っています。

雌しべは受粉すると先が枯れてしまうよ！

雌しべと粒はつながっています。雌しべの先に花粉がついて受粉すると、雌しべのつけ根がふくらみ、粒（実）になります。

きゅーたん

とうもろこしの栄養

糖質がおもな成分でエネルギーの補給に

皮はセルロースという食物繊維でできています

夏の野菜、とうもろこしの粒とひげをそれぞれ数えてみると同じ数や近い数になることがわかりました。

とうもろこしのひげの正体は雌花から伸びている「絹糸」と呼ばれる雌しべで、受粉すると雌しべのつけ根がふくらんで粒（実）になるので、ひげと粒の数はほぼ同じになります。

ひげが多いとうもろこしには粒も多くつまっています。

『給食ニュース』2018年7月8日号

　給食でとうもろこしが使われる時や、受粉を学習する時に使用できます。

話し方例

　今日の給食に出ているとうもろこしは、○年生が皮をむいてくれました。とうもろこしには、細長いひげのようなものがたくさんあります。このひげと粒の数は、ほとんど同じです。これは、どうしてでしょう？

　実はとうもろこしのひげは、雌しべです。雌しべの先に花粉がつくと受粉して、つけ根がふくらんで、粒（実）になります。このように受粉によってできた実が、とうもろこしの粒なので、ひげと粒の数は同じなのです。

学級活動　教科等　炭水化物ぬきの極端なダイエットは危険です

※小学校第５学年家庭科、第６学年家庭科、中学校保健体育科保健分野など

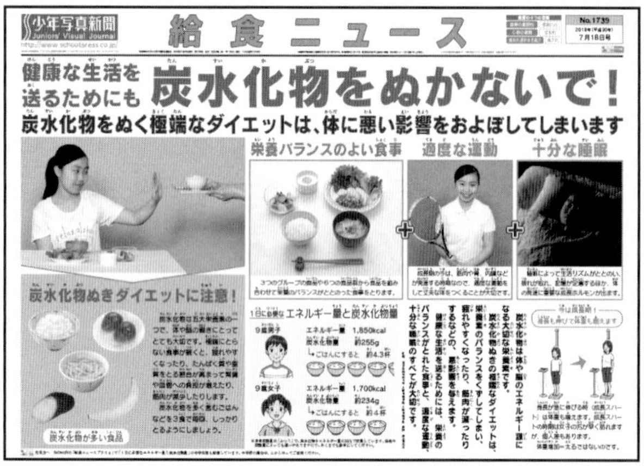
少年写真新聞 Juniors' Visual Journal　給食ニュース　No.1739　7月18日号

健康な生活を送るためにも 炭水化物をぬかないで！

炭水化物をぬく極端なダイエットは、体に悪い影響をおよぼしてしまいます

栄養バランスのよい食事　適度な運動　十分な睡眠

炭水化物ぬきダイエットに注意！

炭水化物が多い食品

1日に必要なエネルギー量と炭水化物量

9歳男子　エネルギー量 1,850kcal　炭水化物量 約255g　ごはんにすると 約4.3杯

9歳女子　エネルギー量 1,700kcal　炭水化物量 約234g　ごはんにすると 約4杯

炭水化物は体や脳のエネルギー源になる大切な栄養素です。

炭水化物ぬきの極端なダイエットは、栄養素のバランスをくずしてしまい、疲れやすくなったり、筋肉が減ったりするなどの、悪影響を与えます。

健康な生活を送るためには、栄養のバランスがとれた食事と、適度な運動、十分な睡眠のすべてが大切です。

『給食ニュース』2018年7月18日号

　炭水化物ぬきが体に悪影響をおよぼすことや、食事・運動・睡眠の大切さを学べます。

話し方例

　炭水化物は、五大栄養素の一つで、体や脳のエネルギー源になる大切なものです。

　ですから、炭水化物をぬくようなダイエットを続けていると、疲れやすくなったり、摂取する栄養素のバランスをくずしてしまい腎《じん》臓《ぞう》や血管への負担が増えたり、筋肉が減少したりするなどの悪影響が出てしまいます。

　成長期のみなさんは、今、身長も伸びて体重も増えています。ですから、栄養バランスのよい食事と適度な運動、十分な睡眠をとり、健康な生活を送ることが大切です。

2018年（平成30年）7月8日号

給食ニュース 一口メモ

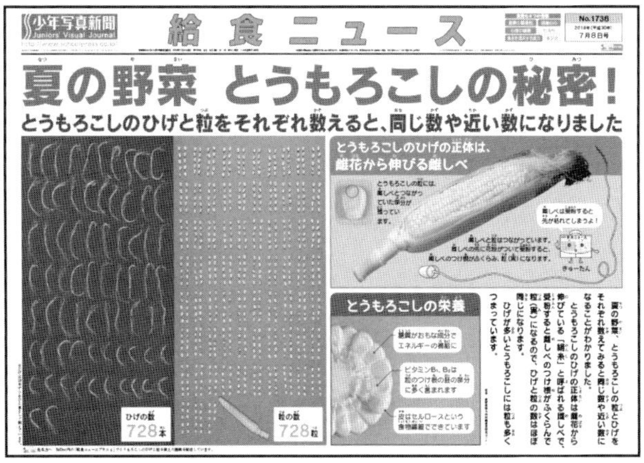
少年写真新聞 Juniors Visual Journal

給食ニュース

No.1736 2018年（平成30年）7月8日号

夏の野菜 とうもろこしの秘密！

とうもろこしのひげと粒をそれぞれ数えると、同じ数や近い数になりました

夏の野菜、とうもろこしの粒とひげをそれぞれ数えてみると同じ数や近い数になることがわかりました。

とうもろこしのひげの正体は雌花から伸びている「絹糸」と呼ばれる雌しべで、受粉すると雌しべのつけ根がふくらんで粒（実）になるので、ひげと粒の数はほぼ同じになります。

ひげが多いとうもろこしには粒も多くつまっています。

夏《なつ》の野菜《やさい》 とうもろこしの秘密《ひみつ》！

夏《なつ》の野菜《やさい》、とうもろこしのひげの本数《ほんすう》と粒《つぶ》の数《かず》を数《かぞ》えてみると同《おな》じ数《かず》、または近《ちか》い数《かず》になりました。これは、とうもろこしのひげは、雌花《めばな》から長《なが》く伸《の》びた「絹糸《けんし》」と呼《よ》ばれる雌《め》しべだからです。雌《め》しべは受粉《じゅふん》すると先《さき》が枯《か》れて根元《ねもと》がふくらみ、粒《つぶ》（実《み》）になるのでひげの本数《ほんすう》と粒《つぶ》の数《かず》は同《おな》じになるのです。

とうもろこしは、収穫《しゅうかく》して時間《じかん》がたつと甘《あま》みが減《へ》って、栄養価《えいようか》も落《お》ちるといわれます。とうもろこしの皮《かわ》は古《ふる》くなると白《しろ》っぽくなるので、皮《かわ》つきのものを選《えら》ぶ時《とき》には、皮《かわ》の緑色《みどりいろ》が濃《こ》くてみずみずしく、ひげが多《おお》くて先《さき》が褐色《かっしょく》または黒褐色《こっかっしょく》のものを選《えら》ぶと、粒《つぶ》が多《おお》く、完熟《かんじゅく》したとうもろこしを選《えら》ぶことができます。

今《いま》が旬《しゅん》のとうもろこしを食《た》べましょう。

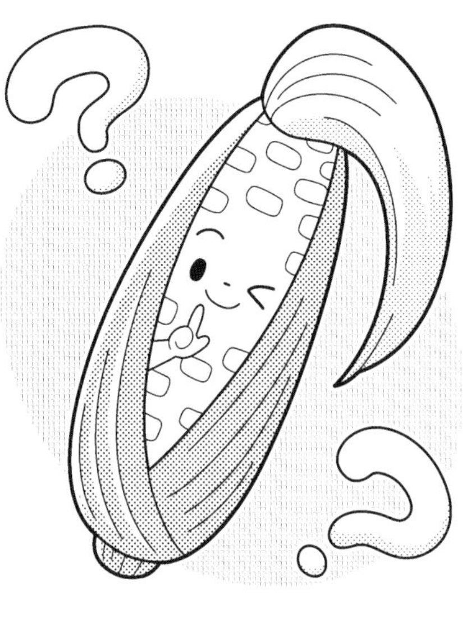

2018年（平成30年） **7月18日号**

給食ニュース 一口メモ

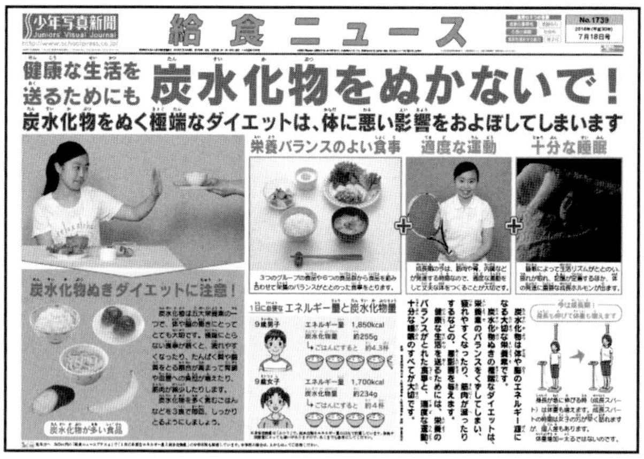

少年写真新聞
Juniors' Visual Journal

給食ニュース

No.1739
7月18日号

健康な生活を送るためにも 炭水化物をぬかないで！

炭水化物をぬく極端なダイエットは、体に悪い影響をおよぼしてしまいます

栄養バランスのよい食事 ＋ 適度な運動 ＋ 十分な睡眠

炭水化物ぬきダイエットに注意！

炭水化物が多い食品

1日に必要なエネルギー量と炭水化物量

9歳男子 エネルギー量 1,850kcal 炭水化物量 約255g ごはんにすると 約4.3杯

9歳女子 エネルギー量 1,700kcal 炭水化物量 約234g ごはんにすると 約4杯

炭水化物は体や脳のエネルギー源になる大切な栄養素です。炭水化物ぬきの極端なダイエットは、栄養素のバランスをくずしてしまい、疲れやすくなったり、筋肉が減ったりするなどの、悪影響を与えます。健康な生活を送るためには、栄養のバランスがとれた食事と、適度な運動、十分な睡眠のすべてが大切です。

炭水化物《たんすいかぶつ》をぬくなどのダイエットに注意《ちゅうい》！

基本《きほん》は栄養《えいよう》バランスのとれた食事《しょくじ》を！

炭水化物《たんすいかぶつ》を含《ふく》む食品《しょくひん》をぬくような極端《きょくたん》なダイエットを続《つづ》けていると、体《からだ》に悪《わる》い影響《えいきょう》が出《で》てきます。炭水化物《たんすいかぶつ》は五大栄養素《ごだいえいようそ》の一《ひと》つで、体《からだ》や脳《のう》のエネルギー源《げん》になるため、とても大《たい》切《せつ》です。炭水化物《たんすいかぶつ》を極端《きょくたん》にとらない食事《しょくじ》が続《つづ》くと、疲《つか》れやすくなったり、たんぱく質《しつ》や脂《し》質《しつ》の摂取割合《せっしゅわりあい》が高《たか》まって腎臓《じんぞう》や血管《けっかん》への負担《ふたん》が増《ふ》えたり、筋肉《きんにく》が減少《げんしょう》したりして、体《からだ》に悪《わる》い影響《えいきょう》が出《で》ます。炭水化物《たんすいかぶつ》は、ごはんやパン、めんなどに多《おお》く含《ふく》まれていますので、1日《にち》3回《かい》の食事《しょくじ》の時《とき》に、主食《しゅしょく》としてしっかりとることが大切《たいせつ》です。

また、健康《けんこう》な生活《せいかつ》を送《おく》るためには、適度《てきど》な運動《うんどう》も大切《たいせつ》です。成長期《せいちょうき》は、筋肉《きんにく》や骨《ほね》、内臓《ないぞう》などが発《はっ》達《たつ》しますので、適度《てきど》な運《うん》動《どう》をして丈夫《じょうぶ》な体《からだ》をつくりましょう。

少年写真新聞 Juniors' Visual Journal

2018年（平成30年）
8月8日発行 第1740号付録
©少年写真新聞社2018年

給食ニュース

株式会社 少年写真新聞社
〒102-8232 東京都千代田区九段南4-7-16 市ヶ谷KTビルI
http://www.schoolpress.co.jp/

※著作権法により、本紙の無断複写・転載は禁じられています。
★定期刊行物は終わる期間を予定しない刊行物です。年度が替わりましても、購読中止のお申し出がない場合、引き続きニュースをご送付申し上げます。

チーム学校で取り組む
『給食ニュース』を使った食育指導

このページは、『給食ニュース』を活用した指導法を知りたいという先生方の声から生まれました。『給食ニュース』は、掲示する以外にも指導資料として活用できます。

ここで紹介したものはあくまでも一例ですので、学校の実態に合わせて、ご活用ください。

給食の時間　教科等　カレーライスの食材の生産地を調べてみました

※給食の時間、小学校第６学年理科、小学校第５学年社会科など

少年写真新聞 Juniors Visual Journal http://www.schoolpress.co.jp/
給食ニュース
No.1740 2018年（平成30年）8月8日号

カレーライスの食材《しょくざい》の生産地《せいさんち》を調《しら》べました

カレーライスに使われている食材はどこでつくられているの？

カレー粉｜インド、モロッコ、マレーシア、イラン、中華人民共和国ほか
品名：カレー粉
原材料名 ターメリック、コリアンダー、クミン、フェネグリーク、こしょう、赤とうがらし、ちんぴ、その他香辛料
表示を見ると、カレー粉はいろいろなスパイスを混ぜたものとわかります。

東京都のある小学校の今日の献立はカレーライス。いろいろな食材が使われているよ。
きゅーたん

ぶた肉｜宮崎県産
小麦粉｜佐賀県産
米｜山形県産
バター｜北海道産
にんじん｜千葉県産
たまねぎ｜香川県産
じゃがいも｜茨城県産

食材が食卓に並ぶまで　にんじんの場合

生産者
農家の人がにんじんを育てて、収穫します。食材の出発点です。
出荷団体や集荷業者がにんじんを集めて出荷します。
卸売業者

市場
せりが行われて、仲卸業者や小売店の人が買います。
仲卸業者

家庭・学校
家の人や調理員さんが調理します。

小売店
市場や仲卸業者からにんじんを仕入れ、販売します。

食卓へ
カレーライスが食卓に並ぶまでに、たくさんの人がかかわっているんだね。

給食の献立のカレーライスに使われている食材の、生産地を調べました。
食材は、いろいろな場所からたくさんの人たちのおかげで、届いていることがわかりました。毎日食べられることに、感謝して食事をしましょう。

『給食ニュース』2018年８月８日号

子どもたちに人気のカレーライスを題材に、食材や生産地について学習できます。

話し方例

今日の給食のカレーライスに使われているお米は○○産でした（ほかの食材についても示していく）。お米は農家さんが長い期間、いろいろな作業をして、稲を育てて収穫したものです。わたしたちの食生活は、農家さんや漁師さんなどの生産者や食品を運ぶ人、市場や小売店などで働く人、調理をする人など、さまざまな人がかかわっています。感謝の気持ちを込めて、あいさつをしましょう。

※生産地などは、各校の状況に合わせて変更してご活用ください。

学級活動　教科等　昼食の栄養バランスをチェックしてよりよいものに

※中学校技術・家庭科 家庭分野、総合的な学習の時間など

少年写真新聞 Juniors Visual Journal http://www.schoolpress.co.jp/
給食ニュース
No.1741 2018年（平成30年）8月28日号

自分でできる！シリーズ
休《やす》みの日《ひ》の昼食《ちゅうしょく》、コンビニ食《しょく》をアレンジ
家にある野菜などの食品を加えることで不足しがちな栄養素を補いましょう

Aさんが選んだコンビニ食
足りないのは → 2群…牛乳・乳製品、小魚、海藻　3群…緑黄色野菜　4群…その他の野菜、果物
家にある食品
家にあるものを足して栄養バランスをアップ
きゅーたん
昼食に卵サンドとゼリー、麦茶を選びました。６つの基礎食品群に当てはめてみると、２群、３群、４群がありません。家にある食品を加えることで不足している栄養素が補えます。

Bさんが選んだコンビニ食
足りないのは → 3群…緑黄色野菜　4群…その他の野菜、果物
家にある食品
おにぎりととりのから揚げを選びました。６つの基礎食品群に当てはめてみると３群と４群が足りません。家で野菜やきのこを使ったみそ汁を加えたところ、栄養バランスがよくなりました。

不足しがちな食品をしっかりとろう
2群 牛乳・乳製品、小魚、海藻
3群 緑黄色野菜
4群 その他の野菜、果物
２群は骨や歯をつくるカルシウムやたんぱく質が多く、３、４群には体の調子をととのえるビタミンなどが多く含まれます。

夏休みなどに、コンビニで昼食を買うと好きなものだけになり、栄養バランスがくずれてしまいがちです。
その時は六つの基礎食品群に当てはめると、栄養バランスをチェックすることができます。
足りない食品群があれば家にある食品を使い調理して加えると、栄養バランスがよくなります。

『給食ニュース』2018年８月28日号

夏休みの食生活に関する指導や６つの基礎食品群を学習する時に活用できます。

話し方例

（『給食ニュース』を示し）、Aさんがコンビニで選んだ昼食は、卵サンドと麦茶、ゼリーでした。６つの基礎食品群に当てはめてみると、２群、３群、４群が足りないことがわかります。そこで、家にある食品の中から、きゅうりを切って卵サンドに足したり、ミニトマトとレタスでサラダをつくったり、麦茶を牛乳に変更したりしました。そうすると、１群から６群までの食品がそろい、栄養バランスがよくなりました。みなさんも昼食を選ぶ時の参考にしてみてください。

2018年（平成30年） 8月8日号

給食ニュース 一口メモ

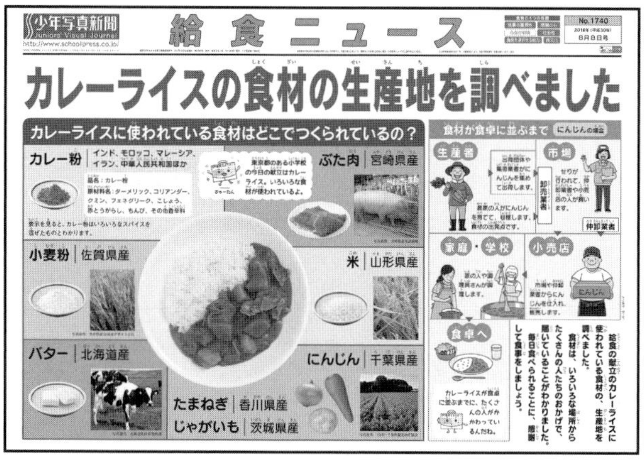
少年写真新聞 Juniors' Visual Journal http://www.schoolpress.co.jp/
給食ニュース
No.1740 2018年（平成30年） 8月8日号
カレーライスの食材《しょくざい》の生産地《せいさんち》を調《しら》べました
カレーライスに使われている食材はどこでつくられているの？
カレー粉 インド、モロッコ、マレーシア、イラン、中華人民共和国ほか
品名：カレー粉
原材料名：ターメリック、コリアンダー、クミン、フェネグリーク、こしょう、赤とうがらし、ちんぴ、その他香辛料
表示を見ると、カレー粉はいろいろなスパイスを混ぜたものとわかります。
東京都のある小学校の今日の献立はカレーライス。いろいろな食材が使われているよ。
きゅーたん
ぶた肉 宮崎県産
小麦粉 佐賀県産
米 山形県産
バター 北海道産
にんじん 千葉県産
たまねぎ 香川県産
じゃがいも 茨城県産
食材が食卓に並ぶまで にんじんの場合
生産者
農家の人がにんじんを育てて、収穫します。食材の出発点です。
出荷団体や集荷業者がにんじんを集めて出荷します。
卸売業者
市場
せりが行われて、仲卸業者や小売店の人が買います。
仲卸業者
小売店
市場や仲卸業者からにんじんを仕入れ、販売します。
家庭・学校
家の人や調理員さんが調理します。
食卓へ
カレーライスが食卓に並ぶまでに、たくさんの人がかかわっているんだね。
給食の献立のカレーライスに使われている食材の、生産地を調べました。
食材は、いろいろな場所からたくさんの人たちのおかげで、届いていることがわかりました。毎日食べられることに、感謝して食事をしましょう。

カレーライスの食材《しょくざい》の生産地《せいさんち》を調《しら》べました

給食《きゅうしょく》のカレーライスに使《つか》われている食材《しょくざい》の生産地《せいさんち》を調《しら》べると、近《ちか》くの地域《ちいき》だけではなく、遠《とお》くの地域《ちいき》や外国《がいこく》などでもつくられていることがわかりました。

これらの食材《しょくざい》はどのようにわたしたちの元《もと》に届《とど》くのでしょう。にんじんの場合《ばあい》、生産者《せいさんしゃ》である農家《のうか》の人《ひと》が育《そだ》てて収穫《しゅうかく》をしたにんじんを出荷団体《しゅっかだんたい》などが集《あつ》めて市場《しじょう》に出荷《しゅっか》します。市場《しじょう》では、せりが行《おこな》われて仲卸業者《なかおろしぎょうしゃ》の人《ひと》や小《こ》売業《うりぎょう》の人《ひと》が買《か》います。そうして仕入《しい》れたにんじんを八百屋《やおや》やスーパーなどの小売店《こうりてん》で販売《はんばい》し、わたしたちの元《もと》に届《とど》きます。

食《た》べ物《もの》は、いろいろな地域《ちいき》でつくられていて、たくさんの人《ひと》たちのおかげで食卓《しょくたく》に並《なら》んでいるのです。感謝《かんしゃ》して食事《しょくじ》をしましょう。

2018年（平成30年）　**8月28日号**

給食ニュース　一口メモ

少年写真新聞　Juniors Visual Journal　http://www.schoolpress.co.jp/

給食ニュース　No.1741　2018年（平成30年）8月28日号

自分でできる！シリーズ　休みの日の昼食、コンビニ食をアレンジ

家にある野菜などの食品を加えることで不足しがちな栄養素を補いましょう

Aさんが選んだコンビニ食

足りないのは → 2群…牛乳・乳製品、小魚、海藻　3群…緑黄色野菜　4群…その他の野菜、果物

家にある食品

家にあるものを足して栄養バランスをアップ

昼食に卵サンドとゼリー、麦茶を選びました。6つの基礎食品群に当てはめてみると、2群、3群、4群がありません。家にある食品を加えることで不足している栄養素が補えます。

Bさんが選んだコンビニ食

足りないのは → 3群…緑黄色野菜　4群…その他の野菜、果物

家にある食品

おにぎりととりのから揚げを選びました。6つの基礎食品群に当てはめてみると3群と4群が足りません。家で野菜やきのこを使ったみそ汁を加えたところ、栄養バランスがよくなりました。

不足しがちな食品をしっかりとろう

2群　牛乳・乳製品、小魚、海藻

3群　緑黄色野菜　4群　その他の野菜、果物

2群は骨や歯をつくるカルシウムやたんぱく質が多く、3、4群には体の調子をととのえるビタミンなどが多く含まれます。

夏休みなどに、コンビニで昼食を買うと好きなものだけになり、栄養バランスがくずれてしまいがちです。その時は六つの基礎食品群に当てはめると、栄養バランスをチェックすることができます。足りない食品群があれば家にある食品を使い調理して加えると、栄養バランスがよくなります。

自分《じぶん》でできる！　シリーズ

休《やす》みの日《ひ》の昼食《ちゅうしょく》、コンビニ食《しょく》をアレンジ

夏《なつ》休《やす》みの昼食《ちゅうしょく》で、コンビニなどで買《か》って食《た》べる時《とき》に栄養《えいよう》バランスはととのっていますか？　栄養《えいよう》バランスがととのっているかどうかは、３つのグループや６つの基礎食品群《きそしょくひんぐん》に当《あ》てはめて、確認《かくにん》をします。不足《ふそく》しているものについては、家《いえ》にある食材《しょくざい》で補《おぎな》うという方法《ほうほう》があります。例《たと》えば、おもに体《からだ》の調子《ちょうし》をととのえる３群《ぐん》や４群《ぐん》の野菜《やさい》が不足《ふそく》している時《とき》は、家《いえ》にある野菜《やさい》を使《つか》って、サラダをつくったり、汁物《しるもの》をつくったりして、栄養《えいよう》バランスをととのえます。不足《ふそく》しがちな食品《しょくひん》にあげられるのは、おもに体《からだ》をつくる２群《ぐん》の牛乳《ぎゅうにゅう》・乳製品《にゅうせいひん》、小魚《こざかな》、海藻《かいそう》や、３群《ぐん》の緑黄色野菜《りょくおうしょくやさい》、４群《ぐん》のその他《た》の野菜《やさい》・果物《くだもの》などです。ふだんから栄養《えいよう》バランスがととのうことを考《かんが》えて食品《しょくひん》を選《えら》ぶようにします。

少年写真新聞
Juniors' Visual Journal

2018年（平成30年）
9月8日発行 第1742号付録

給食
ニュース

株式会社 少年写真新聞社
〒102-8232 東京都千代田区九段南4-7-16 市ヶ谷KTビルI
http://www.schoolpress.co.jp/

チーム学校で取り組む

『給食ニュース』を使った食育指導

このページは、『給食ニュース』を活用した指導法を知りたいという先生方の声から生まれました。『給食ニュース』は、掲示する以外にも指導資料として活用できます。

ここで紹介したものはあくまでも一例ですので、学校の実態に合わせて、ご活用ください。

学級活動　教科等

食料自給率アップのためにわたしたちができること

※小学校第５学年社会科、中学校社会科 地理的分野、中学校技術・家庭科 家庭分野など

少年写真新聞
Juniors' Visual Journal
http://www.schoolpress.co.jp/

給食ニュース

No.1742
9月8日号

食料自給率アップのためにできること

朝食には、ごはんを食べるなど、１人ひとりが考えて行動しましょう

どうして食料自給率が下がっているのだろう？

それは国内で100%自給できる米を食べる量が減って、肉や牛乳・乳製品、油脂などの消費量が増えたからです。肉となる牛や豚などのえさや、油の原料も、多くが輸入されています。

食品の自給率（2016年度／概算）
米（主食用） 100%
肉類 53%（8%）
牛乳・乳製品 62%（27%）
魚介類 53%
油脂類 12%

食料自給率（カロリーベース）
1965年度 73%
↓
2016年度 38%

１人１年あたりの供給純食料の変化

自分の食生活をふり返って実践しよう

自分たちでできることを考える

わたしは地域の食材をもっと食べるようにしよう

ぼくは、ごはんをしっかり食べるよ

朝食にごはんを食べる

勉強や運動に集中できる

『給食ニュース』2018年９月８日号

食料生産や食料自給率について学ぶ時に、ご活用ください。

話し方例

日本の食料自給率は38％で、先進国の中でもとても低い値です。食料自給率が低いと、食べ物を輸出している国で食べ物が足りなくなった時に、輸出を制限する場合があり、ふだん食べているものが食べられなくなるかもしれません。食料自給率を上げるためには、まずは自給率が100％の米を中心とした食事にすることです。ほかにも、地域でとれる旬の食材を食べ、食べ残さないことも大切です。自分でできることを考えてみましょう。

※食料自給率38％は、カロリーベースで2016年度の概算です。

給食の時間　学級活動

頭や骨のついた魚を上手に食べるには

※給食の時間や学級活動など

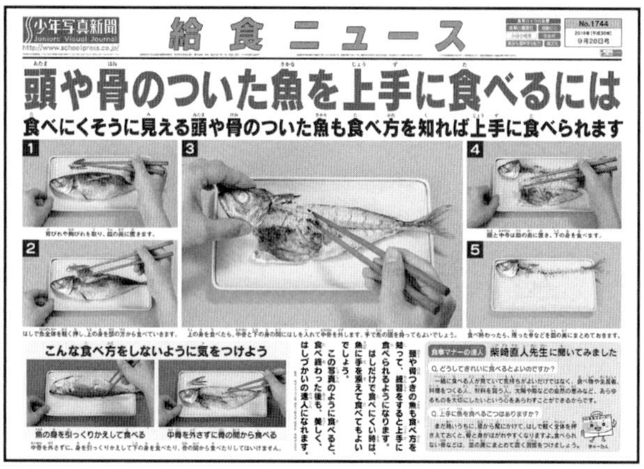

少年写真新聞
Juniors' Visual Journal
http://www.schoolpress.co.jp/

給食ニュース

No.1744
9月28日号

頭や骨のついた魚を上手に食べるには

食べにくそうに見える頭や骨のついた魚も食べ方を知れば上手に食べられます

こんな食べ方をしないように気をつけよう

『給食ニュース』2018年９月28日号

給食の献立で骨のある魚が登場する時や、はしの使い方の指導などでご活用ください。

話し方例

今日は○○（地域）でとれた○○（魚）が１尾、丸ごと給食に登場しています。

頭や骨がついた魚でも、食べ方を知ると、上手に食べることができます。（『給食ニュース』を示し）では、どのように食べていったらよいか、見てみましょう（順番に説明していく）。このようにきれいに食べると、一緒に食べている周りの人も気持ちよくすごすことができます。また、命ある魚や生産者の方、太陽や水など、あらゆるものや人に感謝の気持ちをあらわすことにもなるのです。

2018年（平成30年） **9月8日号**

給食ニュース 一口メモ

食料自給率《しょくりょうじきゅうりつ》アップのためにできること

日本《にほん》の食料自給率《しょくりょうじきゅうりつ》は38%です。これは先進国《せんしんこく》の中《なか》でも低《ひく》く、多《おお》くを輸入《ゆにゅう》に頼《たよ》っています。食料自給率《しょくりょうじきゅうりつ》が低《ひく》いと、食《た》べ物《もの》を輸出《ゆしゅつ》している国《くに》で食《た》べ物《もの》が足《た》りなくなると輸出《ゆしゅつ》を制限《せいげん》する場合《ばあい》があり、ふだん食《た》べているものが食《た》べられなくなるかもしれません。そこで、食料自給率《しょくりょうじきゅうりつ》を上《あ》げるためにまずできることは、ごはんを中心《ちゅうしん》とした食事《しょくじ》にすることです。例《たと》えば、主食《しゅしょく》がごはんの栄養《えいよう》バランスのよい朝食《ちょうしょく》をとると、脳《のう》や体《からだ》のエネルギー源《げん》となり、朝《あさ》から勉強《べんきょう》や運動《うんどう》に集中《しゅうちゅう》できます。そして、このようなことをみんなが実践《じっせん》すると、米《こめ》をはじめ国産《こくさん》の農産物《のうさんぶつ》の生産量《せいさんりょう》が増《ふ》えて、農家《のうか》の人《ひと》が元気《げんき》になるなど、よいことがたくさんあります。食料自給率《しょくりょうじきゅうりつ》を上《あ》げるために、何《なに》ができるか考《かんが》えてみましょう。

※食料自給率38%はカロリーベースで2016年度の概算です。

2018年（平成30年）9月18日号

給食ニュース 一口メモ

少年写真新聞
Juniors' Visual Journal
http://www.schoolpress.co.jp/
給食ニュース
No.1743
2018年（平成30年）
9月18日号
食育まんが
秋《あき》の夜空《よぞら》に浮《う》かぶ月《つき》を眺《なが》める月見《つきみ》

秋《あき》の夜空《よぞら》に浮《う》かぶ月《つき》を眺《なが》める月見《つきみ》

月見《つきみ》は十五夜《じゅうごや》と十三夜《じゅうさんや》の年《ねん》２回《かい》あり、だんごやススキを供《そな》えて月《つき》の美《うつく》しさを眺《なが》めて楽《たの》しむ行事《ぎょうじ》です。今年《ことし》（2018年《ねん》）の十五夜《じゅうごや》は９月《がつ》24日《か》です。十五夜《じゅうごや》は満月《まんげつ》と思《おも》っている人《ひと》もいるかもしれません。しかし、今年《ことし》の十五夜《じゅうごや》は満月《まんげつ》ではありません。満月《まんげつ》は、翌日《よくじつ》の９月《がつ》25日《にち》になります。このように、必《かなら》ずしも十五夜《じゅうごや》の日《ひ》が満月《まんげつ》になるわけではなく、その年《とし》によっては十五夜《じゅうごや》と満月《まんげつ》がずれることがあります。

どうして、ずれるのかというと、地球《ちきゅう》から見《み》た月《つき》の見《み》え方《かた》や旧暦《きゅうれき》など、いくつか理由《りゆう》があります。ずれる場合《ばあい》には、十四夜月《じゅうしやづき》と十七夜月《じゅうしちやづき》の間《あいだ》が多《おお》いそうです。

もう一《ひと》つの月見《つきみ》といわれている十三夜《じゅうさんや》は、10月《がつ》21日《にち》になります。十五夜《じゅうごや》と十三夜《じゅうさんや》の両方《りょうほう》の月《つき》と共《とも》に月見《つきみ》を楽《たの》しみましょう。

2018年（平成30年）　9月28日号

給食ニュース 一口メモ

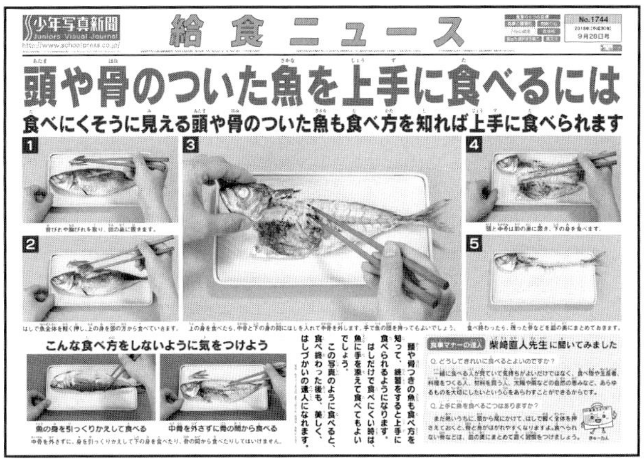
少年写真新聞
Juniors' Visual Journal
http://www.schoolpress.co.jp/
給食ニュース
No.1744
2018年（平成30年）
9月28日号

頭や骨のついた魚を上手に食べるには

食べにくくそうに見える頭や骨のついた魚も食べ方を知れば上手に食べられます

1 背びれや腹びれを取り、皿の奥に置きます。

2 はしで魚全体を軽く押し、上の身を頭の方から食べていきます。

3 上の身を食べたら、中骨と下の身の間にはしを入れて中骨を外します。手で魚の頭を持ってもよいでしょう。

4 頭と中骨は皿の奥に置き、下の身を食べます。

5 食べ終わったら、残った骨などを皿の奥にまとめておきます。

こんな食べ方をしないように気をつけよう

魚の身を引っくりかえして食べる

中骨を外さずに骨の間から食べる

中骨を外さずに、身を引っくりかえして下の身を食べたり、骨の間から食べたりしてはいけません。

頭や骨つきの魚も食べ方を知って、練習をすると上手に食べられるようになります。

はしだけで食べにくい時は、魚に手を添えて食べてもよいでしょう。

この写真のように食べると、食べ終わった後も、美しく、はしづかいの達人になれます。

食事マナーの達人　柴崎直人先生に聞いてみました

Q. どうしてきれいに食べるとよいのですか？

Q. 上手に魚を食べるこつはありますか？

骨《ほね》のついた魚《さかな》をはしで上手《じょうず》に食《た》べよう

食《た》べるのが難《むずか》しそうな頭《あたま》や骨《ほね》のついた魚《さかな》も、食《た》べ方《かた》の手順《てじゅん》を知《し》って練習《れんしゅう》をすれば、上手《じょうず》に食《た》べられるようになります。

まずは、はしを正《ただ》しく使《つか》って食《た》べることが大切《たいせつ》です。はしだけで食《た》べにくい時《とき》は、魚《さかな》に手《て》を添《そ》えて食《た》べてもよいでしょう。

また、魚《さかな》の上《うえ》の身《み》を食《た》べた後《あと》に、中骨《なかぼね》を外《はず》さず、引《ひ》っくりかえして下《した》の身《み》を食《た》べたり、中骨《なかぼね》の間《あいだ》から下《した》の身《み》を食《た》べたりすることはマナー違反《いはん》なので気《き》をつけましょう。

食《た》べた後《あと》は、頭《あたま》や骨《ほね》を皿《さら》の奥《おく》にまとめておくと食《た》べ終《お》わった後《あと》の皿《さら》も美《うつく》しく、自分《じぶん》や一緒《いっしょ》に食《た》べている人《ひと》も気持《きも》ちよく食事《しょくじ》ができます。

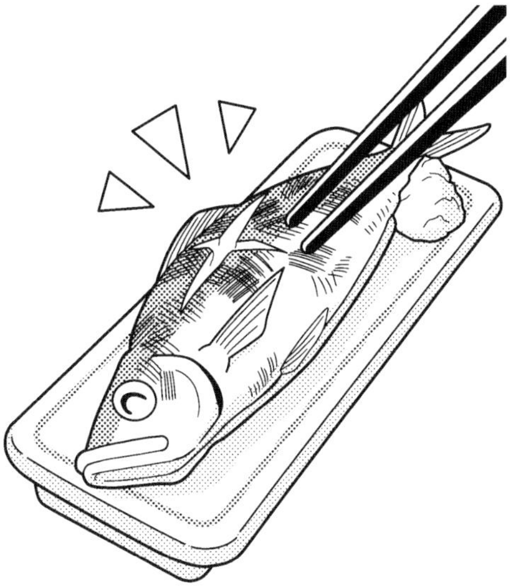

料理《りょうり》をきれいに食《た》べることは、食材《しょくざい》や、つくった人《ひと》への感謝《かんしゃ》の気持《きも》ちにもつながります。

少年写真新聞
Juniors' Visual Journal
2018年（平成30年）
10月8日発行 第1745号付録
©少年写真新聞社2018年

給食ニュース

株式会社 少年写真新聞社
〒102-8232 東京都千代田区九段南4-7-16 市ヶ谷KTビルI
http://www.schoolpress.co.jp/

チーム学校で取り組む
『給食ニュース』を使った食育指導

このページは、『給食ニュース』を活用した指導法を知りたいという先生方の声から生まれました。『給食ニュース』は、掲示する以外にも指導資料として活用できます。

ここで紹介したものはあくまでも一例ですので、学校の実態に合わせて、ご活用ください。

学級活動　教科等　スポーツ選手も実践している栄養バランスのよい食事

※中学校技術・家庭科 家庭分野、中学校保健体育科保健分野など

少年写真新聞 Juniors' Visual Journal http://www.schoolpress.co.jp/　給食ニュース　No.1745 2018年（平成30年）10月8日号

プロ野《や》球《きゅう》選《せん》手《しゅ》の負《ま》けない体《からだ》をつくる食《しょく》事《じ》

東京ヤクルトスワローズの戸田寮は、食事を選ぶ力を身につけられる環境がととのっています

昼食の献立（一例）

●そば（温・冷）●プルコギ ●春雨の中華あえ
●いなりずし ●ホットドック ●生野菜
●フルーツ ●青りんごゼリー ●ドーナッツ
●ヨーグルト ●乳酸菌飲料

選手は、おいしくてバランスのよい食事を力にかえて試合に臨みます。
エネルギー源となる糖質が中心の献立です。
献立から自分に合う料理を選びます。
豊富なメニューのほかに、バナナなどの補食もあります。
テーブルの中心には「栄養メモ」が。
食堂内には、選手が栄養に関心を持つための工夫が。

プロ野球選手の食事内容について、東京ヤクルトスワローズの戸田寮の食堂を取材しました。

選手は、栄養サポートを受けて、自らが、主食・主菜・副菜・汁物・果物・乳製品の献立から食事の量や栄養バランスを考えて選んでいます。

食事は、パワーの源になるので、みなさんもしっかりと食べましょう。

Q. 野球選手の食事のポイントや栄養サポートについて教えてください

Q. 野球をしている子どもたちに食事のアドバイスをお願いします

株式会社ヤクルト球団 チーム運営部 コンディショニング サポートグループ

『給食ニュース』2018年10月8日号

プロスポーツ選手の食事内容などを知り、自分たちの食生活に生かすことができます。

話し方例

これはプロ野球選手の寮の食事です。管理栄養士が栄養面でサポートし、栄養のバランスがととのった食事をとっています。また選手自身が、自分で主食・主菜・副菜・汁物・果物・乳製品をバランスよく選択できる力を身につけられるような指導も受けているそうです。スポーツで力を発揮するためには、練習だけではなく食事も大切なのです。

※教育課程外の学校教育活動（部活動など）の際に、スポーツをしている子どもの個別的な相談指導でも活用できます。

学級活動　教科等　生活習慣病を予防する食習慣

※第6学年体育科（保健）、第6学年理科、中学校技術・家庭科 家庭分野、中学校保健体育科保健分野など

少年写真新聞 Juniors' Visual Journal http://www.schoolpress.co.jp/　給食ニュース　No.1746 2018年（平成30年）10月18日号

生《せい》活《かつ》習《しゅう》慣《かん》病《びょう》を予《よ》防《ぼう》する食《しょく》習《しゅう》慣《かん》

子どもの頃からよい食習慣を続けることが将来の健康のために大切です

朝食→昼食（給食）→間食→夕食

早起きをして、エネルギー源となる朝食を、毎日必ずとるようにします。

好ききらいをしないで、いろいろな食品から栄養をとり、残さず食べます。

糖分や脂肪分、塩分をとりすぎないようにして、栄養バランスのよい食事を心がけます。

間食は、食べる時間と量を決めて、だらだら食べ続けたり、とりすぎたりしないようにします。

生活習慣病とは

食事や運動、睡眠などの生活習慣が深くかかわって起こる病気をいいます。糖尿病や心筋こうそく、脳卒中などがあります。

死亡原因の割合

日本人の死因の上位は生活習慣が深く関係する病気です。生活習慣病予防には、子どもの頃からよい生活習慣を身につけることが大切です。

なぜ子どもの頃からの習慣が大切なの？

肥満は生活習慣病の原因の1つです。子どもの肥満はおとなの肥満に移行しやすく、また、長年の習慣をかえるのは大変です。今のうちからよい習慣を心がけましょう。

きゅーたん

生活習慣病は、食事や運動、睡眠などの生活習慣が関係する病気です。予防のためには子どものうちから朝食を毎日とって、糖分や脂肪分、塩分をとりすぎずに栄養バランスのよい食事を心がけることが大切です。

また、食習慣を改善するためには、運動や睡眠習慣などの、生活全般をととのえることがとても重要です。

運動も睡眠も重要

生活習慣病予防には、生活リズムをととのえることが大切です。適度な運動をして、早起き早寝を心がけることが、食習慣の改善にもつながります。

『給食ニュース』2018年10月18日号

生活習慣病を予防するためにはどのような食習慣や生活習慣が大切なのかを学べます。

話し方例

生活習慣病とは、食事や運動、休養・睡眠などの生活習慣に問題があり、心身に負担となる行動を続けることで起こる病気です。日本ではとても多くの人が生活習慣病で亡くなっています。食習慣では、糖分、塩分、脂肪の多い食事や、食べすぎなどがかかわっています。また運動不足、睡眠不足などの習慣も原因の1つです。予防するには、栄養バランスのよい食事を三食きちんととり、適度な運動をして、十分な休養・睡眠をとるなど、健康によい生活習慣を身につけることが大切です。

2018年（平成30年） **10月8日号**

給食ニュース 一口メモ

少年写真新聞

給食ニュース

No.1745

プロ野球選手の負けない体をつくる食事

東京ヤクルトスワローズの戸田寮は、食事を選ぶ力を身につけられる環境がととのっています

プロ野球《やきゅう》選手《せんしゅ》の負《ま》けない体《からだ》をつくる食事《しょくじ》

プロ野球《やきゅう》では、管理栄養士《かんりえいようし》が選手《せんしゅ》の栄養状《えいようじょう》態《たい》のチェックや食事管理《しょくじかんり》をしたり、栄養指導《えいようしどう》をしたりするなど、栄養《えいよう》サポートの体制《たいせい》がととのっている球団《きゅうだん》があります。

プロ野球選手《やきゅうせんしゅ》は、毎日試合《まいにちしあい》が行《おこな》われるので疲労回復《ひろうかいふく》が重要《じゅうよう》であるといわれています。また、ポジションによって運動量《うんどうりょう》が違《ちが》うため、食《た》べる量《りょう》が違《ちが》うそうです。食事《しょくじ》の基本《きほん》は、主《しゅ》食《しょく》・主菜《しゅさい》・副菜《ふくさい》・汁物《しるもの》・果物《くだもの》・乳製品《にゅうせいひん》を組《く》み合《あ》わせた栄養《えいよう》バランスのよい献立《こんだて》です。選手《せんしゅ》は栄養《えいよう》サポートを受《う》けて、食事《しょくじ》の基本《きほん》の組《く》み合《あ》わせをもとに、食《た》べる量《りょう》や、料理《りょうり》などを「選択《せんたく》できる力《ちから》」を身《み》につけることが重要《じゅうよう》だそうです。

みなさんもスポーツで力《ちから》を発揮《はっき》するために、練《れん》習《しゅう》だけでなく、食事《しょくじ》にも気《き》をつけてみましょう。

2018年（平成30年） **10月18日号**

給食ニュース 一口メモ

少年写真新聞 Juniors' Visual Journal
http://www.schoolpress.co.jp/
給食ニュース
No.1746
2018年（平成30年）10月18日号

生活習慣病を予防する食習慣

子どもの頃からよい食習慣を続けることが将来の健康のために大切です

早起きをして、エネルギー源となる朝食を、毎日必ずとるようにします。

好ききらいをしないで、いろいろな食品から栄養をとり、残さず食べます。

朝食→昼食（給食）→間食→夕食

糖分や脂肪分、塩分をとりすぎないようにして、栄養バランスのよい食事を心がけます。

間食は、食べる時間と量を決めて、だらだら食べ続けたり、とりすぎたりしないようにします。

生活習慣病とは

食事や運動、睡眠などの生活習慣が深くかかわって起こる病気をいいます。糖尿病や心筋こうそく、脳卒中などがあります。

死亡原因の割合

日本人の死因の上位は生活習慣が深く関係する病気です。生活習慣病予防には、子どもの頃からよい生活習慣を身につけることが大切です。

生活習慣病は、食事や運動、睡眠などの生活習慣が関係する病気です。予防のためには子どものうちから朝食を毎日とって、糖分や脂肪分、塩分をとりすぎずに栄養バランスのよい食事を心がけることが大切です。また、食習慣を改善するためには、運動や睡眠習慣などの、生活全般をととのえることがとても重要です。

なぜ子どもの頃からの習慣が大切なの？

肥満は生活習慣病の原因の1つです。子どもの肥満はおとなの肥満に移行しやすく、また、長年の習慣をかえるのは大変です。今のうちからよい習慣を心がけましょう。

きゅーたん

運動も睡眠も重要

生活習慣病予防には、生活リズムをととのえることが大切です。適度な運動をして、早起き早寝を心がけることが、食習慣の改善にもつながります。

生活習慣病《せいかつしゅうかんびょう》を予防《よぼう》する食習慣《しょくしゅうかん》

生活習慣病《せいかつしゅうかんびょう》とは、食事《しょくじ》や運動《うんどう》、睡眠《すいみん》などの生活習慣《せいかつしゅうかん》が深《ふか》くかかわって起《お》こる病気《びょうき》のことで、糖尿病《とうにょうびょう》や心筋《しんきん》こうそく、脳卒中《のうそっちゅう》などがあります。不規則《ふきそく》な生活習慣《せいかつしゅうかん》は肥満《ひまん》を招《まね》き、肥満《ひまん》は生活習慣病《せいかつしゅうかんびょう》の原因《げんいん》になります。長年《ながねん》の習慣《しゅうかん》をかえることは大変《たいへん》なので、子《こ》どもの頃《ころ》からよい生活習慣《せいかつしゅうかん》を身《み》につけることが大切《たいせつ》です。

生活習慣病《せいかつしゅうかんびょう》を予防《よぼう》するには、塩分《えんぶん》、脂質《ししつ》、糖分《とうぶん》をとりすぎないことが重要《じゅうよう》です。栄養《えいよう》の偏《かたよ》りがないように、いろいろな食品《しょくひん》をとりましょう。また、毎日朝食《まいにちちょうしょく》をとり、間食《かんしょく》は時間《じかん》と量《りょう》を決《き》めて食《た》べます。

食事《しょくじ》だけではなく、運動《うんどう》や休養《きゅうよう》・睡眠習慣《すいみんしゅうかん》が大切《たいせつ》です。適度《てきど》な運動《うんどう》と、早起《はやお》き早寝《はやね》を心《こころ》がけます。生活習慣病予防《せいかつしゅうかんびょうよぼう》のために、子《こ》どもの頃《ころ》から、よい生活習慣《せいかつしゅうかん》を心《こころ》がけましょう。

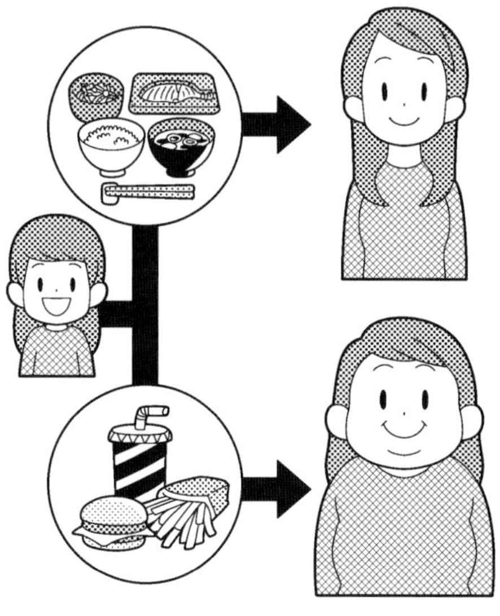

2018年（平成30年）　10月28日号

給食ニュース　一口メモ

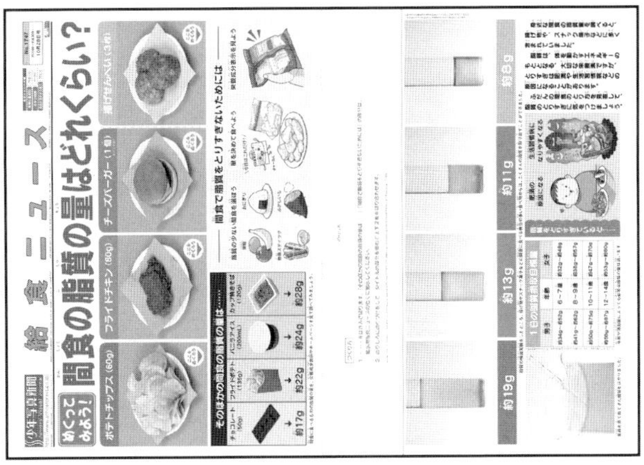

間食《かんしょく》の脂質《ししつ》の量《りょう》はどれくらい？

　間食《かんしょく》に含《ふく》まれる脂質《ししつ》の量《りょう》を調《しら》べてみると、揚《あ》げ物《もの》やファストフード、スナック菓子《がし》などの食品《しょくひん》には、多《おお》くの脂質《ししつ》が含《ふく》まれていることがわかりました。

　脂質《ししつ》は、体《からだ》を動《うご》かすエネルギーになる大切《たいせつ》な栄養素《えいようそ》の１つです。しかし、とりすぎてしまうと肥満《ひまん》や生活習慣病《せいかつしゅうかんびょう》などになりやすくなってしまいます。

　間食《かんしょく》をとる時《とき》は、脂質《ししつ》の少《すく》ないものを選《えら》んだり、量《りょう》を決《き》めて食《た》べたり、成分表示《せいぶんひょうじ》を見《み》て選《えら》んだりすると、脂質《ししつ》のとりすぎを防《ふせ》げます。また、自分《じぶん》に必要《ひつよう》な脂質《ししつ》の量《りょう》を知《し》っておくことも大切《たいせつ》です。

　子《こ》どもの頃《ころ》の習慣《しゅうかん》は、おとなになっても続《つづ》くことが多《おお》いので、とりすぎに注意《ちゅうい》して、自分《じぶん》の健康《けんこう》を守《まも》りましょう。

チーム学校で取り組む『給食ニュース』を使った食育指導

このページは、『給食ニュース』を活用した指導法を知りたいという先生方の声から生まれました。『給食ニュース』は、掲示する以外にも指導資料として活用できます。

ここで紹介したものはあくまでも一例ですので、学校の実態に合わせて、ご活用ください。

学級活動　教科等

今まで学んだことを生かす弁当づくり

※小学校第５学年家庭科、第６学年家庭科、中学校技術・家庭科 家庭分野など

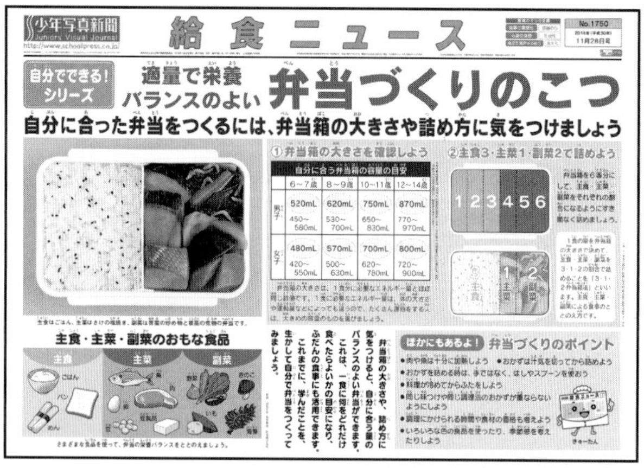

『給食ニュース』2018年11月28日号

栄養バランスのよい弁当づくりを学ぶことができ、「弁当の日」などでも活用できます。

話し方例

栄養バランスのよい弁当をつくるには、自分に合った大きさの弁当箱を選び、主食、主菜、副菜をバランスよく詰めることが大切です。ほかにも汁気の多いおかずを避けたり、すき間なくきっちり詰めたりするなど、弁当づくりならではのポイントがあります。また、彩りを考えたり、味つけや調理法が偏らないようにしたりすることも大切です。

今まで学んできたこと（栄養のバランスや、調理の仕方など）を上手に生かして、自分で弁当をつくってみましょう。

給食の時間　学級活動

よい姿勢で食事をしよう

※給食の時間、学級活動など

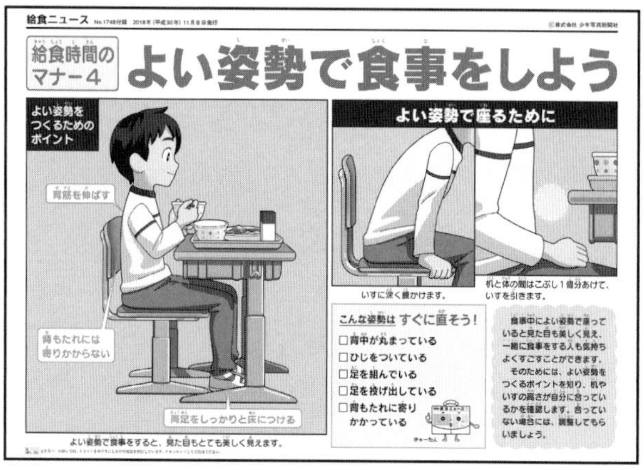

『給食ニュース』2018年11月８日号B３判付録

よい姿勢で食事をするためには、どうすればよいかを知り、実践することができます。

話し方例

（配ぜんが終わったら）食事の前によい姿勢で座りましょう。まず、いすに深く腰をかけて、机と体の間はこぶし１個分くらいあけていすを引きます。背筋はぴんと伸ばして、背もたれには寄りかかりません。足は、両足とも床にしっかりつけましょう。背中が丸まっていたり、ひじをついたり、背もたれに寄りかかっていたりすると、食べにくく、周りの人にも悪い印象を与えてしまいます。

よい姿勢で食事をして、みんなで楽しい給食時間にしましょう。

2018年（平成30年） **11月8日号**

給食ニュース 一口メモ

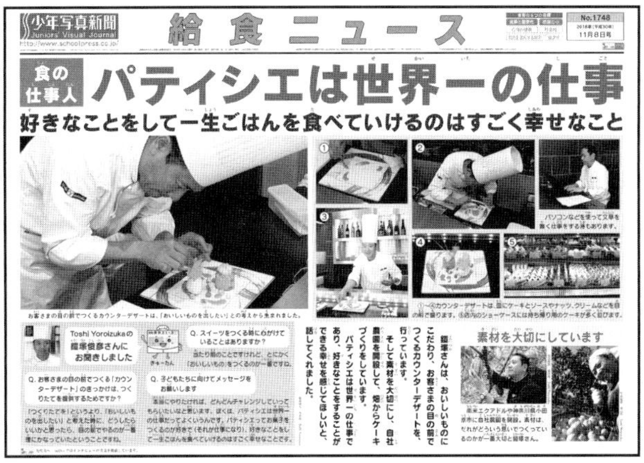

少年写真新聞 Juniors' Visual Journal
http://www.schoolpress.co.jp/

給食ニュース

No.1748 2018年（平成30年）11月8日号

食の仕事人

パティシエは世界一の仕事

好きなことをして一生ごはんを食べていけるのはすごく幸せなこと

お客さまの目の前でつくるカウンターデザートは、「おいしいものを出したい」との考えから生まれました。

パソコンなどを使って文章を書く仕事をする時もあります。

①～④カウンターデザートは、皿にケーキとソースやナッツ、クリームなどを目の前で盛ります。⑤店内のショーケースには持ち帰り用のケーキが多く並びます。

Toshi Yoroizukaの鎧塚俊彦さんにお聞きしました

Q. お客さまの目の前でつくる「カウンターデザート」のきっかけは、つくりたてを提供するためですか？

「つくりたてを」というより、「おいしいものを出したい」と考えた時に、どうしたらいいかと思ったら、目の前でやるのが一番理にかなっていたということですね。

Q. スイーツをつくる時に心がけていることはありますか？

当たり前のことですけれど、とにかく「おいしいもの」をつくるのが一番ですね。

Q. 子どもたちに向けてメッセージをお願いします

本当にやりたければ、どんどんチャレンジしていってもらいたいなと思います。ぼくは、パティシエは世界一の仕事だってよくいうんです。パティシエってお菓子をつくるのが好きで（それが仕事になり）、好きなことをして一生ごはんを食べていけるのはすごく幸せなことです。

鎧塚さんは、おいしいものにこだわり、お客さまの目の前でつくるカウンターデザートを、行っています。

そして素材を大切にし、自社農園を開設して、畑からケーキづくりをしています。

パティシエは世界一の仕事であり、好きなことをすることができる幸せを感じてほしいと、話してくれました。

素材を大切にしています

南米エクアドルや神奈川県小田原市に自社農園を開設。素材は、だれがどういう思いでつくっているのかが一番大切と鎧塚さん。

人気《にんき》の職業《しょくぎょう》　パティシエになるには

パティシエとは、フランス語《ご》で菓子《かし》職人《しょくにん》のことです。パティシエになるためには、製菓《せいか》の専門学校《せんもんがっこう》などで菓子《かし》の基本的《きほんてき》な知識《ちしき》や技術《ぎじゅつ》を学《まな》んでから就職《しゅうしょく》する人《ひと》が多《おお》いようです。そして洋菓子店《ようがしてん》などで働《はたら》きながら、より高《たか》い技術《ぎじゅつ》を身《み》につけます。パティシエは洋菓子店《ようがしてん》のほか、ホテルやレストラン、製菓《せいか》メーカーなど、いろいろな場所《ばしょ》で活躍《かつやく》しています。パティシエには、菓子《かし》を食《た》べるのもつくるのも好《す》きなことやよりおいしいものを求《もと》める向上心《こうじょうしん》、オリジナリティを追求《ついきゅう》する姿勢《しせい》などが大切《たいせつ》です。また、ていねいにこつこつ仕事《しごと》ができる人《ひと》に向《む》いているといわれています。

パティシエは、立《た》ち仕《し》事《ごと》が多《おお》く、体力《たいりょく》も必要《ひつよう》です。しかし、人《ひと》びとを笑《え》顔《がお》にできるやりがいのある仕事《しごと》でもあります。

2018年（平成30年）　11月18日号

給食ニュース　一口メモ

秋《あき》の味覚《みかく》！　きのこを食《た》べよう

　きのこは野菜《やさい》ではなく、かびなどと同《おな》じ菌《きん》類《るい》です。菌類《きんるい》というとびっくりするかもしれませんが、みそやしょうゆをつくる時《とき》に使《つか》うこうじ菌《きん》など、生活《せいかつ》に役立《やくだ》つ菌類《きんるい》はたくさんあります。

　きのこには、腸《ちょう》の調子《ちょうし》をととのえ便秘《べんぴ》を防《ふせ》ぐ、食物繊維《しょくもつせんい》が多《おお》く含《ふく》まれています。また、食《た》べたものをエネルギーにかえるのを助《たす》けるビタミンB群《ぐん》や、カルシウムの吸収《きゅうしゅう》を助《たす》けて骨《ほね》を丈夫《じょうぶ》にするビタミンDが含《ふく》まれています。

　きのこのおいしさは、グアニル酸《さん》やグルタミン酸《さん》などのうまみ成分《せいぶん》によるものです。しゃきしゃきの歯《は》ごたえや、つるりとした歯《は》ざわりなどの食感《しょっかん》や、独特《どくとく》のよい香《かお》りもきのこの魅力《みりょく》です。

　秋《あき》の味覚《みかく》のきのこを、おいしく食《た》べましょう。

2018年（平成30年） 11月28日号

給食ニュース 一口メモ

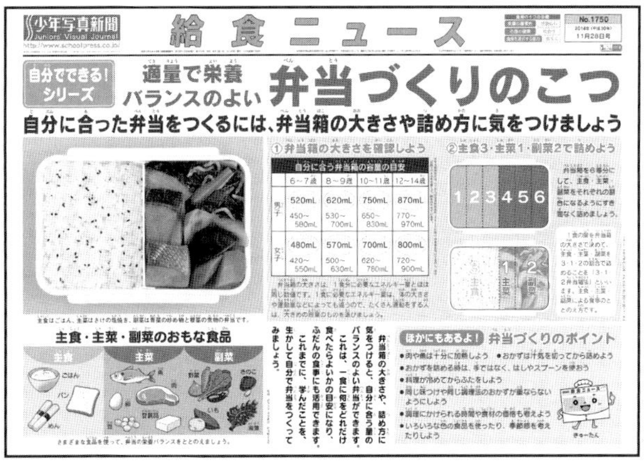
少年写真新聞 Juniors' Visual Journal
http://www.schoolpress.co.jp/

給食ニュース

No.1750
11月28日号

自分でできる！シリーズ

適量で栄養バランスのよい 弁当づくりのこつ

自分に合った弁当をつくるには、弁当箱の大きさや詰め方に気をつけましょう

①弁当箱の大きさを確認しよう

自分に合う弁当箱の容量の目安	6～7歳	8～9歳	10～11歳	12～14歳
男子	520mL 450～580mL	620mL 530～700mL	750mL 650～830mL	870mL 770～970mL
女子	480mL 420～550mL	570mL 500～630mL	700mL 620～780mL	800mL 720～900mL

②主食3・主菜1・副菜2で詰めよう

1 2 3 4 5 6

弁当箱を６等分にして、主食・主菜・副菜をそれぞれの割合になるようにすき間なく詰めましょう。

主食・主菜・副菜のおもな食品

主食　ごはん　パン　めん

主菜　魚　肉　卵　豆製品

副菜　野菜　きのこ　いも　海藻

弁当箱の大きさや、詰め方に気をつけると、自分に合う量のバランスのよい弁当ができます。これは、一食に何をどれだけ食べたらよいかの目安になり、ふだんの食事にも活用できます。これまでに、学んだことを、生かして自分で弁当をつくってみましょう。

ほかにもあるよ！ 弁当づくりのポイント

- 肉や魚は十分に加熱しよう
- おかずは汁気を切ってから詰めよう
- おかずを詰める時は、手ではなく、はしやスプーンを使おう
- 料理が冷めてからふたをしよう
- 同じ味つけや同じ調理法のおかずが重ならないようにしよう
- 調理にかけられる時間や食材の価格も考えよう
- いろいろな色の食品を使ったり、季節感を考えたりしよう

きゅーたん

自分《じぶん》でできる！　シリーズ

栄養《えいよう》バランスのよい弁当《べんとう》づくりのこつ

栄養《えいよう》バランスのよい弁当《べんとう》をつくるには、自《じ》分《ぶん》に合《あ》うサイズの弁当箱《べんとうばこ》に、ごはんなどの主《しゅ》食《しょく》と、魚《さかな》や肉《にく》、卵《たまご》、豆《まめ》・豆製品《まめせいひん》などを使《つか》った主菜《しゅさい》、野菜《やさい》やきのこ、いも、海藻《かいそう》などを使《つか》った副菜《ふくさい》をバランスよく詰《つ》めることが大切《たいせつ》です。

弁当箱《べんとうばこ》は、自分《じぶん》が１食《しょく》に必要《ひつよう》なエネルギー量《りょう》とほぼ同《おな》じ数値《すうち》の容量《ようりょう》を選《えら》びましょう。１食《しょく》に必要《ひつよう》なエネルギー量《りょう》は、年齢《ねんれい》、性別《せいべつ》、体《からだ》の大《おお》きさ、運動量《うんどうりょう》などによって違《ちが》います。

弁当箱《べんとうばこ》に詰《つ》める主食《しゅしょく》、主菜《しゅさい》、副菜《ふくさい》は、調理《ちょうり》法《ほう》や味《あじ》つけが重《かさ》ならないようにしましょう。

料理《りょうり》を詰《つ》める時《とき》は、弁《べん》当箱《とうばこ》を６等分《とうぶん》にして、主《しゅ》食《しょく》３：主菜《しゅさい》１：副菜《ふくさい》２の割合《わりあい》になるようにすると栄養《えいよう》バランスがよくなります。これまでに学《まな》んだことを生《い》かして弁当《べんとう》をつくってみましょう。

チーム学校で取り組む『給食ニュース』を使った食育指導

このページは、『給食ニュース』を活用した指導法を知りたいという先生方の声から生まれました。『給食ニュース』は、掲示する以外にも指導資料として活用できます。

ここで紹介したものはあくまでも一例ですので、学校の実態に合わせて、ご活用ください。

給食の時間　教科等　根深ねぎと葉ねぎの違いを知ろう！

※給食の時間、小学校第３学年社会科、総合的な学習の時間など

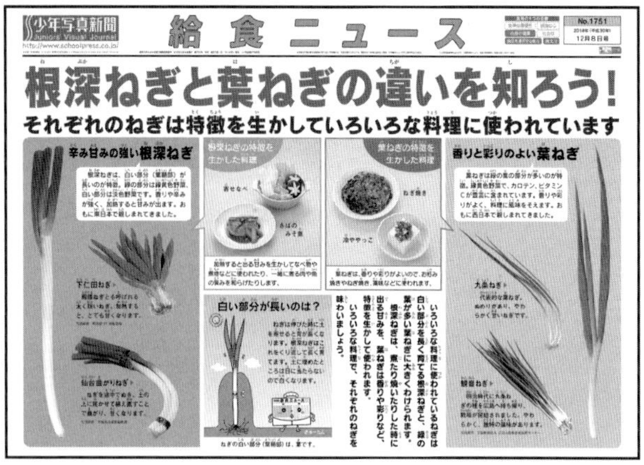
少年写真新聞 Juniors' Visual Journal http://www.schoolpress.co.jp/

給食ニュース　No.1751　2018年（平成30年）12月8日号

根《ね》深《ぶか》ねぎと葉《は》ねぎの違《ちが》いを知《し》ろう！

それぞれのねぎは特徴を生かしていろいろな料理に使われています

辛み甘みの強い根深ねぎ

根深ねぎは、白い部分（葉鞘部）が長いのが特徴。緑の部分は緑黄色野菜、白い部分は淡色野菜です。香りや辛みが強く、加熱すると甘みが出ます。おもに東日本で親しまれてきました。

根深ねぎの特徴を生かした料理

寄せなべ　さばのみそ煮

加熱すると出る甘みを生かしてなべ物や煮物などに使われたり、一緒に煮る肉や魚の臭みを和らげたりします。

葉ねぎの特徴を生かした料理

ねぎ焼き　冷ややっこ

葉ねぎは、香りや彩りがよいので、お好み焼きやねぎ焼き、薬味などに使われます。

香りと彩りのよい葉ねぎ

葉ねぎは緑の葉の部分が多いのが特徴。緑黄色野菜で、カロテン、ビタミンCが豊富に含まれています。香りや彩りがよく、料理に風味をそえます。おもに西日本で親しまれてきました。

下仁田ねぎ　仙台曲がりねぎ　九条ねぎ　観音ねぎ

白い部分が長いのは？

ねぎは伸びた時に土をかぶせると茎が長くなります。根深ねぎはこれをくり返して長く育てます。土に埋めたところは日に当たらないので白くなります。

ねぎの白い部分（葉鞘部）は、葉です。

いろいろな料理に使われているねぎは白い部分を長く育てる根深ねぎと、緑の葉が多い葉ねぎに大きくわけられます。根深ねぎは、煮たり焼いたりした時に出る甘みを、葉ねぎは香りや彩りなど、特徴を生かして使われます。いろいろな料理で、それぞれのねぎを味わいましょう。

『給食ニュース』2018年12月8日号

給食でねぎが使われる時や、地域で育てているねぎについて学習する時に活用できます。

話し方例

ねぎは大きくわけて、根深ねぎ（白ねぎ、長ねぎ）と葉ねぎ（青ねぎ）にわけられます。根深ねぎは土をかぶせて育てるため、白い部分が多く、葉ねぎは日光に当てる部分が多いので、緑色の葉が多いねぎになります。この仙台曲がりねぎは宮城県でつくられています。栽培の途中でねぎをぬいて、畑に寝かせて土をかけると、ねぎは日光を求めて、上に伸びようとして曲がるそうです。このように日本各地では、いろいろなねぎが栽培されていて、〇〇（地域）では、〇〇ねぎがつくられています。

給食の時間　学級活動　教科等　冬場の食中毒から身を守る手洗い

※給食の時間、学級活動、第６学年体育科（保健）、中学校保健体育科保健分野など

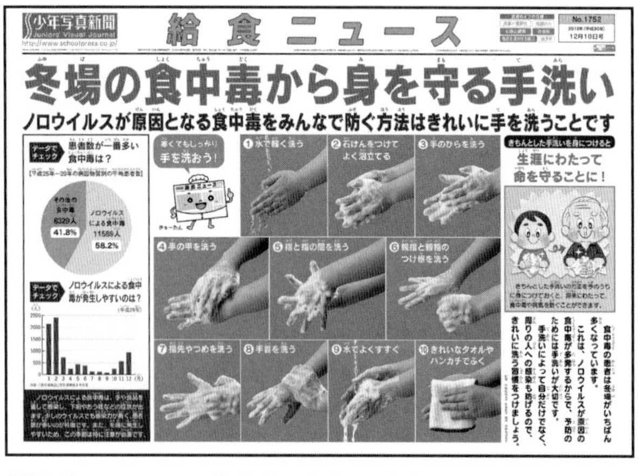
少年写真新聞 Juniors' Visual Journal http://www.schoolpress.co.jp/

給食ニュース　No.1752　2018年（平成30年）12月18日号

冬《ふゆ》場《ば》の食《しょく》中《ちゅう》毒《どく》から身《み》を守《まも》る手《て》洗《あら》い

ノロウイルスが原因となる食中毒をみんなで防ぐ方法はきれいに手を洗うことです

データでチェック　患者数が一番多い食中毒は？

【平成25年～29年の病因物質別の平均患者数】

その他の食中毒 6329人 41.8%　ノロウイルスによる食中毒 11589人 58.2%

データでチェック　ノロウイルスによる食中毒が発生しやすいのは？

寒くてもしっかり手を洗おう！

❶水で軽く洗う　❷石けんをつけてよく泡立てる　❸手のひらを洗う　❹手の甲を洗う　❺指と指の間を洗う　❻親指と親指のつけ根を洗う　❼指先やつめを洗う　❽手首を洗う　❾水でよくすすぐ　❿きれいなタオルやハンカチでふく

きちんとした手洗いを身につけると　生涯にわたって命を守ることに！

食中毒の患者は冬場がいちばん多くなっています。これは、ノロウイルスが原因の食中毒が多発するからで、予防のためには手洗いが大切です。手洗いによって自分だけでなく、周りの人への感染も防げるので、きれいに洗う習慣をつけましょう。

『給食ニュース』2018年12月18日号

ノロウイルスが流行する冬場の手洗い指導にご活用ください。

話し方例

食中毒は、実は冬に一番患者数が多くなります。これは、ノロウイルスによる食中毒が多く発生するからです。この食中毒は、手や食品についたウイルスが体の中に入ってきてかかります。少しのウイルスでも感染力が高いため、患者数が多くなります。この食中毒を防ぐために大切なのは手洗いです。石けんをよく泡立てて、手のすみずみまで洗うようにしましょう。手洗いは、自分だけではなく、周りの人への感染も防ぐので、食事前やトイレの後などには、きちんと手を洗いましょう。

2018年（平成30年）12月8日号

給食ニュース 一口メモ

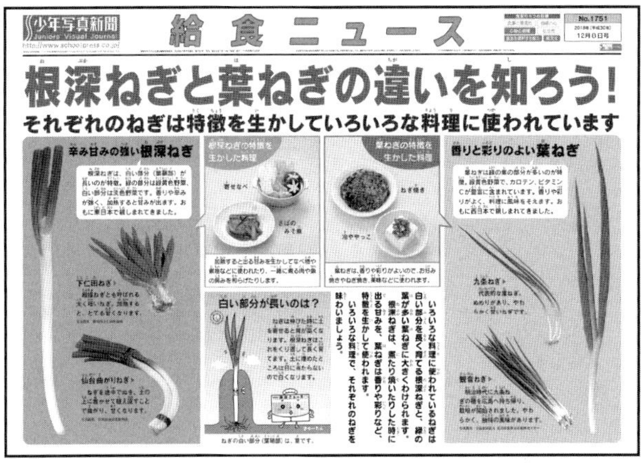
少年写真新聞
Juniors' Visual Journal
給食ニュース
No.1751
12月8日号

根深ねぎと葉ねぎの違いを知ろう！

それぞれのねぎは特徴を生かしていろいろな料理に使われています

辛み甘みの強い根深ねぎ

根深ねぎは、白い部分（葉鞘部）が長いのが特徴。緑の部分は緑黄色野菜、白い部分は淡色野菜です。香りや辛みが強く、加熱すると甘みが出ます。おもに東日本で親しまれてきました。

下仁田ねぎ

仙台曲がりねぎ

根深ねぎの特徴を生かした料理

寄せなべ

さばのみそ煮

加熱すると出る甘みを生かしてなべ物や煮物などに使われたり、一緒に煮る肉や魚の臭みを和らげたりします。

葉ねぎの特徴を生かした料理

ねぎ焼き

冷ややっこ

葉ねぎは、香りや彩りがよいので、お好み焼きやねぎ焼き、薬味などに使われます。

白い部分が長いのは？

ねぎの白い部分（葉鞘部）は、葉です。

いろいろな料理に使われているねぎは白い部分を長く育てる根深ねぎと、緑の葉が多い葉ねぎに大きくわけられます。根深ねぎは、煮たり焼いたりした時に出る甘みを、葉ねぎは香りや彩りなど、特徴を生かして使われます。いろいろな料理で、それぞれのねぎを味わいましょう。

香りと彩りのよい葉ねぎ

葉ねぎは緑の葉の部分が多いのが特徴。緑黄色野菜で、カロテン、ビタミンCが豊富に含まれています。香りや彩りがよく、料理に風味をそえます。おもに西日本で親しまれてきました。

九条ねぎ

観音ねぎ

根深《ねぶか》ねぎと葉《は》ねぎの違《ちが》いを知《し》ろう！

いろいろな料理《りょうり》に使《つか》われるねぎは、白《しろ》い葉《よう》鞘部《しょうぶ》を長《なが》く育《そだ》てる根深《ねぶか》ねぎと、緑《みどり》の葉《は》が多《おお》い葉《は》ねぎにわけられます。もともとは東日本《ひがしにほん》では根深《ねぶか》ねぎ（白《しろ》ねぎ）が、西日本《にしにほん》では葉《は》ねぎ（青《あお》ねぎ）が親《した》しまれてきましたが、今《いま》では地域《ちいき》を問《と》わず手《て》に入《はい》りやすくなり、それぞれのねぎの特徴《とくちょう》を生《い》かした料理《りょうり》に使《つか》われています。根深《ねぶか》ねぎの白《しろ》い部分《ぶぶん》は淡色野菜《たんしょくやさい》に分類《ぶんるい》されます。緑黄色野菜《りょくおうしょくやさい》に分類《ぶんるい》される葉《は》ねぎや、根深《ねぶか》ねぎの緑《みどり》の部分《ぶぶん》は、カロテンが豊富《ほうふ》です。ほかにもビタミンCやカルシウムが含《ふく》まれています。

ねぎには、ビタミンB_1の吸収《きゅうしゅう》を高《たか》めたり、血行《けっこう》をよくしたりするなどのさまざまな成分《せいぶん》が含《ふく》まれています。かぜをひきやすい冬《ふゆ》に食《た》べてほしい野菜《やさい》です。

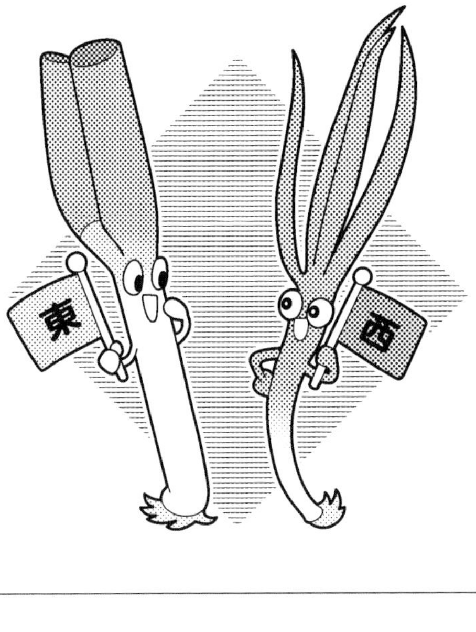

2018年（平成30年） 12月18日号

給食ニュース 一口メモ

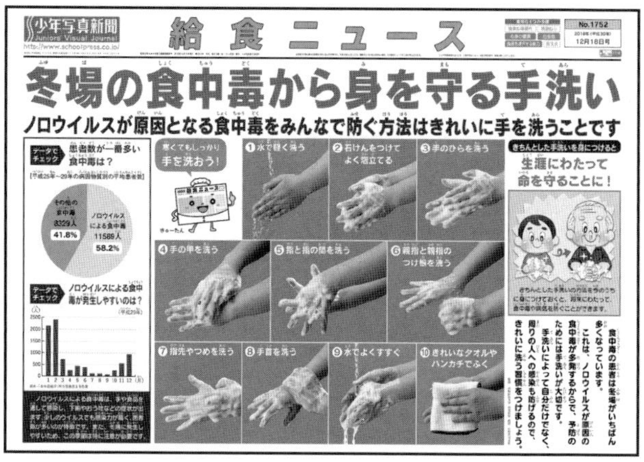
少年写真新聞 Juniors Visual Journal http://www.schoolpress.co.jp/

給食ニュース

No.1752 2018年（平成30年）12月18日号

冬場《ふゆば》の食中毒《しょくちゅうどく》から身《み》を守《まも》る手洗《てあら》い

ノロウイルスが原因となる食中毒をみんなで防ぐ方法はきれいに手を洗うことです

データでチェック 患者数が一番多い食中毒は？

［平成25年～29年の病因物質別の平均患者数］

その他の食中毒 8329人 41.8%

ノロウイルスによる食中毒 11589人 58.2%

データでチェック ノロウイルスによる食中毒が発生しやすいのは？（平成29年）

ノロウイルスによる食中毒は、手や食品を通して感染し、下痢やおう吐などの症状が出ます。少しのウイルスでも感染力が高く、患者数が多いのが特徴です。また、冬場に発生しやすいため、この季節は特に注意が必要です。

寒くてもしっかり手を洗おう！

きゅーたん

①水で軽く洗う
②石けんをつけてよく泡立てる
③手のひらを洗う
④手の甲を洗う
⑤指と指の間を洗う
⑥親指と親指のつけ根を洗う
⑦指先やつめを洗う
⑧手首を洗う
⑨水でよくすすぐ
⑩きれいなタオルやハンカチでふく

きちんとした手洗いを身につけると

生涯にわたって命を守ることに！

きちんとした手洗いの方法を今のうちに身につけておくと、将来にわたって、食中毒や病気を防ぐことができます。

食中毒の患者は冬場がいちばん多くなっています。

これは、ノロウイルスが原因の食中毒が多発するからで、予防のためには手洗いが大切です。

手洗いによって自分だけでなく、周りの人への感染も防げるので、きれいに洗う習慣をつけましょう。

冬場《ふゆば》の食中毒《しょくちゅうどく》から身《み》を守《まも》る手洗《てあら》い

冬場《ふゆば》に多《おお》く発生《はっせい》するのが、ノロウイルスによる食中毒《しょくちゅうどく》です。この食中毒《しょくちゅうどく》は手《て》や食品《しょくひん》についたウイルスが原因《げんいん》で起《お》こり、少《すこ》しのウイルスでも感染力《かんせんりょく》が高《たか》く、患者数《かんじゃすう》が多《おお》くなるのが特徴《とくちょう》です。ノロウイルスが原因《げんいん》となる食中毒《しょくちゅうどく》を防《ふせ》ぐ簡単《かんたん》な方法《ほうほう》は、きれいに手《て》を洗《あら》うことです。石《せっ》けんをよく泡立《あわだ》て、手《て》のひら、手《て》の甲《こう》、指《ゆび》と指《ゆび》の間《あいだ》、親指《おやゆび》と親指《おやゆび》のつけ根《ね》、指先《ゆびさき》やつめ、手首《てくび》まで、洗《あら》い残《のこ》すところがないようにします。手洗《てあら》いは、自分自身《じぶんじしん》を食中毒《しょくちゅうどく》や病気《びょうき》から守《まも》るだけではなく、周《まわ》りの人《ひと》への感染《かんせん》も防《ふせ》げるので、みんなで手《て》をきれいに洗《あら》いましょう。また、今《いま》のうちにきちんとした手洗《てあら》いを身《み》につけると、おとなになって、お年寄《としよ》りになっても、食中毒《しょくちゅうどく》や病気《びょうき》を予防《よぼう》することにつながるのです。

少年写真新聞
Juniors' Visual Journal

2019年（平成31年）
1月8日発行 第1753号付録

給食ニュース

株式会社 少年写真新聞社
〒102-8232 東京都千代田区九段南4-7-16 市ヶ谷ＫＴビルⅠ
http://www.schoolpress.co.jp/

チーム学校で取り組む

『給食ニュース』を使った食育指導

このページは、『給食ニュース』を活用した指導法を知りたいという先生方の声から生まれました。『給食ニュース』は、掲示する以外にも指導資料として活用できます。

ここで紹介したものはあくまでも一例ですので、学校の実態に合わせて、ご活用ください。

給食の時間　教科等

地域や家庭によって特色のある「雑煮」

※給食の時間、小学校第４学年、第５学年社会科、小学校第５学年、第６学年家庭科、中学校技術家庭科 家庭分野、総合的な学習の時間など

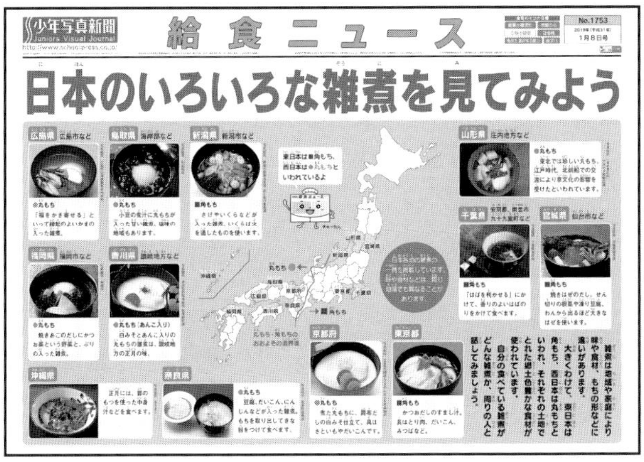
少年写真新聞
給食ニュース
No.1753
2019年（平成31年）1月8日号

日本のいろいろな雑煮を見てみよう

雑煮は地域や家庭により味や食材、もちの形などに違いがあります。
大きくわけて、東日本は角もち、西日本は丸もちといわれ、それぞれの土地でとれた郷土色豊かな食材が使われています。
自分の食べている雑煮がどんな雑煮か、周りの人と話してみましょう。

『給食ニュース』2019年１月８日号

地域や家庭の雑煮について学べます。

話し方例

正月の行事食として食べられている雑煮は、地域や家庭によって多種多様です。

もちは、おもに東日本は角もち、西日本は丸もちを使うといわれていますが、ほかにも、だしの違いやしょうゆ仕立て、白みそ仕立て、などの味の違いもあります。

また、雑煮の食材は、各地域でとれる野菜や魚などの特産物が多く入っています。地域や家庭で食べられている雑煮について調べてみると、新たな発見があるかもしれません。

学級活動　教科等

試験で力を発揮するには規則正しい食生活が大切です

※学級活動、中学校保健体育科保健分野、中学校技術家庭科家庭分野など

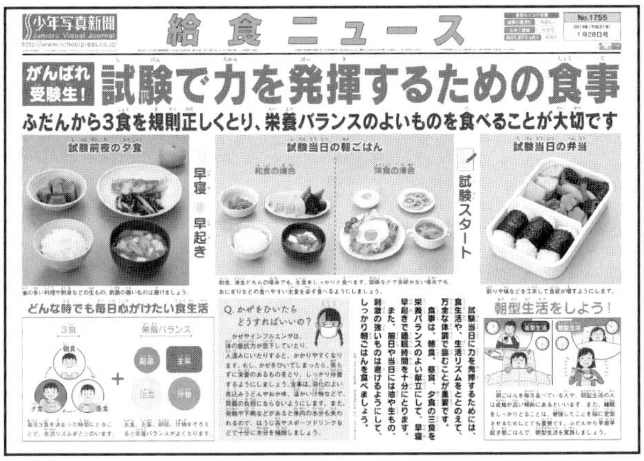
少年写真新聞
給食ニュース
No.1755
2019年（平成31年）1月28日号

がんばれ受験生！ 試験で力を発揮するための食事

ふだんから3食を規則正しくとり、栄養バランスのよいものを食べることが大切です

試験前夜の夕食
早寝 早起き
試験当日の朝ごはん
和食の場合
洋食の場合
試験スタート
試験当日の弁当

どんな時でも毎日心がけたい食生活

Q.かぜをひいたらどうすればいいの？

試験当日に力を発揮するためには、食生活や、生活リズムをととのえて、万全な体調で臨むことが重要です。
食事は、朝食、昼食、夕食の三食を栄養バランスのよい献立にして、早寝早起きで睡眠時間を十分にとります。
また、前日や当日には油や生もの、刺激の強いものは避けるようにして、しっかり朝ごはんを食べましょう。

朝型生活をしよう！

『給食ニュース』2019年１月28日号

受験を乗り切るためには、どのような食生活をすればよいのか、知ることができます。

話し方例

受験を乗り切るためには、試験当日に万全な体調で臨むことが大切です。そのために、日頃から栄養バランスのよい食事を、３食きちんととり、規則正しい食生活を送るようにしましょう。また、食事だけではなく、休養や十分な睡眠時間を確保することも大切です。

試験前日や当日は、油の多い料理や生ものなどは避けるようにします。そして当日の朝は、しっかり朝ごはんを食べて、脳や体に必要なエネルギーや栄養素を補給し、午前中から集中できるようにすることが重要です。

2019年（平成31年） 1月8日号

給食ニュース 一口メモ

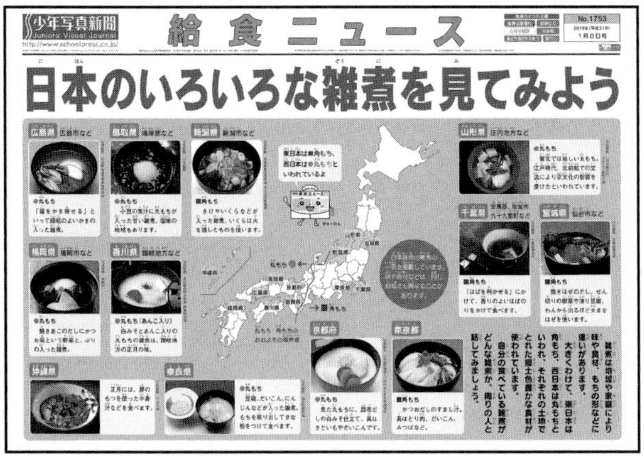
少年写真新聞
Junior's Visual Journal
http://www.schoolpress.co.jp/
給食ニュース
No.1753
2019年（平成31年）1月8日号

日本《に》本《ほん》のいろいろな雑《ぞう》煮《に》を見《み》てみよう

広島県 広島市など
●丸もち
「福をかき寄せる」といって縁起のよいかきの入った雑煮。

鳥取県 海岸部など
●丸もち
小豆の煮汁に丸もちが入った甘い雑煮。塩味の地域もあります。

新潟県 新潟市など
■角もち
さけやいくらなどが入った雑煮。いくらは火を通したものを使います。

東日本は■角もち、西日本は●丸もちといわれているよ

山形県 庄内地方など
●丸もち
東北では珍しい丸もち。江戸時代、北前船での交流により京文化の影響を受けたといわれています。

千葉県 安房郡、長生市 九十九里町など
■角もち
「はばを利かせる」にかけて、香りのよいはばのりをかけて食べます。

宮城県 仙台市など
■角もち
焼きはぜのだし、せん切りの根菜や凍り豆腐、わんから出るほど大きなはぜを使います。

福岡県 福岡市など
●丸もち
焼きあごのだしにかつお菜という野菜と、ぶりの入った雑煮。

香川県 讃岐地方など
●丸もち（あんこ入り）
白みそとあんこ入りの丸もちの雑煮は、讃岐地方の正月の味。

丸もち・角もちのおおよその境界線

沖縄県
正月には、豚のもつを使った中身汁などを食べます。

奈良県
●丸もち
豆腐、だいこん、にんじんなどが入った雑煮。もちを取り出してきな粉をつけて食べます。

京都府
●丸もち
煮た丸もちに、昆布だしの白みそ仕立て。具はさといもやだいこんです。

東京都
■角もち
かつおだしのすまし汁。具はとり肉、だいこん、みつばなど。

雑煮は地域や家庭により味や食材、もちの形などに違いがあります。
大きくわけて、東日本は角もち、西日本は丸もちといわれ、それぞれの土地でとれた郷土色豊かな食材が使われています。
自分の食べている雑煮がどんな雑煮か、周りの人と話してみましょう。

日本《にほん》のいろいろな雑煮《ぞうに》を見《み》てみよう

みなさんは、正月《しょうがつ》にどんな雑煮《ぞうに》を食《た》べていますか？

雑煮《ぞうに》は地域《ちいき》や家庭《かてい》によっても異《こと》なり多種多《たしゅた》様《よう》です。入《はい》っているもちだけを見《み》ても、角《かく》もちか丸《まる》もちか、焼《や》くか煮《に》るかと違《ちが》いがあり、ほかにも、あんもちを入《い》れる雑煮《ぞうに》や、もちにきなこをつけて食《た》べる雑煮《ぞうに》、もちの入《はい》っていない雑煮《ぞうに》などもあります。

また、だしも、こんぶやかつおぶし、煮干《にぼ》しやとり肉《にく》などさまざまです。味《あじ》も、しょうゆ仕立《じた》て、白《しろ》みそ仕立《じた》てなどの違《ちが》いがあります。食材《しょくざい》には、その地域《ちいき》でとれる野菜《やさい》や魚《さかな》などの特産物《とくさんぶつ》が使《つか》われています。

自分《じぶん》の食《た》べている雑煮《ぞうに》を調《しら》べて、まわりの人《ひと》たちと話《はなし》をすると、いろいろなことがわかり、おもしろいかもしれません。

2019年（平成31年）　1月18日号

給食ニュース　一口メモ

全《ぜん》国《こく》学《がっ》校《こう》給食《きゅうしょく》週間《しゅうかん》

給《きゅう》食《しょく》は食《た》べて学《まな》べる生《い》きた教《きょう》材《ざい》

1月《がつ》24日《か》から1月《がつ》30日《にち》は、全《ぜん》国《こく》学《がっ》校《こう》給食《きゅうしょく》週間《しゅうかん》です。

明治《めいじ》22年《ねん》に山形県《やまがたけん》の忠愛小学校《ちゅうあいしょうがっこう》で、貧《まず》しい家庭《かてい》の子《こ》どもたちに昼食《ちゅうしょく》が無償《むしょう》で与《あた》えられました。これが日本《にほん》の給食《きゅうしょく》の始《はじ》まりです。以来《いらい》、給食《きゅうしょく》は各地《かくち》に広《ひろ》がりました。戦争《せんそう》の影響《えいきょう》などによって一時中断《いちじちゅうだん》されましたが、アメリカのLARA（アジア救済公認団体《きゅうさいこうにんだんたい》）から物資《ぶっし》の寄贈《きぞう》を受《う》けて、昭和《しょうわ》22年《ねん》から再開《さいかい》されました。

給食《きゅうしょく》は栄養《えいよう》のバランスのよい食事《しょくじ》でわたしたちの心身《しんしん》の成長《せいちょう》と健康《けんこう》を支《ささ》えています。また、配《はい》ぜんや片《かた》づけ、食《しょく》事《じ》の時間《じかん》を通《とお》して、正《ただ》しい食習慣《しょくしゅうかん》や知識《ちしき》、食事《しょくじ》のマナー、感謝《かんしゃ》の心《こころ》などを身《み》につけさせてくれる、生《い》きた教材《きょうざい》でもあります。

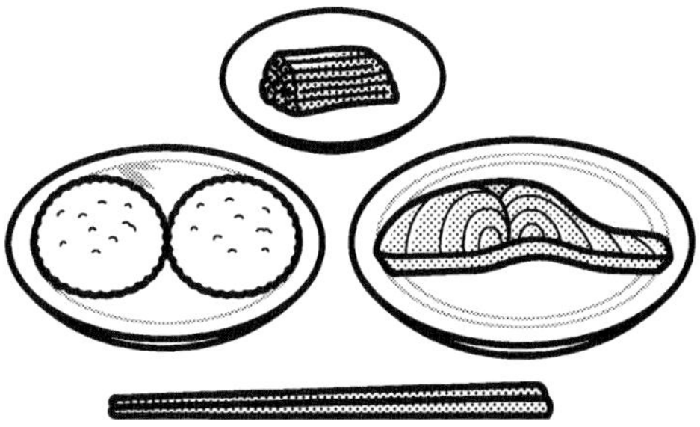

給食《きゅうしょく》の大切《たいせつ》さについて、考《かんが》えてみましょう。

2019年（平成31年）　**1月28日号**

給食ニュース 一口メモ

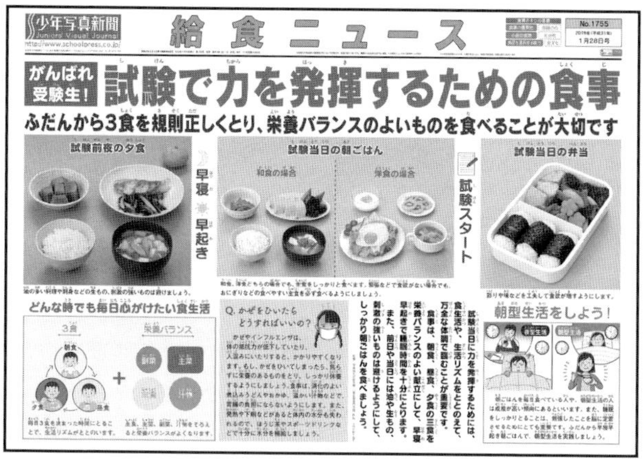
少年写真新聞
Juniors' Visual Journal
http://www.schoolpress.co.jp/

給食ニュース

No.1755
2019年（平成31年）
1月28日号

がんばれ受験生！

試験で力を発揮するための食事

ふだんから3食を規則正しくとり、栄養バランスのよいものを食べることが大切です

試験前夜の夕食

油の多い料理や刺身などの生もの、刺激の強いものは避けましょう。

早寝 早起き

試験当日の朝ごはん

和食の場合

洋食の場合

和食、洋食どちらの場合でも、主食をしっかりと食べます。緊張などで食欲がない場合でも、おにぎりなどの食べやすい主食を必ず食べるようにしましょう。

試験スタート

試験当日の弁当

彩りや味などを工夫して食欲が増すようにします。

どんな時でも毎日心がけたい食生活

3食　朝食　昼食　夕食

栄養バランス　主菜　副菜　主食　汁物

毎日3食を決まった時間にとることで、生活リズムがととのいます。

主食、主菜、副菜、汁物をそろえると栄養バランスがよくなります。

Q. かぜをひいたらどうすればいいの？

かぜやインフルエンザは、体の抵抗力が低下していたり、人混みにいたりすると、かかりやすくなります。もし、かぜをひいてしまったら、焦らずに栄養のあるものをとり、しっかり休養するようにしましょう。食事は、消化のよい煮込みうどんやおかゆ、温かい汁物などで、胃腸の負担にならないようにします。また、発熱や下痢などがあると体内の水分も失われるので、ほうじ茶やスポーツドリンクなどで十分に水分を補給しましょう。

試験当日に力を発揮するためには、食生活や、生活リズムをととのえて、万全な体調で臨むことが重要です。食事は、朝食、昼食、夕食の三食を栄養バランスのよい献立にして、早寝早起きで睡眠時間を十分にとります。また、前日や当日には油や生もの、刺激の強いものは避けるようにして、しっかり朝ごはんを食べましょう。

朝型生活をしよう！

朝ごはんを毎日食べている人や、朝型生活の人は成績が高い傾向にあるといいます。また、睡眠をしっかりとることは、勉強したことを脳に定着させるためにとても重要です。ふだんから早寝早起き朝ごはんで、朝型生活を実践しましょう。

受験《じゅけん》を乗《の》り切《き》る食生活《しょくせいかつ》と生活《せいかつ》リズム

いよいよ、受験《じゅけん》シーズンです。日頃《ひごろ》の勉強《べんきょう》の成果《せいか》を発揮《はっき》するためには、食生活《しょくせいかつ》や生活《せいかつ》リズムをととのえて、万全《ばんぜん》な体調《たいちょう》で臨《のぞ》むことが重要《じゅうよう》です。まずは、朝《あさ》、昼《ひる》、夕《ゆう》の３食《しょく》をなるべく決《き》まった時間《じかん》にしっかりとります。特《とく》に朝《あさ》ごはんは、脳《のう》や体《からだ》に必要《ひつよう》なエネルギーを補《ほ》給《きゅう》し、午前中《ごぜんちゅう》からしっかり集中《しゅうちゅう》することができる大切《たいせつ》な食事《しょくじ》です。そして、食事《しょくじ》の内容《ないよう》も主食《しゅしょく》、主菜《しゅさい》、副菜《ふくさい》がそろった栄養《えいよう》バランスのとれたものにします。また、睡眠《すいみん》は勉強《べんきょう》したことを脳《のう》に定着《ていちゃく》させるためにとても重要《じゅうよう》ですので、十分《じゅうぶん》な睡眠時間《すいみんじかん》をとるようにします。この時期《じき》、かぜやインフルエンザにかからないためにも、規則正《きそくただ》しい生活《せいかつ》（食《しょく》事《じ》、運動《うんどう》、睡眠《すいみん》）で、体調《たいちょう》をととのえて、乗《の》り切《き》っていきましょう。

少年写真新聞
Juniors' Visual Journal

2019年（平成31年）
2月8日発行 第1756号付録
©少年写真新聞社2019年

給食ニュース

株式会社 少年写真新聞社
〒102-8232 東京都千代田区九段南4-7-16 市ヶ谷KTビルI
http://www.schoolpress.co.jp/

チーム学校で取り組む
『給食ニュース』を使った食育指導

このページは、『給食ニュース』を活用した指導法を知りたいという先生方の声から生まれました。『給食ニュース』は、掲示する以外にも指導資料として活用できます。

ここで紹介したものはあくまでも一例ですので、学校の実態に合わせて、ご活用ください。

給食の時間　教科等　日本各地で受け継がれる伝統野菜

※給食の時間、総合的な学習の時間、小学校第５学年社会科、小学校第５学年、第６学年家庭科、中学校技術家庭科 家庭分野など

少年写真新聞　給食ニュース　No.1756

日本各地で受け継がれる伝統野菜

伝統野菜は、日本各地で昔から栽培されてきた地域特有の野菜です

八列とうもろこし　会津小菊かぼちゃ　三浦だいこん　加賀太きゅうり　天王寺かぶら

岩国れんこん　水前寺もやし　地域の伝統野菜について調べて話そう

『給食ニュース』2019年２月８日号

伝統野菜を学ぶ際に活用できます。

話し方例

今日の給食には地域でとれた○○○が入っています。この○○○は、昔からこの地域でつくられて、いろいろな料理で食べられてきました。昔から栽培されている地域特有の野菜を「伝統野菜」といいます。（『給食ニュース』を示し）福島県、会津地方の「会津小菊かぼちゃ」、大阪府、天王寺周辺の「天王寺かぶら」など、各地にはさまざまな伝統野菜があります。地域の伝統野菜を食べることは、地産地消にもなります。

給食の時間　教科等　世界で食べられているパン

※給食の時間、総合的な学習の時間、中学校社会科歴史分野など

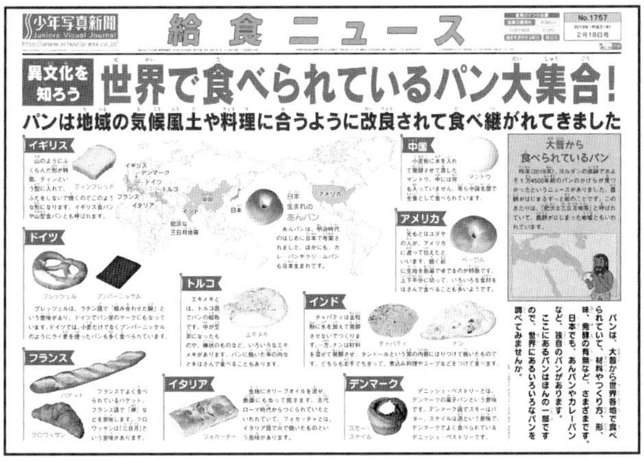
少年写真新聞　給食ニュース　No.1757

異文化を知ろう　世界で食べられているパン大集合!

パンは地域の気候風土や料理に合うように改良されて食べ継がれてきました

イギリス　ドイツ　フランス　イタリア　トルコ　インド　中国　アメリカ　デンマーク　大昔から食べられているパン

『給食ニュース』2019年２月18日号

パンを題材にした総合的な学習の時間や、国際理解を深める教材としても使用できます。

話し方例

（『給食ニュース』を示し）パンは、大昔から世界各地で食べられています。例えば、ドイツには、プレッツェルというパンがあります。プレッツェルは、ラテン語で「組み合わせた腕」という意味があって、ドイツではパン屋のマークにもなっているそうです。また、インドではチャパティという発酵させずに焼くものと、ナンのように発酵させてから焼くものがあります。ほかにも、いろいろな国や地域で多種多様なパンが食べられています。世界にあるいろいろなパンを調べてみませんか。

2019年（平成31年） 2月8日号

給食ニュース 一口メモ

少年写真新聞
Juniors Visual Journal
http://www.schoolpress.co.jp/

給食ニュース

No.1756
2019年（平成31年）
2月8日号

日本各地で受け継がれる伝統野菜

伝統野菜は、日本各地で昔から栽培されてきた地域特有の野菜です

八列とうもろこし
北海道
実が大きくてかたく、実が1周に8列並んでいるのが特徴。焼いて食べるほか、粉にして使われます。

会津小菊かぼちゃ
福島県
江戸時代からつくられていて、輪切りにすると菊のような形になるかぼちゃ。皮がかたく、春まで保存できます。

三浦だいこん
神奈川県
中央から下が太く、4kgくらいになるものもあります。煮くずれしにくく、おでんなどに使われます。

加賀太きゅうり
石川県
重さが1kgのものもある大型のきゅうり。果肉は厚いけれどやわらかいため、加熱する料理に適しています。

天王寺かぶら
大阪府
江戸時代から親しまれている、白く平べったいかぶ。なめらかで甘みが強く、葉もやわらかいのが特徴です。

岩国れんこん
山口県
江戸時代、岩国の藩主の命を受けて栽培がはじまりました。独特のもっちりした粘りとしゃきしゃき感が特徴。

水前寺もやし
熊本県
江津湖のわき水を利用して栽培される大型のもやし。縁起ものとして正月の料理に使われます。

地域の伝統野菜について調べて話そう

日本各地で古くから栽培されている、特有の野菜を伝統野菜といいます。手間がかかるという理由から、生産は減少していましたが、最近では再び伝統野菜が見直されており農家や地域の人が生産に力を注いでいます。伝統野菜を食べることは、地域で生産された食材を地域で消費する、地産地消にもなります。

日本《にほん》各地《かくち》で受《う》け継《つ》がれる伝統野菜《でんとうやさい》

日本《にほん》各地《かくち》で古《ふる》くから栽培《さいばい》されている特有《とくゆう》の野菜《やさい》を、伝統野菜《でんとうやさい》といいます。日本《にほん》は地域《ちいき》によって気候《きこう》や風土《ふうど》が異《こと》なり、つくられる野菜《やさい》や食《た》べ方《かた》に違《ちが》いがあります。伝統野菜《でんとうやさい》は地域《ちいき》の食文化《しょくぶんか》にも深《ふか》く関《かか》わりがありました。

大量生産《たいりょうせいさん》が求《もと》められる時代《じだい》になると、手間《てま》がかかるなどという理由《りゆう》から生産量《せいさんりょう》は減少《げんしょう》していましたが、最近《さいきん》では日本各地《にほんかくち》で伝統野菜《でんとうやさい》が見直《みなお》されており、農家《のうか》や地域《ちいき》の人《ひと》が生産《せいさん》に力《ちから》を注《そそ》いでいます。伝統野菜《でんとうやさい》を食《た》べることで、地域《ちいき》で生産《せいさん》された食材《しょくざい》をその地域《ちいき》で消費《しょうひ》する地産地消《ちさんちしょう》にもなります。

わたしたちの住《す》んでいる地域《ちいき》には、どんな伝統《でんとう》野菜《やさい》があるのか、野菜《やさい》の特徴《とくちょう》、育《そだ》て方《かた》、栽培《さいばい》の歴《れき》史《し》、生産地《せいさんち》の変化《へんか》など、いろいろなことを調《しら》べてみましょう。

2019年（平成31年） **2月18日号**

給食ニュース
一口メモ

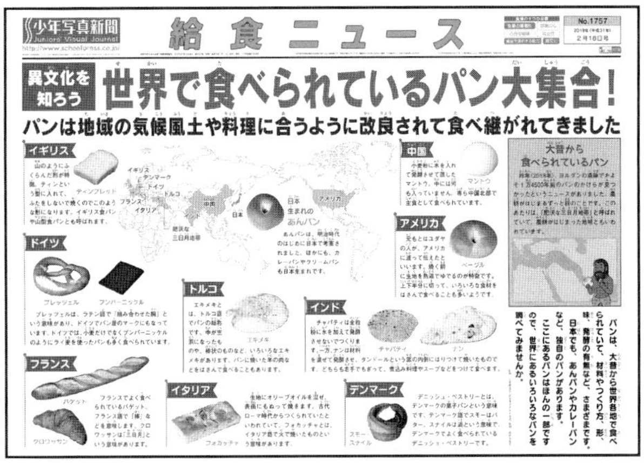
少年写真新聞
Juniors' Visual Journal
http://www.schoolpress.co.jp/
給食ニュース
No.1757
2019年（平成31年）
2月18日号
異文化を知ろう
世界で食べられているパン大集合！
パンは地域の気候風土や料理に合うように改良されて食べ継がれてきました
イギリス
山のようにふくらんだ形が特徴。ティンという型に入れて、ふたをしないで焼くのでこのような形になります。イギリス食パンや山型食パンとも呼ばれます。
ティンブレッド
イギリス
デンマーク
ドイツ
トルコ
フランス
イタリア
インド
中国
日本
アメリカ
肥沃な三日月地帯
日本生まれのあんパン
あんパンは、明治時代のはじめに日本で考案されました。ほかにも、カレーパンやクリームパンも日本生まれです。
中国
小麦粉に水を入れて発酵させて蒸したマントウ。中には何も入っていません。主に中国北部で主食として食べられています。
マントウ
アメリカ
元もとはユダヤの人が、アメリカに渡って伝えたといいます。焼く前に生地を熱湯でゆでるのが特徴です。上下半分に切って、いろいろな食材をはさんで食べることも多いようです。
ベーグル
大昔から食べられているパン
昨年（2018年）、ヨルダンの遺跡でおよそ1万4500年前のパンのかけらが見つかったというニュースがありました。農耕がはじまるずっと前のことです。このあたりは、「肥沃な三日月地帯」と呼ばれていて、農耕がはじまった地域ともいわれています。
ドイツ
プレッツェル
プンパーニッケル
プレッツェルは、ラテン語で「組み合わせた腕」という意味があり、ドイツでパン屋のマークにもなっています。ドイツでは、小麦だけでなくプンパーニッケルのようにライ麦を使ったパンも多く食べられています。
トルコ
エキメキとは、トルコ語でパンの総称です。中が空洞になったものや、棒状のものなど、いろいろなエキメキがあります。パンに焼いた羊の肉などをはさんで食べることもあります。
エキメキ
インド
チャパティは全粒粉に水を加えて発酵させないでつくります。一方、ナンは材料を混ぜて発酵させ、タンドールという窯の内側にはりつけて焼いたものです。どちらも右手でちぎって、煮込み料理やスープなどをつけて食べます。
チャパティ
ナン
フランス
バゲット
クロワッサン
フランスでよく食べられているバゲット。フランス語で「棒」などを意味します。クロワッサンは「三日月」という意味があります。
イタリア
フォカッチャ
生地にオリーブオイルを混ぜ、表面にもぬって焼きます。古代ローマ時代からつくられていたといわれていて、フォカッチャとは、イタリア語で火で焼いたものという意味があります。
デンマーク
スモー・スナイル
デニッシュ・ペストリーとは、デンマークの菓子パンという意味です。デンマーク語でスモーはバター、スナイルは渦という意味で、デンマークでよく食べられているデニッシュ・ペストリーです。
パンは、大昔から世界各地で食べられていて、材料やつくり方、形、味、発酵の有無など、さまざまです。日本でも、あんパンやカレーパンなど、独自のパンがあります。
ここにあるパンはほんの一部ですので、世界にあるいろいろなパンを調べてみませんか。

大昔《おおむかし》から世界《せかい》で食《た》べられているパン

昨年《さくねん》（2018年《ねん》）、ヨルダンのナトゥフ文化《ぶんか》遺跡《いせき》から、およそ１万《まん》4500年《ねん》前《まえ》のパンのかけらが見《み》つかりました。これは、今《いま》まで発見《はっけん》された中《なか》で、世界最古《せかいさいこ》のパンといわれています。

このように、大昔《おおむかし》から食《た》べられてきたパンは、世界各地《せかいかくち》で、材料《ざいりょう》やつくり方《かた》、形《かたち》、味《あじ》などがさまざまです。おもに小麦粉《こむぎこ》を原材料《げんざいりょう》とする場合《ばあい》と、ライ麦《むぎ》や大麦《おおむぎ》なども使《つか》う場合《ばあい》では、パンの色《いろ》にも違《ちが》いが出《で》てきます。また、発酵《はっこう》させてふくらませてから焼《や》くパンと、発《はっ》酵《こう》させないで焼《や》くパンがあります。日本《にほん》では明治時代《めいじじだい》に、あんパンやジャムパンなど、独自《どくじ》のパンが生《う》まれました。

パンは、世界各地《せかいかくち》の気《き》候風土《こうふうど》や料理《りょうり》に合《あ》うように改良《かいりょう》されて、人《ひと》びとに親《した》しまれ、現在《げんざい》に至《いた》っています。

2019年（平成31年）　**2月28日号**

給食ニュース　一口メモ

食品《しょくひん》ロスの少《すく》ない調理《ちょうり》をしよう

食品《しょくひん》ロスとは、まだ食《た》べられるのに捨《す》てられている食品《しょくひん》のことです。日本《にほん》の食品《しょくひん》ロスは、平成《へいせい》27年《ねん》（2015年《ねん》）度《ど》の１年間《ねんかん》で約《やく》646万《まん》トン※でした。これは2015年《ねん》（平成《へいせい》27年《ねん》）の世界《せかい》の食糧援助量《しょくりょうえんじょりょう》の約《やく》２倍《ばい》の量《りょう》です。また、日本《にほん》では多《おお》くの食料《しょくりょう》を輸入《ゆにゅう》に頼《たよ》っているにもかかわらず、大量《たいりょう》の食料《しょくりょう》を捨《す》てています。家《か》庭《てい》から出《で》る食品《しょくひん》ロスには、過剰除去《かじょうじょきょ》や直接《ちょくせつ》廃《はい》棄《き》、食《た》べ残《のこ》しなどがあります。

食料《しょくりょう》を捨《す》てている国《くに》がある一方《いっぽう》で、食料《しょくりょう》がなく、健康《けんこう》を維持《いじ》できないくらい栄養不足《えいようぶそく》になっている人《ひと》も大勢《おおぜい》います。食料《しょくりょう》をできるだけ無《む》駄《だ》にしないようにすることが大切《たいせつ》です。皮《かわ》を薄《うす》くむいたり、きんぴらなどの別《べつ》の料理《りょうり》に活用《かつよう》したりして、食品《しょくひん》ロスの少《すく》ない調理《ちょうり》を心《こころ》がけましょう。

※出典　「食品ロスの削減に向けて」（農林水産省）

チーム学校で取り組む『給食ニュース』を使った食育指導

少年写真新聞
Juniors' Visual Journal
2019年（平成31年）
3月8日発行 第1759号付録

給食ニュース

株式会社 少年写真新聞社
〒102-8232 東京都千代田区九段南4-7-16 市ヶ谷KTビルI
http://www.schoolpress.co.jp/

このページは、『給食ニュース』を活用した指導法を知りたいという先生方の声から生まれました。『給食ニュース』は、掲示する以外にも指導資料として活用できます。

ここで紹介したものはあくまでも一例ですので、学校の実態に合わせて、ご活用ください。

教科等　食品表示から情報を読みとろう

※小学校第５学年、第６学年家庭科、中学校技術家庭科 家庭分野、総合的な学習の時間など

少年写真新聞 Juniors' Visual Journal http://www.schoolpress.co.jp/　給食ニュース　No.1759 3月8日号

食の自立を目指して　食品表示から情報を読みとろう

食品表示を見てみると……

生鮮食品（肉）
①名称 ②原産地 国産品は国産の表示が、輸入品には原産国名が表示される。 ③保存方法 ④消費期限 ⑤内容量 ⑥加工者の名称と加工所の所在地など

加工食品（ポテトチップス）
①名称 ②原材料名 多く使われる順に表示される。食品添加物も表示される。 ③内容量 ④賞味期限・保存方法 ⑤製造者の名称と製造所の所在地など ⑥アレルゲンの表示 原材料名に表示される場合もある。 ⑦栄養成分表示

消費期限と賞味期限の違い
消費期限　衛生的に安全に食べられる期限。品質が急速に劣化しやすいものに表示され、すぎた食品は食べないようにします。
賞味期限　おいしさが保証されている期限。比較的傷みにくいものに表示され、すぎても食べられないということではありません。

インターネット 新聞・テレビ・雑誌 メディアの食情報
わたしたちの周りには食の情報があふれています。中には大げさなものや誤った情報もあります。特にインターネットの情報はだれでも発信できるため、信頼性が高くないものもあります。情報に惑わされないためには、発信元を確かめて、周りの人に相談したり、本で調べたりして情報の信頼性について考えることが大切です。

販売される食品には、安全性を確かめ、選ぶ際の判断材料となる情報を、表示することが義務づけられています。
これを食品表示といい原材料名や内容量、保存方法や消費期限、アレルゲン、栄養成分などの情報が記載されています
いろいろな食品が販売されていますので、食品表示の情報を読みとり、自分に必要な食品を選ぶようにしましょう。

『給食ニュース』2019年３月８日号

食品を購入する際、食品表示の見方を知ることができます。

話し方例

ここに肉の食品表示があります。この食品表示には、いろいろな情報が書かれています。まずは名称と原産地です。畜産物で原産地が国産品の場合は「国産」、輸入品の場合は「原産国名」が表示されます。ほかにも内容量や保存方法、消費期限や賞味期限、加工社名などが書かれています。平成27年に施行された「食品表示法」では、販売されるすべての食品に表示が義務づけられています。食品を購入する際には、きちんと食品表示を見る習慣をつけることが大切です。

給食の時間　教科等　菜の花が咲くアブラナ科アブラナ属の野菜たち

※給食の時間、総合的な学習の時間、第５学年理科、中学校理科第２分野など

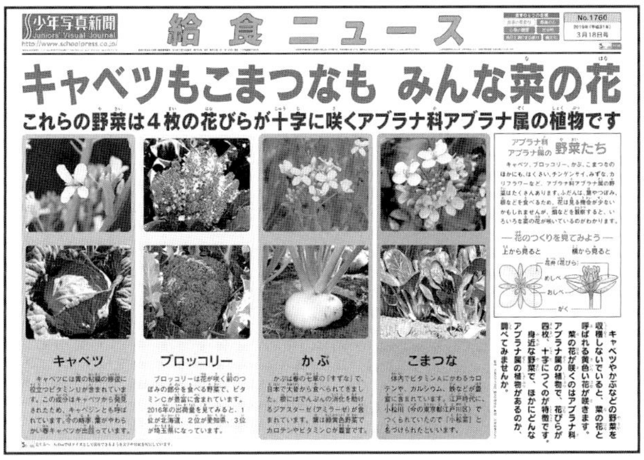
少年写真新聞 Juniors' Visual Journal http://www.schoolpress.co.jp/　給食ニュース　No.1760 3月18日号

キャベツもこまつなも　みんな菜の花

これらの野菜は４枚の花びらが十字に咲くアブラナ科アブラナ属の植物です

キャベツ　キャベツには胃の粘膜の修復に役立つビタミンUが含まれています。この成分はキャベツから発見されたため、キャベジンとも呼ばれています。今の時季、葉がやわらかい春キャベツが出回っています。

ブロッコリー　ブロッコリーは花が咲く前のつぼみの部分を食べる野菜で、ビタミンCが豊富に含まれています。2016年の出荷量を見てみると、１位が北海道、２位が愛知県、３位が埼玉県になっています。

かぶ　かぶは春の七草の「すずな」で、日本で大昔から食べられてきました。根にはでんぷんの消化を助けるジアスターゼ（アミラーゼ）が含まれています。葉は緑黄色野菜でカロテンやビタミンCが豊富です。

こまつな　体内でビタミンAにかわるカロテンや、カルシウム、鉄などが豊富に含まれています。江戸時代に、小松川（今の東京都江戸川区）でつくられていたので「小松菜」と名づけられたといいます。

アブラナ科アブラナ属の野菜たち
キャベツ、ブロッコリー、かぶ、こまつなのほかにも、はくさい、チンゲンサイ、みずな、カリフラワーなど、アブラナ科アブラナ属の野菜はたくさんあります。ふだんは、葉やつぼみ、根などを食べるため、花は見る機会が少ないかもしれませんが、畑などを観察すると、いろいろな菜の花が咲いているのがわかります。

— 花のつくりを見てみよう —

キャベツやかぶなどの野菜を収穫しないでいると、菜の花と呼ばれる黄色い花が咲きます。
菜の花が咲くのはアブラナ科アブラナ属の植物で、花びらが四枚、十字につくのが特徴です。
身近な野菜で、ほかにどんなアブラナ属の植物があるのか、調べてみませんか。

『給食ニュース』2019年３月18日号

給食の時間にアブラナ属の野菜が献立にある場合、クイズとしても活用できます。

話し方例

これは、何の野菜の花でしょう？　正解はキャベツです。キャベツの花は、黄色い４枚の花びらが十字のようについて咲きます。このような花が咲くのは、アブラナ科アブラナ属の植物の特徴です。ほかにも、（順々に見せながら）ブロッコリーやかぶ、こまつななどもアブラナ属なので、同じような特徴の花が咲きます。

※この後に、給食の時間の場合は栄養素の話などを、理科で活用する場合は花のつくりなどを説明することもできます。

2019年（平成31年） 3月8日号

給食ニュース 一口メモ

少年写真新聞 Juniors Visual Journal http://www.schoolpress.co.jp/

給食ニュース

No.1759 2019年(平成31年) 3月8日号

食の自立を目指して 食品表示から情報を読みとろう

食品表示を見てみると……

生鮮食品（肉）

豚肉ロースうすぎり(国産)

①名称
②原産地
国産品は国産の表示が、輸入品には原産国名が表示される。
③保存方法
④消費期限
⑤内容量
⑥加工者の名称と加工所の所在地など

こんなに小さなラベルにたくさんの情報が入っているんだね

加工食品（ポテトチップス）

①名称
②原材料名
多く使われる順に表示される。食品添加物も表示される。
③内容量
④賞味期限・保存方法
⑤製造者の名称と製造所の所在地など
⑥アレルゲンの表示
原材料名に表示される場合もある。
⑦栄養成分表示

消費期限と賞味期限の違い

消費期限
衛生的に安全に食べられる期限。品質が急速に劣化しやすいものに表示され、すぎた食品は食べないようにします。

賞味期限
おいしさが保証されている期限。比較的傷みにくいものに表示され、すぎても食べられないということではありません。

インターネット 新聞・テレビ・雑誌 メディアの食情報

わたしたちの周りには食の情報があふれています。中には大げさなものや誤った情報もあります。特にインターネットの情報はだれでも発信できるため、信頼性が高くないものもあります。情報に惑わされないためには、発信元を確かめて、周りの人に相談したり、本で調べたりして情報の信頼性について考えることが大切です。

いろいろな角度から情報を見てみよう！

販売される食品には、安全性を確かめ、選ぶ際の判断材料となる情報を、表示することが義務づけられています。
これを食品表示といい原材料名や内容量、保存方法や消費期限、アレルゲン、栄養成分などの情報が記載されています。
いろいろな食品が販売されていますので、食品表示の情報を読みとり、自分に必要な食品を選ぶようにしましょう。

食品表示《しょくひんひょうじ》から情報《じょうほう》を読《よ》みとろう

食品《しょくひん》を適切《てきせつ》に選《えら》んで購入《こうにゅう》するには、食品《しょくひん》の情報《じょうほう》を正《ただ》しく読《よ》みとることが大切《たいせつ》です。そのためには食品表示《しょくひんひょうじ》をしっかり確認《かくにん》しましょう。

食品表示《しょくひんひょうじ》は、販売《はんばい》されている食品《しょくひん》に表示《ひょうじ》が義務《ぎむ》づけられているもので、食品《しょくひん》のいろいろな情報《じょうほう》をあらわしています。食品表示《しょくひんひょうじ》には原《げん》材料《ざいりょう》や内容量《ないようりょう》、消費期限《しょうひきげん》や賞味期限《しょうみきげん》、保存方《ほぞんほう》法《ほう》、製造者《せいぞうしゃ》の名称《めいしょう》や製造所《せいぞうしょ》の所在地《しょざいち》、栄養成《えいようせい》分《ぶん》などが書《か》かれています。また、原材料《げんざいりょう》に食《しょく》物《もつ》アレルギーの原因《げんいん》となる食品《しょくひん》・アレルゲンを含《ふく》む場合《ばあい》や、遺伝子《いでんし》組《く》みかえ食品《しょくひん》を含《ふく》む場《ば》合《あい》にはそれらも表示《ひょうじ》されており、購入《こうにゅう》する時《とき》の重《じゅう》要《よう》な情報源《じょうほうげん》になります。

食品《しょくひん》を購入《こうにゅう》する時《とき》は表《ひょう》示《じ》の内容《ないよう》を理解《りかい》して、目《もく》的《てき》や用途《ようと》に合《あ》わせて、自《じ》分《ぶん》に必要《ひつよう》なものを選《えら》ぶようにしましょう。

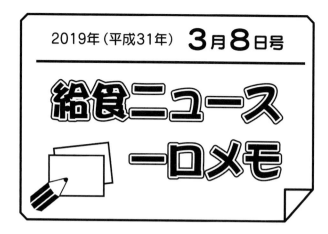

2019年（平成31年）　**3月18日号**

給食ニュース 一口メモ

少年写真新聞 Juniors' Visual Journal
http://www.schoolpress.co.jp/

給食ニュース

No.1760
2019年（平成31年）
3月18日号

キャベツもこまつなも　みんな菜《な》の花《はな》

これらの野菜《やさい》は４枚《まい》の花《はな》びらが十字《じゅうじ》に咲《さ》くアブラナ科《か》アブラナ属《ぞく》の植物《しょくぶつ》です

キャベツ

キャベツには胃の粘膜の修復に役立つビタミンＵが含まれています。この成分はキャベツから発見されたため、キャベジンとも呼ばれています。今の時季、葉がやわらかい春キャベツが出回っています。

ブロッコリー

ブロッコリーは花が咲く前のつぼみの部分を食べる野菜で、ビタミンＣが豊富に含まれています。2016年の出荷量を見てみると、１位が北海道、２位が愛知県、３位が埼玉県になっています。

かぶ

かぶは春の七草の「すずな」で、日本で大昔から食べられてきました。根にはでんぷんの消化を助けるジアスターゼ（アミラーゼ）が含まれています。葉は緑黄色野菜でカロテンやビタミンＣが豊富です。

こまつな

体内でビタミンＡにかわるカロテンや、カルシウム、鉄などが豊富に含まれています。江戸時代に、小松川（今の東京都江戸川区）でつくられていたので「小松菜」と名づけられたといいます。

アブラナ科アブラナ属の野菜たち

キャベツ、ブロッコリー、かぶ、こまつなのほかにも、はくさい、チンゲンサイ、みずな、カリフラワーなど、アブラナ科アブラナ属の野菜はたくさんあります。ふだんは、葉やつぼみ、根などを食べるため、花は見る機会が少ないかもしれませんが、畑などを観察すると、いろいろな菜の花が咲いているのがわかります。

―花のつくりを見てみよう―

キャベツやかぶなどの野菜を収穫しないでいると、菜の花と呼ばれる黄色い花が咲きます。菜の花が咲くのはアブラナ科アブラナ属の植物で、花びらが四枚、十字につくのが特徴です。身近な野菜で、ほかにどんなアブラナ属の植物があるのか、調べてみませんか。

菜《な》の花《はな》が咲《さ》くアブラナ属《ぞく》の野菜《やさい》たち

　キャベツやかぶなどの野菜《やさい》を収穫《しゅうかく》しないで、そのまま残《のこ》しておくと、菜《な》の花《はな》が咲《さ》きます。これは、キャベツやかぶがアブラナ科《か》アブラナ属《ぞく》の植物《しょくぶつ》だからで、４枚《まい》の花弁《かべん》（花《はな》びら）が十字《じゅうじ》に咲《さ》くのが特徴《とくちょう》です。アブラナ属《ぞく》の野《や》菜《さい》には、ほかにもブロッコリー、こまつな、カリフラワーなどがあります。キャベツやこまつなは葉《は》を、かぶは根《ね》を、ブロッコリーやカリフラワーはつぼみを食《た》べる野菜《やさい》なので、花《はな》が咲《さ》く前《まえ》に収穫《しゅうかく》してしまいます。ですから、ふだんは花《はな》を見《み》る機会《きかい》は少《すく》ないかと思《おも》いますが、畑《はたけ》を観察《かんさつ》すると、いろいろな菜《な》の花《はな》を見《み》ることができます。ここで取《と》り上《あ》げたアブラナ属《ぞく》の野《や》菜《さい》以外《いがい》にも、身近《みぢか》な野菜《やさい》の花《はな》をくらべてみると、おもしろい発見《はっけん》があるかもしれませんね。

給食だより 5月

新年度が始まり1か月がたちました。新しい環境にも少しずつ慣れてきた頃でしょう。
みなさんは、毎日きちんと朝ごはんを食べていますか？　元気に1日をすごすためには朝ごはんが大切です。朝ごはんを食べることで、生活リズムもととのいますので、しっかり食べて、元気な毎日を送りましょう。

朝食を食べて元気にすごそう！

朝ごはんを食べると体温が上がり、体全体が目覚めて元気に活動することができます。脳の活動に必要なエネルギーであるブドウ糖も補給され、集中力が高まります。また、よくかんで食べることで脳や消化器官も目覚め、朝の排便にもつながります。規則正しい生活を送るためにも、朝ごはんは欠かせません。

朝ごはんをおいしく食べるためには…

早起きをする

早く起きると時間に余裕ができ、おなかもすきます。

時間を決める

同じ時間に食べると、次第に習慣になります。

夜食は食べない

夜遅くに食べると、朝に食欲がわきません。

朝ごはん何を食べていますか？

何も食べていない

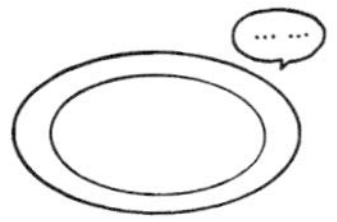

30分早く起きて、バナナ、おにぎり、トーストなど、少しでも食べてみましょう。

主食のみ

みそ汁やサラダ、ヨーグルトなど一品食べるものを増やしてみましょう。

主食と主菜

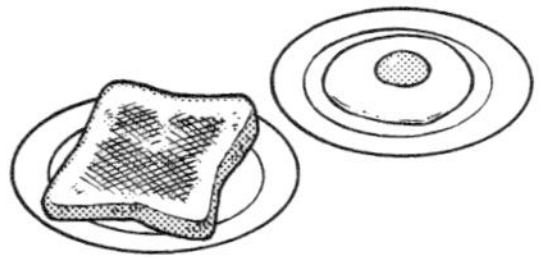

野菜のおかずを足して、栄養バランスのとれた朝ごはんを目指しましょう。

牛乳や乳製品を毎日とって 丈夫な骨をつくろう

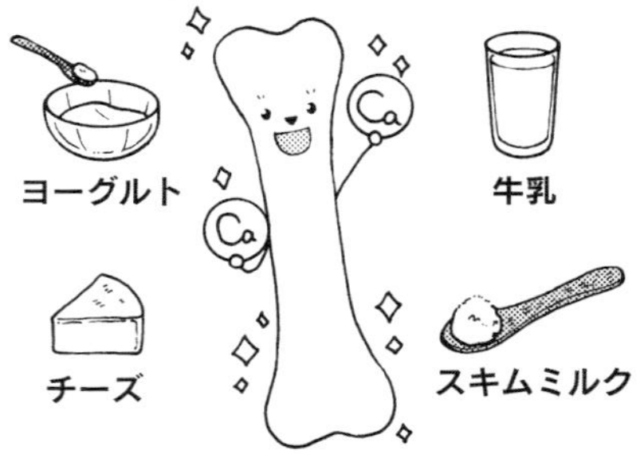

体が大きく成長する小・中学生の時期は、丈夫な骨をつくるために、カルシウムが多く必要になります。この時期はカルシウムが骨に蓄えられる時期ともいわれています。子どもの時にきちんとカルシウムをとることで、おとなになった時に骨折や骨粗しょう症を防ぐことができます。カルシウムの吸収率がよい牛乳や乳製品を毎日とるように心がけましょう。

5月5日は端午の節句

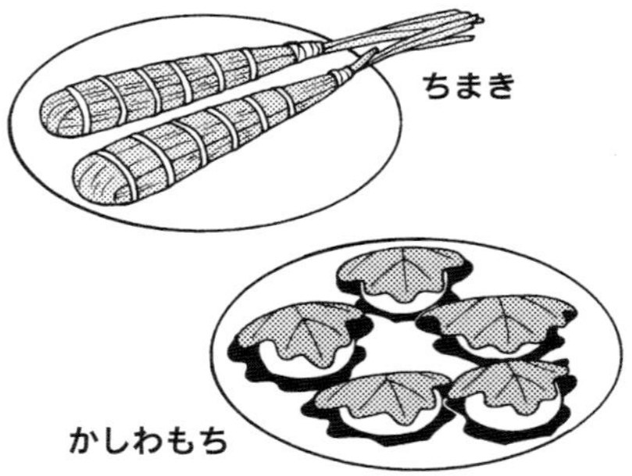

今が旬 グリンピース

グリンピースはえんどうの若い実です。ビタミンB群や炭水化物、たんぱく質が含まれています。缶詰や冷凍食品などで1年中出回っていますが、旬は今の時期です。新鮮なものは香りも甘みも格別です。ゆで立てのグリンピースをぜひ味わってみましょう。

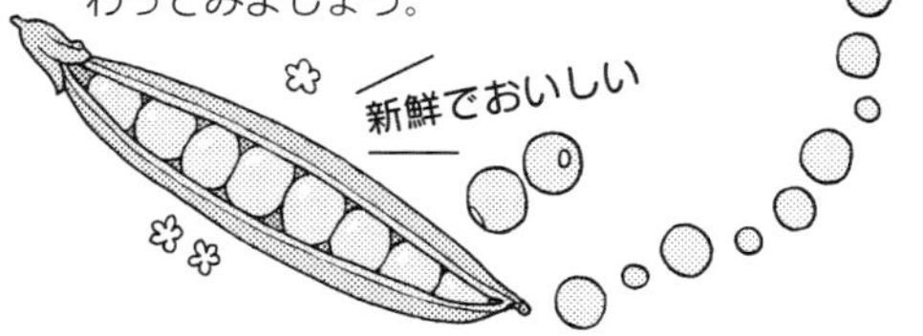

食事の前に石けんでしっかり手を洗おう！

手洗いをきちんとすることで、かぜや食中毒を防げます

保護者のみなさまへ

朝ごはんは大切な食事です

子どもたちは、午前中から勉強や運動でエネルギーをたくさん使います。朝ごはんを食べないと授業に集中できず、体を動かす元気が出ません。また、お子さんの食欲がないようであれば、早めに寝て早く起きるようにすると、おなかがすきやすくなります。まずは「食べること」が習慣になるように促しましょう。

5月のイラスト

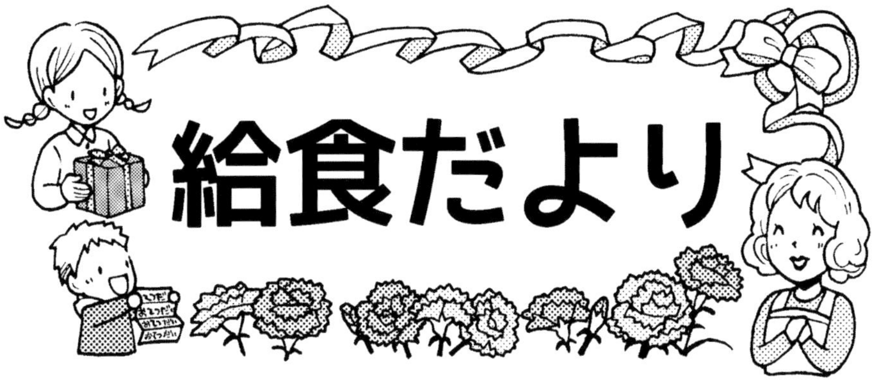

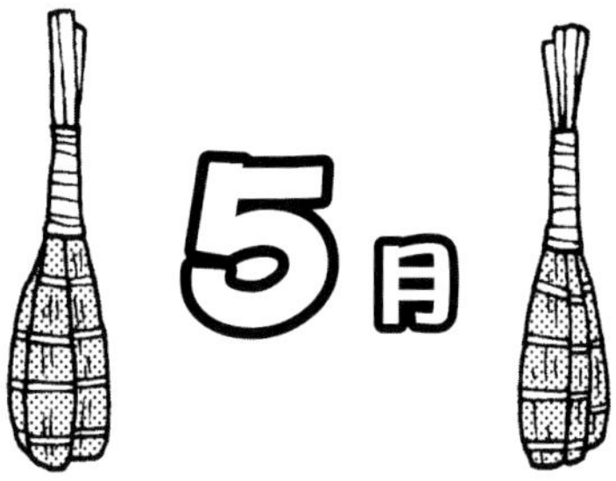

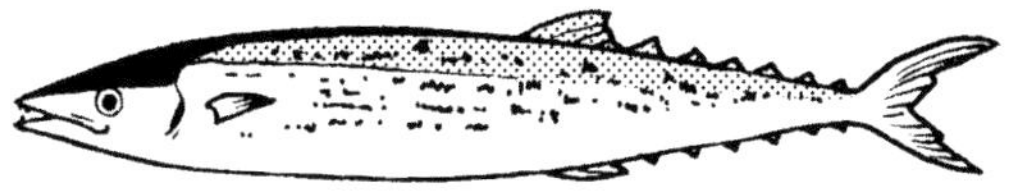

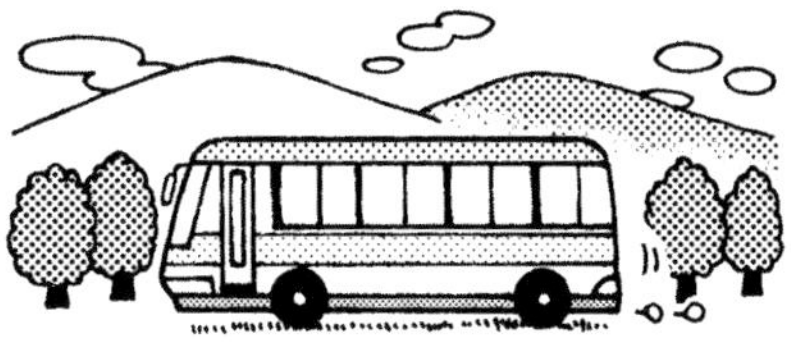

保護者の方へ

ⓒ少年写真新聞社2018 給食ニュース No.1732付録 2018年5月8日発行

給食だより 6月

梅雨の季節になりました。食中毒が多く発生する時季ですので、食品の保存などにも気をつけたいものです。また6月は食育月間で、6月4日から10日は歯と口の健康週間です。食生活の大切さをあらためて考え、健康な歯でしっかりかむ習慣をつけましょう。

6月は食育月間です

毎年6月は食育月間、毎月19日は食育の日です。第3次食育推進基本計画では、2020年度までに、朝食を欠食する子どもの割合を0%にするなど、さまざまな目標が定められています。ご家庭でも朝食をしっかり食べ、食事の時に家族と一緒に食べる「共食」の回数を今より増やすようにしてみませんか。

昼が一番長い日……

Dataで見る食育 ▶▶▶ 野菜、どのくらい食べていますか？

トップ5

1位	352g	長野県
2位	347g	福島県
3位	332g	宮城県
4位	320g	福岡県
5位	319g	青森県

ワースト5

1位	229g	愛知県
2位	254g	大阪府
3位	264g	神奈川県
4位	269g	三重県
4位	269g	長崎県
4位	269g	滋賀県
5位	270g	山口県

※いずれも20歳以上の男性の1日あたりの平均値です。「平成28年国民健康・栄養調査」厚生労働省より

平成28年の国民健康・栄養調査では1日の野菜摂取量の平均値は、男性が283.7g、女性が270.5gでした。健康日本21の目標値350gを達成しているのは、長野県の男性だけです。もっと野菜を食べる習慣をつけましょう。

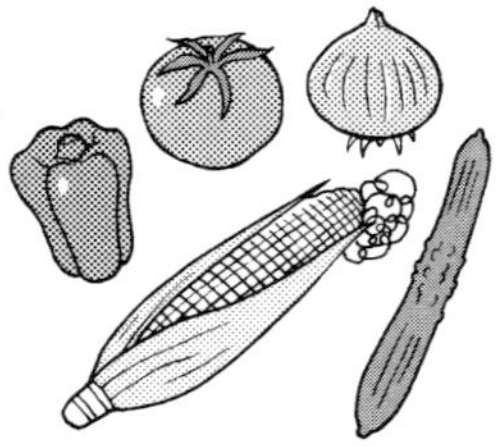

食育クロスワード

□に当てはまる漢字を考えてみよう

1	B	6	■	10 D	12
番	■	7		■	事
2	5	■	■	11 剛	■
■	局	■	9	C	13
3	■	8		■	
4 A		■	者	■	■

タテのカギ

1 順番の最初。
3 甘いものの食べすぎ。痛いよー。
5 ドラッグストアのこと。
6 たくさん降ってきた。
9 親または親のかわりになる人。
11 心身が強くたくましいこと。
12 食べること。
13 部屋の中。

ヨコのカギ

1 じゃがいもを○○○に切る。
2 目に入れる液体。
4 ○○医院、英語でdental clinic
7 運動会は、○○延期です。
8 動物○○週間。
9 学校で具合が悪い時に行くところ。
10 おやつのこと。

ABCDの漢字を当てはめてみよう。どんな言葉が出てくるかな？

A□と B□の C□康週 D□

食中毒予防の三原則

気温や湿度が高くなると、細菌性の食中毒の発生が多くなります。予防するためには、石けんでしっかり手を洗い（つけない）、食品は低温で保存し（増やさない）、しっかり加熱する（やっつける）ことが大切です。

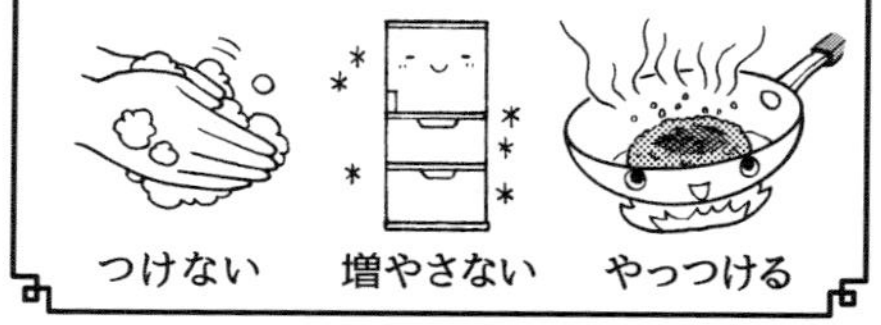

保護者のみなさまへ

「食」は子どもたちが健やかに育つためにもとても大切です。朝食をはじめ三食をしっかりとって、生活リズムをととのえましょう。また、食卓は子どもたちとさまざまな話をする楽しいコミュニケーションの場になります。食卓での団らんを大切にしましょう。

6月のイラスト

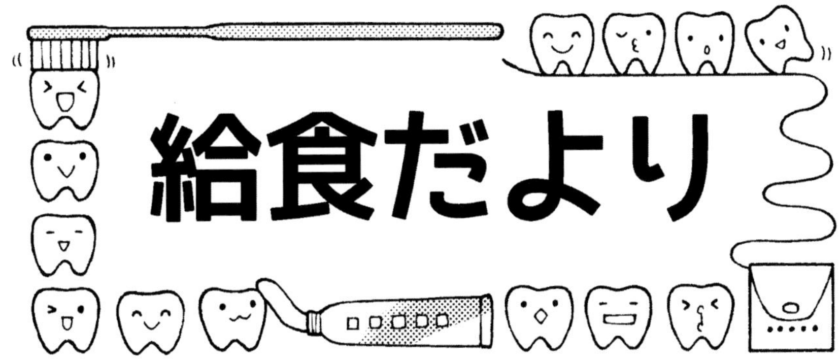

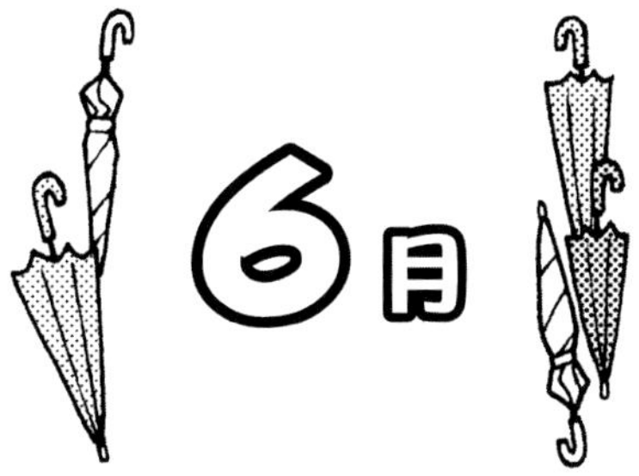

お知らせ

給食だより 7月

これから夏本番。気温が高い日がだんだん多くなっていきます。
暑さに負けずに元気にすごすためには食事が大切です。夏の太陽の光をいっぱいに浴びて育った夏野菜を食事に取り入れ、栄養バランスよく食べるようにしましょう。

夏野菜を食べよう

夏野菜は名前の通り、夏が旬の野菜のことで、トマトやきゅうり、かぼちゃやなす、オクラ、にがうり（ゴーヤ）、とうもろこしなどがあります。旬の野菜は、たくさん収穫されて価格も安くおいしいので、積極的に食べましょう。

クイズ □ に当てはまるのは何？

トマトの成分割合

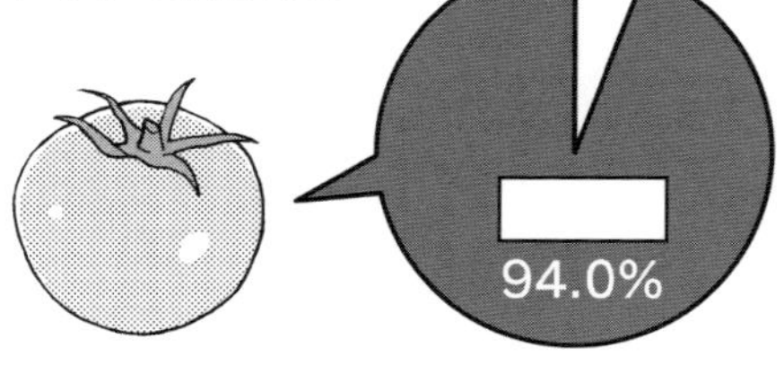

ヒント
・ヒトにとって大切な成分の１つです
・ほかの野菜にも含まれています
・のどがかわく前に、こまめにとりたい成分です

①リコペン（リコピン）　②水分　③ビタミンC

答え ②水分

間食に冷やし野菜はいかがですか？

保護者のみなさまへ

野菜にはビタミンや無機質が含まれ、水分をたくさん含んでいるものも多いので、夏を元気にすごすために積極的に食べてほしい食材です。暑さで食欲がない時は香辛料や酸みのある調味料などを使うと食欲が増していきます。

熱中症を予防しましょう

熱中症とは、気温や湿度が高い時や激しいスポーツによって、脱水や体温が高い状態になり、体温を調整する機能が働かなくなることです。放置すると死に至ることもあります。
熱中症を予防するにはこまめに水分補給をすることが大切です。また、無理をせず、適度に冷房を活用しましょう。

7月7日七夕の行事食

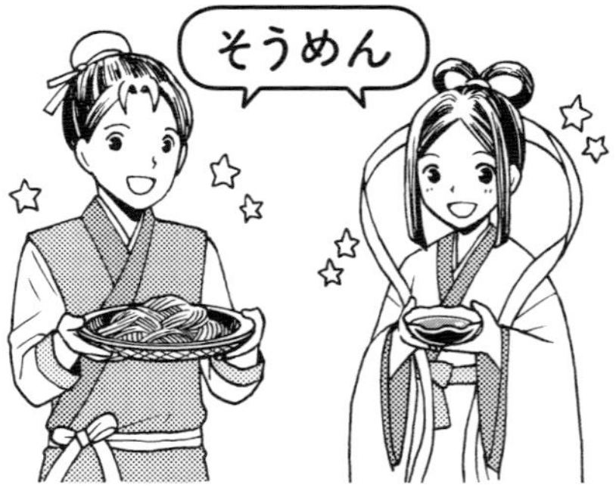

スポーツ飲料を凍らせて持ち歩いてもいいの？

糖などを含む液体は水よりも凍りにくくとけやすい性質があります。そのため、とけ始めは濃く、とけ終わりは薄いので凍らせない方がよいでしょう。また日常的にスポーツ飲料を飲むと、塩分や糖分のとりすぎになります。普段は水や麦茶などを飲みましょう。

土用の丑《うし》の日にうなぎ

うなぎは奈良時代の万葉集にも出てくるほど、古くから食べられてきました。土用の丑の日に食べられるようになったのは江戸時代からといわれています。うなぎはたんぱく質やビタミンA、B_1など、夏ばて予防に役立つ栄養素を多く含みます。うなぎのほかに梅干しやうどんなどの「う」がつくものを食べると体によいといわれています。

暑さに負けないで！ 栄養バランスよく食べよう

夏の暑さに負けずに、毎日を元気にすごすためには、栄養バランスよくしっかり食べることが大切です。主食、主菜、副菜をそろえるようにしましょう。夏は、冷たくてのどごしのよいめん類を食べることも多いと思います。めん類を食べる時は、めんだけではなく、肉や魚、卵などのたんぱく質が多い食品や野菜などを加えて、一品料理でも栄養バランスがよくなるように心がけましょう。

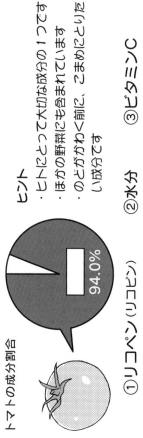

7月のイラスト

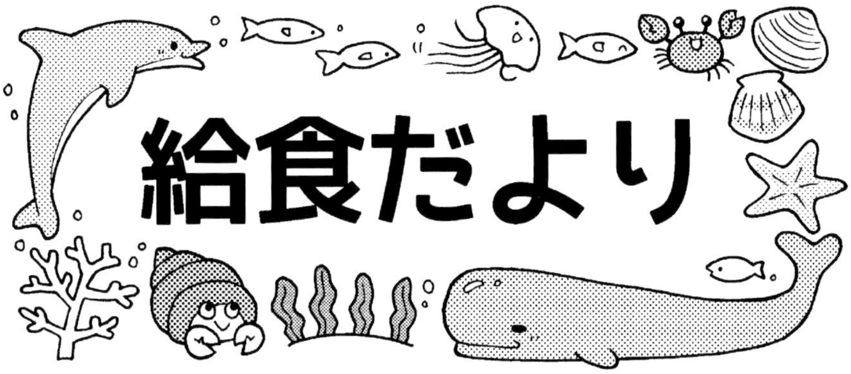

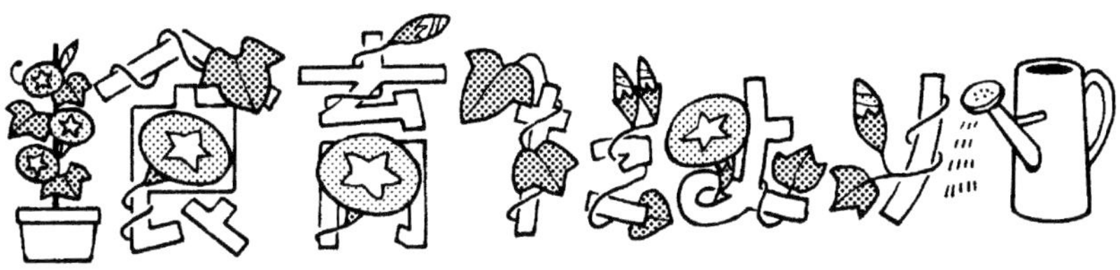

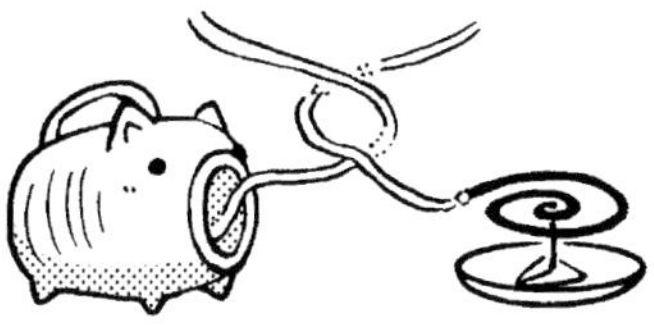

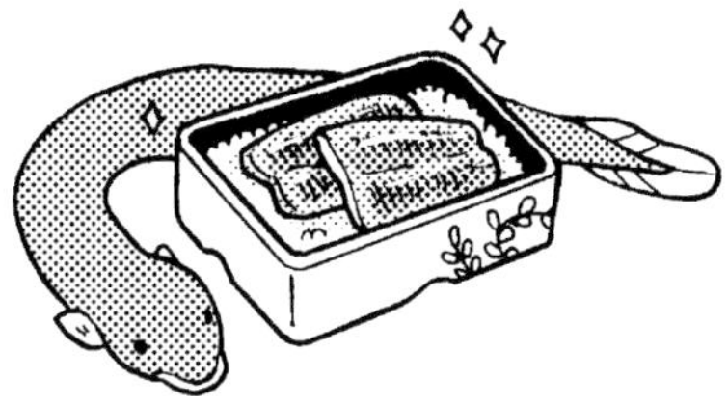

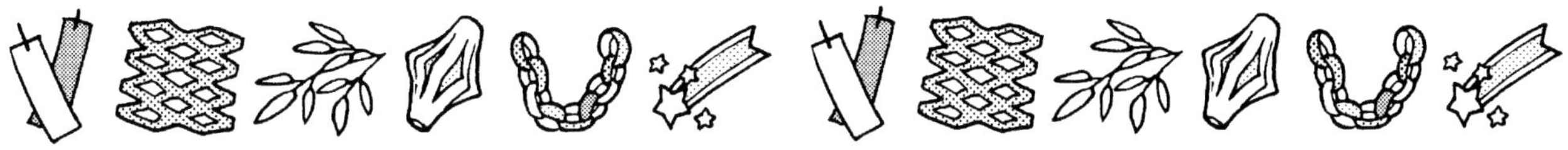

保護者の方へ

ⓒ少年写真新聞社2018 給食ニュース No.1738付録 2018年7月8日発行

給食だより 8月

暑い日が続くと、体がだるくなったり、食欲が落ちたりと体調をくずしやすくなります。暑さに負けずに元気な毎日をすごすためにも、早起き早寝で生活リズムをととのえ、しっかり朝食を食べて1日をスタートさせましょう。また、こまめに水分補給をして、熱中症にも気をつけてください。

夏ばてをしないためには……

あつ

暑い時には冷たい飲み物や食べ物をとる機会が多くなります。冷たいものをとりすぎると、胃腸の動きが低下して、食欲不振や腹痛、下痢や便秘などが起こります。また、体の冷やしすぎは、夏ばての原因になります。これを防ぐには、冷たいものをとりすぎないようにして、食事の時は温かいスープや飲み物などを1食に1品はとり入れます。また毎食、栄養バランスがととのうように心がけてください。夏ばてを防いで楽しい夏休みを過ごしましょう。

夏におすすめの食材

豚肉などに含まれるビタミンB_1は、糖質が分解してエネルギーにかわる時に必要な栄養素です。

梅干しや酢などに含まれるクエン酸や酢酸は、疲労回復に欠かせない成分です。酸味が食欲をアップさせます。

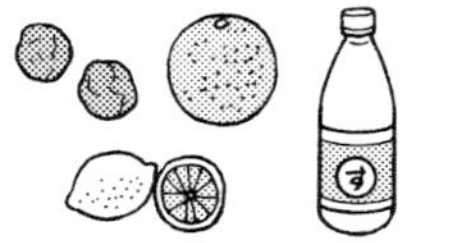

トマトやきゅうり、なすなどの夏野菜には、筋肉の働きなどを正常に保つカリウムが含まれます。

基本はバランスのよい食事を心がけよう

保護者のみなさまへ

親子で食事づくりを！

夏休みの時間のある時に、家族の朝食や夕食などを、親子でつくってみませんか？ メニューを考え、栄養のバランスや彩り、味つけなども一緒に考えましょう。料理づくりの体験を通して、食の自立にもつながります。

8月4日ははしの日

はしづかいを上達させよう！

用意するもの 小皿2つ・はし・大豆

片方の小皿に大豆を入れて、大豆をはしでつまんで、もう片方の小皿に移します。1分間に何粒移すことができるかを、おうちの人や友だちと競争するのも楽しいものです。大豆ができたら、次は小豆、米にも挑戦してみてください。

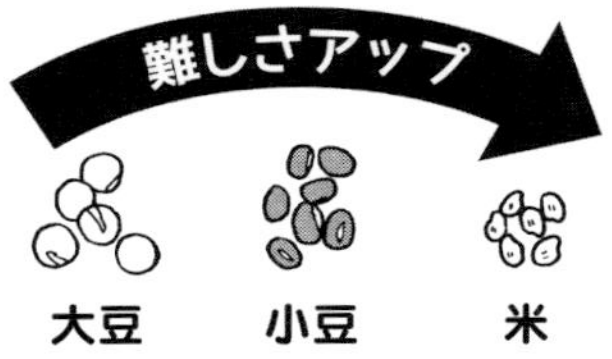

難しさアップ
大豆
小豆
米

ミニ はしものがたり

はしは中国で生まれてアジアに広がり、日本には弥生時代の終わり頃に伝わったといわれています。当時は神々をまつる祭器として使われていたようです。日本には、はしだけで食事をする習慣があります。はしを上手に使いこなせるようになるとよいですね。

くずれていませんか？ 生活リズム

- □早起きをして朝の光をあびている
- □朝は決まった時間に起きている
- □朝食をきちんと食べている
- □毎日排便がある
- □3食、決まった時間に食事をしている
- □元気に運動している
- □夕食以降は間食をしていない
- □早寝をしている

チェックがつかない項目を見直して、体調をくずさないように気をつけてください。

8月15日は終戦記念日

戦時中や戦後は大変な食料難で、空き地などを畑にして、かぼちゃやさつまいもを育て、実やいもだけではなく、茎や葉までも食べました。雑草なども貴重な食料でした。当時と今をくらべて平和について考えましょう。

体を冷やさないひと工夫！

夏場の食事でも、1品は温かい飲み物やスープ、みそ汁にするなど、体を冷やしすぎない工夫が大切です。

8月のイラスト

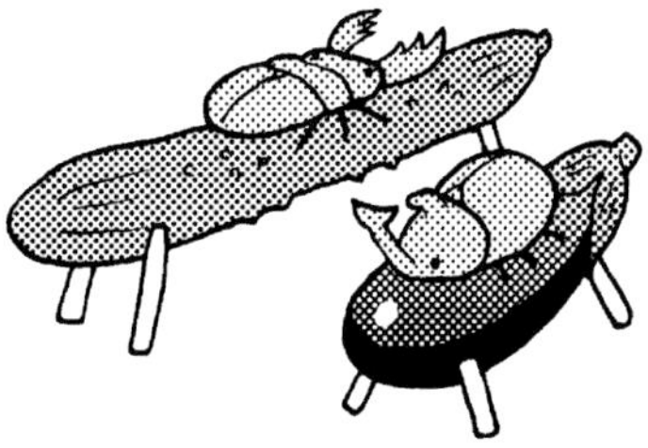

お知らせ

ⓒ少年写真新聞社2018 給食ニュース No.1740付録 2018年８月８日発行

給食だより ９月

新学期になりましたが、まだ残暑が厳しい日が続いています。生活リズムをととのえるためには、早起きをして朝の光を浴び、しっかりと朝ごはんを食べることが大切です。また、夜は早めに寝るように心がけて、十分な睡眠をとることが、健康な体や脳の発達に重要なので、実践してみましょう。

生活リズムをととのえる！ 早起き・早寝・朝ごはん

起きる時間 6時
早起き
朝ごはん
毎日食べる
授業
集中して勉強する
給食
残さず食べる
運動
しっかり体を動かす
夕食
その日あったことを話す
早寝
寝る時間 9時

早起き 早起きをして朝の光を浴びると、体内時計がきちんと働き、24時間の周期に調整されます。朝寝坊をしていると、リズムがくずれてしまいます。

朝ごはん 朝ごはんは、元気に１日をスタートさせるために、とても大切な食事です。内容も、ごはんだけやパンだけではなく、卵料理などの主菜や野菜料理などの副菜も食べるようにします。

早寝 睡眠中には、成長ホルモンの分泌や記憶の整理などが行われます。夜遅くまで起きていると睡眠不足になり、翌日の体調にも影響します。十分な睡眠時間をとるためにも早寝が大切です。

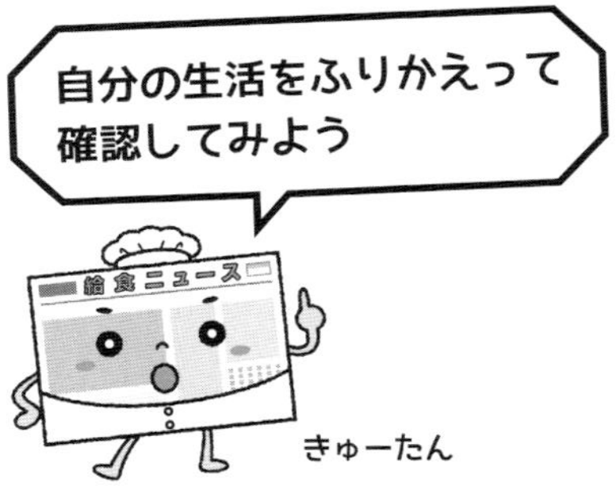
自分の生活をふりかえって確認してみよう
給食ニュース
きゅーたん

保護者のみなさまへ

成長期の子どもたちにとって、規則正しい生活を送ることは、とても大切です。特に、早起き・早寝をして朝ごはんを食べることは、生活リズムをととのえるために重要です。子どものうちから、これらの習慣がつくように、家族で協力しましょう。

Dataで見る食育 ▶▶▶ 平均寿命の高い県はどこかな？

トップ５

	男性	女性
１位	滋賀県	長野県
２位	長野県	岡山県
３位	京都府	島根県
４位	奈良県	滋賀県
５位	神奈川県	福井県

※厚生労働省「平成27年都道府県別生命表」より

９月17日は敬老の日です。都道府県別の平均寿命を見てみると、第１位は、男性が滋賀県で81.78歳、女性が長野県で87.67歳になっています。

ローリングストック法って？

今日は防災の日です。ローリングストック法で備蓄を！
防災の日
ローリングストック法
もぐ
ローリングストック？
日常生活の中で無理なく食料を備蓄する方法です
1. 多めに買う
2. 使う
3. 買い足す
ポイントは古いものから使い、使った分だけ補充することです
古い
新しい
使う
補充
なるほど～
やってみよーっと まずは食べなきゃ！
ひょいぱく
ひょいぱく
それはただの食べすぎだよ！

さんまの漁獲量が激減

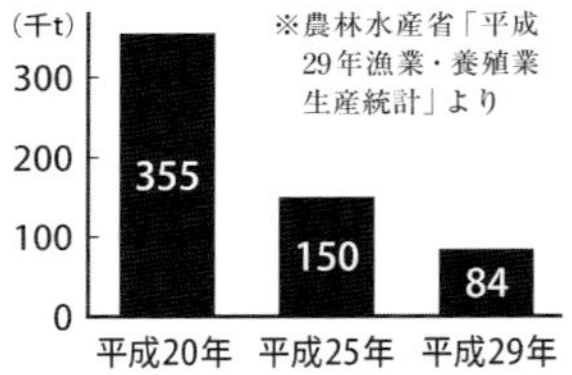
（千t）
300
200
100
0
355
150
84
平成20年
平成25年
平成29年

※農林水産省「平成29年漁業・養殖業生産統計」より

平成29年のさんまの漁獲量は、８万4000トンでした（概算値）。これは、平成20年の35万5000トンにくらべると漁獲量が約24％となっていて、減少の一途をたどっています。

食育クロスワード

□に当てはまる文字を考えてみよう

1	ぜ	■	6 こ	■
	■	5 F	C	ば
2 が		こ	D	■
	■		■	8 E
■	4 B	し	■	
3	A	■	7	ら

タテのカギ

1 砂浜で拾ったよ。
4 おたまじゃくしがいるかな？
5 七夕の主役です。
6 老人。特に昔からのことをよく知っている人。
8 草が生えている広くて平らな場所。

ヨコのカギ

1 そよ○○が吹いている。
2 毎日、行くところ。
3 勝ち○○。
4 ○しの上にも３年。
5 英語でplazaといいます。
7 外で見上げてみよう。

A～Fの文字を当てはめてみよう。どんな言葉が出てくるかな？

A□ B□ C□ D□ E□ F□

この面のみ複写して「給食だより」として配布できますので、学校名を入れてご活用ください。また保護者に配布する目的に限り、出典を明示し、この面をスキャンしてホームページまたはメールで配信することができます。

【食育クロスワードの答え／AけBいCさDつEのFひ【けいさつのひ】】

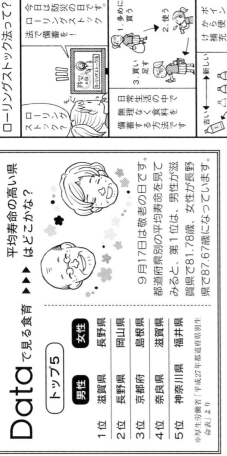

9月のイラスト

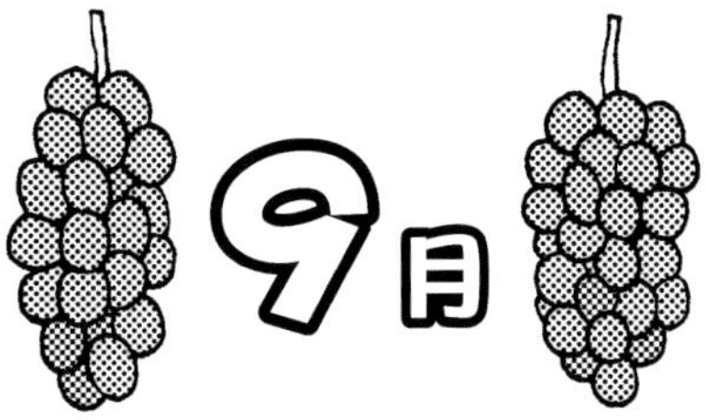

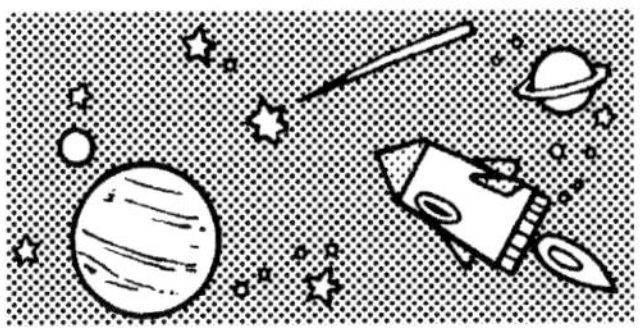

保護者の方へ

給食だより 10月

すごしやすい季節となりました。秋は、実りの秋といわれるように、おいしい旬の食べ物がたくさん出回る季節です。また、食欲の秋でもあるので、肥満や生活習慣病を防ぐためにも、食べすぎには気をつけて秋の味覚を楽しみましょう。

食欲の秋 間食を見直そう

①
そんなにたくさん間食したらよくないよ
どうして？

②
脂質・塩分・糖分をとりすぎていると

③
肥満や**生活習慣病**になりやすくなってしまうんだよ！
どうすればいいの!?

間食4つのポイント

上手に間食をとろう

❶ 量を決めて食べる

❷ 時間を決めて食べる

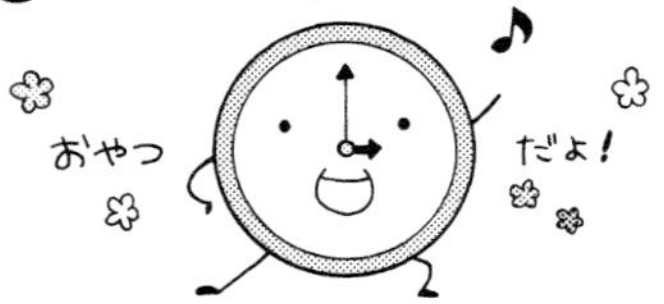

おやつ
だよ！

❸ 足りない栄養素をとろう

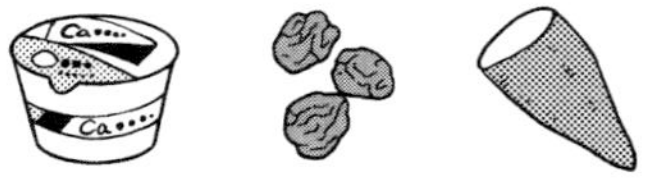

カルシウム
鉄
食物繊維
ヨーグルト
干しぶどう
さつまいも

❹ 成分表示を見て選ぼう

さくさくおいしい!!

保護者のみなさまへ

間食は子どもたちの食事で不足しがちな栄養素を補ったり、気分を切りかえたり、リラックスさせたりするなどの役割があります。しかし、食べすぎて脂質や糖分、塩分をとりすぎると、肥満や生活習慣病になりやすくなるので、注意が必要です。

秋の食べ物クイズ

しいたけを太陽の光に当てると、あるビタミンの栄養価がアップします。それは何でしょう？

①ビタミンA
②ビタミンD
③ビタミンC

答え

②ビタミンD

しいたけは、日光の紫外線に当たると、ビタミンDに変化する成分を含んでいるので、天日干しの干ししいたけには、ビタミンDが豊富です。ビタミンDには、カルシウムの吸収を助け、骨を丈夫にする働きがあります。

10月10日は目の愛護デー

かぼちゃ
にんじん
ほうれんそう

目や粘膜を丈夫にする緑黄色野菜をとろう

緑黄色野菜にはカロテンが含まれていて、体内でビタミンAに変化します。

ビタミンAは、目の健康を保つのに大切な栄養素です。また粘膜や皮膚の健康にも欠かせません。

やってみよう ノーメディア

食事の時はメディアはお休み

スマートフォン
テレビ
ゲーム
タブレット

秋においしい旬の食べ物を食べよう

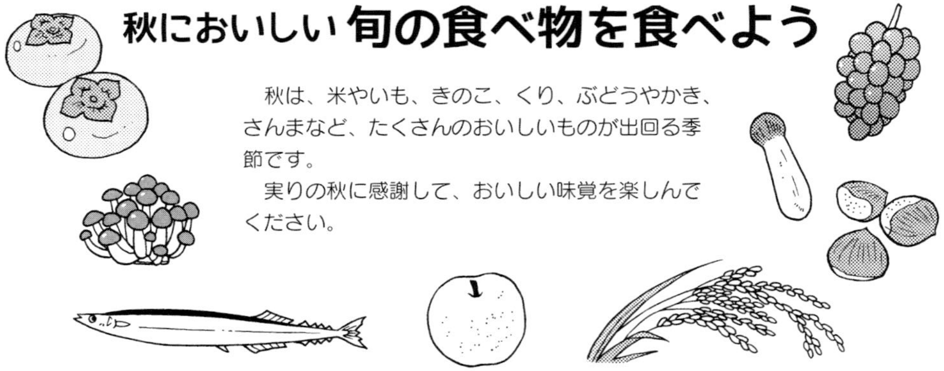

秋は、米やいも、きのこ、くり、ぶどうやかき、さんまなど、たくさんのおいしいものが出回る季節です。

実りの秋に感謝して、おいしい味覚を楽しんでください。

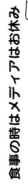

10月のイラスト

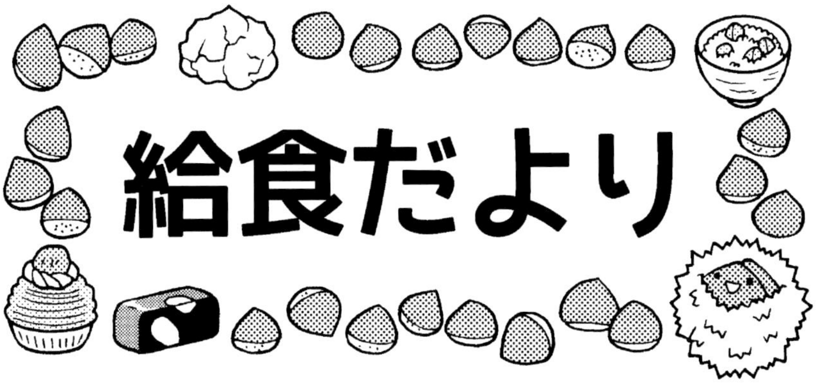

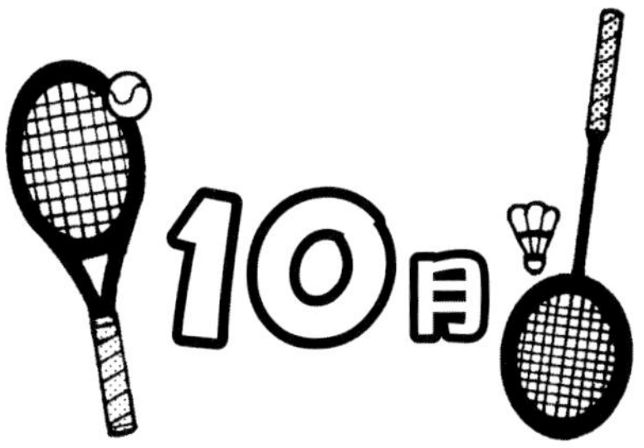

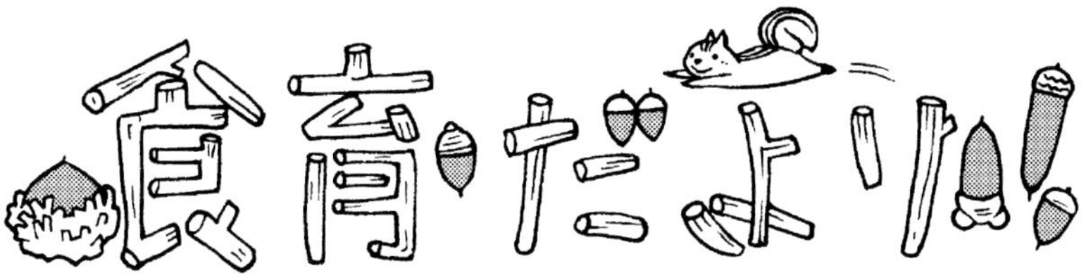

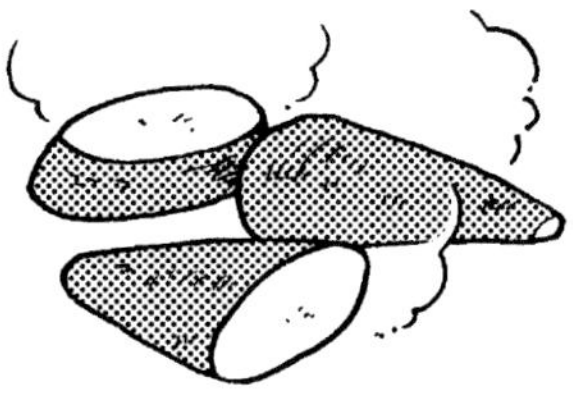

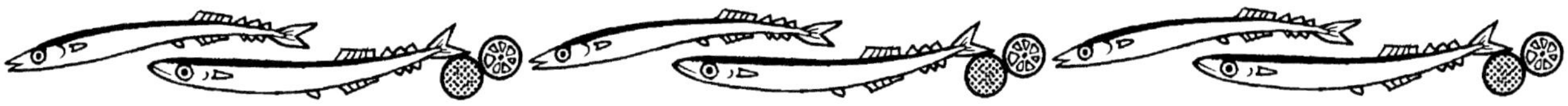

お知らせ

ⓒ少年写真新聞社2018 給食ニュース No.1745付録 2018年10月8日発行

給食だより 11月

暦の上では冬に入り、日に日に秋の深まりを感じる頃となりました。
さて、11月24日は“いい日本食”で「和食の日」です。日本の伝統的な和食文化の大切さについて考える日にしましょう。

守っていこう！ わたしたちの「和食」文化

和食文化の特徴

①多様で新鮮な食材と素材の味わいを活用	②バランスがよく、健康的な食生活
③自然の美しさの表現	④年中行事とのかかわり

和食文化の特徴は、①地域に根ざした多様な食材を用いて素材の味わいを生かす調理技術・調理道具が発達していることや、②一汁三菜を基本とする理想的な栄養バランスであること、③自然の美しさや四季を食事の場で表現すること、そして、④年中行事と密接にかかわっていることなどです。「和食；日本人の伝統的な食文化」は、ユネスコ無形文化遺産に登録されています。和食文化を知り、日々の食生活に取り入れて受け継いでいきましょう。

★長寿の秘けつ★ 日本型食生活

日本が長寿国である理由は、優れた食事内容にあるといわれています。日本型食生活は、ごはんを中心に魚、肉、牛乳・乳製品、野菜、海藻、豆類、果物、茶などの多様な食品を組み合わせた食生活のことです。いつまでも健康にすごすために、食生活を見直してみましょう。

保護者のみなさまへ

平成25年に「和食；日本人の伝統的な食文化」は、ユネスコの無形文化遺産に登録されました。無形文化遺産とは、“形のない文化”を対象にしています。
気づかないうちになくなってしまうことがないように、学校給食を通して和食文化を伝えていきますので、ご家庭でも実践してみてはいかがでしょうか。

だしをとってみませんか？ こんぶとかつお節の混合だし編

【材料１人分】水170mL、こんぶ3g（水の重量の2％）、かつお節3g（水の重量の2％）

こんぶはぬれふきんでふいてから、水に30分以上つけます。

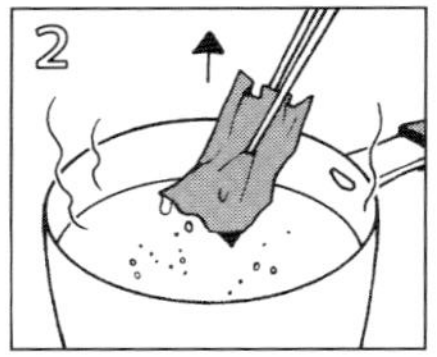

なべを中火にかけて、沸騰直前にこんぶを取り出します。

沸騰したら、かつお節を入れて、再び沸騰したら火を止めます。

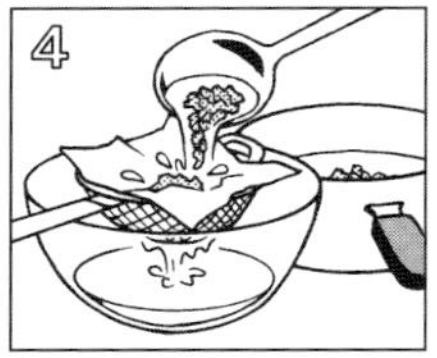

かつお節が沈んだらざるとキッチンペーパーなどでこします。

11月8日 いい歯の日 丈夫な歯をつくるカルシウムが多い食品

牛乳 200mL	ヨーグルト 100g	ちりめんじゃこ 10g
227 mg	120 mg	52 mg
みずな（きょうな） 80g	**木綿豆腐 100g**	**ほしひじき 5g**
168 mg	86 mg	50 mg

カルシウムは、丈夫な骨や歯をつくるために大切な栄養素です。牛乳・乳製品、小魚、大豆製品、一部の緑黄色野菜に多く含まれています。成長期の子どもたちは、親の世代よりも多くカルシウムをとる必要があるので、さまざまな食品からしっかりととりましょう。

感謝して給食を食べよう

おいしい給食ができるまでに、どんな人がかかわっているかを想像したことがありますか？　食べ物を育ててくれる農家の人、食べ物を運んでくれる運送業者、献立を考える栄養士、給食をつくる調理員など、多くの人がかかわっています。このような人びとに感謝をしながら、残さずに食べるようにしましょう。

食のことわざ

桃栗《くり》三年柿《かき》八年

芽が出てから実がなるまでに桃と栗は3年、柿は8年もかかるというのが元の意味で、ものごとを達成するまでには、相応の時間と忍耐が必要であるということのたとえです。

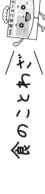

11月のイラスト

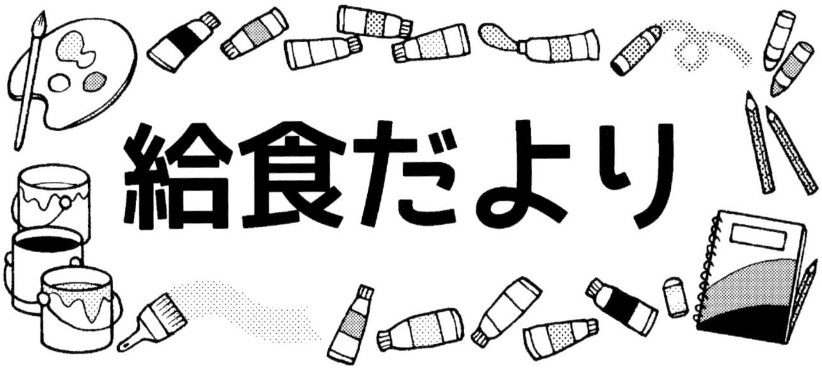

保護者の方へ

給食だより 12月

今年も残りわずかです。冬は寒い日が続き、かぜやインフルエンザにかかりやすくなる時期です。冬を元気にすごすには、毎日の習慣が大切です。うがいや手洗いをして、栄養バランスのよい食事、適度な運動、十分な休養・睡眠をとって生活リズムをととのえましょう。

今年はかぜをひきたくないよ。どうすればいいのかな？

かぜや インフルエンザに 負けない体のつくり方

この４つがポイントだよ。かぜに負けない体を自分でつくろう！

きゅーたん

食 事をきちんと食べる

栄養バランスのよい食事を、１日３食しっかり食べましょう。

休 養・睡眠を十分にとる

十分な休養と睡眠で、抵抗力が高まります。

手 洗い・うがいをする

石けんを使った手洗いとうがいで、病原体に感染する道筋を断ち切ります。

運 動して体を動かす

寒さに負けず、元気に体を動かしましょう。

かぜの時は、安静・保温・栄養

かぜは、鼻やのどを中心とした上気道に起こる急性の炎症のことで、いろいろな種類の病原体によって起こります。かぜを治療するためには、体力をつけて病原体に負けない抵抗力をつけることが必要です。

それには安静・保温・栄養が大切です。かぜの時はエネルギーを使うので、無理のない範囲で、栄養のバランスのよい食事をとり、体を冷やさないようにして、十分な休養・睡眠をとりましょう。

食育クロスワード

□に当てはまる文字を考えてみよう

1	D	6	■	11 え	
	■	7 ろ			■
2	5		■	12 び	14
3	ば	■	10	A	ぼ
4 か		8 B	■	13 く	
■	■	9 ず	E	■	C

タテのカギ

1 １年の最後の日。
5 身の回りの物を持ち運ぶ用具。
6 ウリ科の甘い果物。
8 冬至の日にお風呂に入れる果実。
11 男性用の洋装の礼服。
14 冬至の日に食べる野菜。

ヨコのカギ

1 年内最後の仕事の日。仕事〇〇〇
2 冬が旬の手で皮をむける果物。
3 年越しに食べるめん。
4 魚の肝臓の油、目によいといわれる。
7 「考える人」の作者。
9 小野妹子が行った昔の中国。
10 おじいちゃん、おばあちゃん。
11 そで触れ合うも多生の〇〇。
12 美しくかえること。街を〇〇する。
13 災いの元!?

ABCDEの文字を当てはめてみよう。どんな言葉が出てくるかな？

A□ B□ C□ D□ E□ を食べよう！

12月22日は冬至です

冬至とは、１年の中で夜がもっとも長い日です。冬至の日にかぼちゃを食べたりゆず湯に入ったりすると、かぜをひかないといわれています。昔ながらの風習で冬を元気に乗りきりましょう。

寒さに負けず 石けんで手洗い

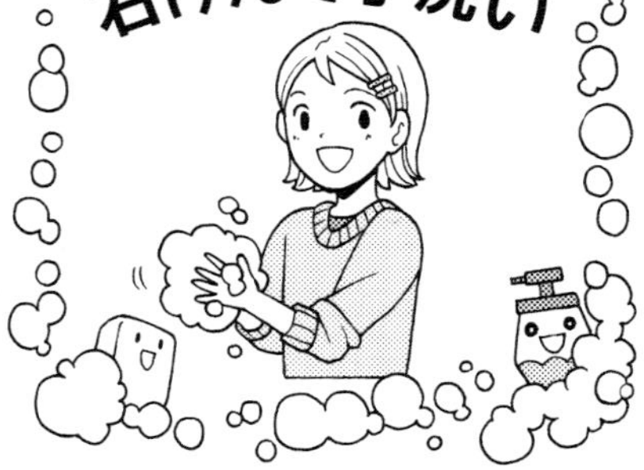

保護者のみなさまへ

冬は子どもたちが体調をくずしやすい季節です。栄養のバランスのよい食事や運動、休養・睡眠がとれていないと、体の抵抗力が低下して、かぜやインフルエンザにかかりやすくなります。また、病原体を体に入れないために、うがいや手洗いの習慣を子どもたちに理解させることも大切です。

食育クロスワードの答え／Aふ Bゆ Cや Dさ Eい【ふゆやさいを食べよう！】

12月のイラスト

お知らせ

ⓒ少年写真新聞社2018 給食ニュース No.1751付録 2018年12月８日発行

給食だより 1月

新年あけましておめでとうございます。１月は正月をはじめ人日の節句、小正月などの年中行事があります。年中行事は、昔から地域や家庭に伝え続けられているものが多く、その際に特別に食べる行事食があります。正月は雑煮やおせち料理などの行事食を食べる機会を大切にしたいですね。

正月

昔から正月はとても大切な年中行事でした。

12月から大掃除を行い、門松を立てて鏡もちを供え、雑煮やおせち料理の準備をします。大掃除は、年神様を迎えるために清めるという意味がありました。門松には年神様が宿ったといいます。鏡もちは古代の円形の鏡のように丸いもちを重ねて、年神様に供える神聖なものです。また、雑煮も供物で、年神様に捧げたものと同じものを食べることで、１年の健康や幸せを願っていました。おせち料理にも、田づくり（五穀豊穣《ごこくほうじょう》を願う）、黒豆（まめに暮らせるよう）など、いろいろな意味があります。

鏡もち

雑煮

おせち料理

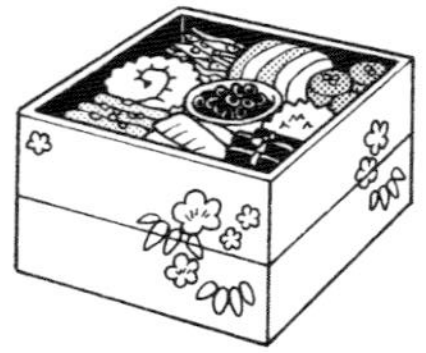

人日の節句

人日の節句は、１月７日で五節句のひとつです。この日の朝に、七草「せり、なずな、ごぎょう、はこべら、ほとけのざ、すずな、すずしろ」の入った七草がゆを食べます。これは、野山で若菜を摘み、自然の芽吹きをいただいて、活力を得る風習でした。

七草がゆ

小正月

１月15日は小正月です。小正月には、もちを小さく丸めて柳の枝などに刺した「もち花」や「まゆ玉」を飾ります。また、どんど焼きや左義長といって、門松やしめ縄などを集めて積み上げて燃やします。この火でもちを焼いたり、小豆がゆを食べたりします。

小豆がゆ

１月24日から30日は全国学校給食週間です

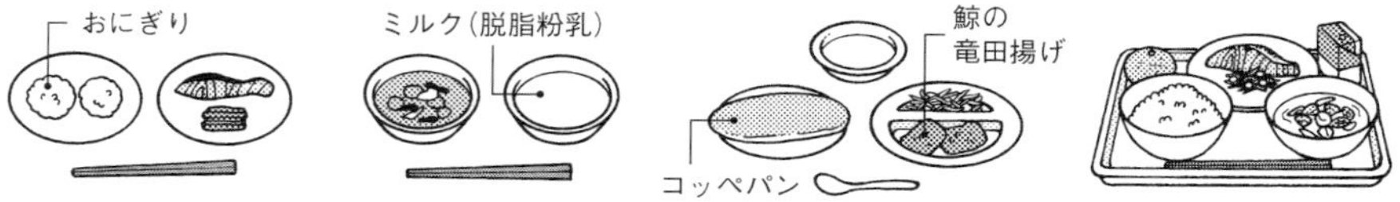

学校給食は、明治22年（1889年）に山形県の忠愛小学校で、貧困児童を対象に無償で昼食を提供したのが始まりです。その後、さまざまな歴史を経て、今に至っています。学校給食が食べられることに感謝していただきましょう。

学校給食の摂取基準がかわりました

学校給食実施基準の一部改正が行われ、「児童生徒一人一回当たりの学校給食摂取基準」がかわりました（平成30年告示、同年８月１日から実施）。

◆おもな変更点

- たんぱく質：「日本人の食事摂取基準」の目標量の13～20%を基準値とした。
- カルシウム：「日本人の食事摂取基準」の推奨量の50%を基準値とした。
- 食物繊維：「日本人の食事摂取基準」の40%以上を基準値とした。

※学校給食摂取基準は、「日本人の食事摂取基準（2015年版）」（厚生労働省）を参考に食事状況調査等を踏まえ、子どもたちの健康の増進や食育の推進をはかるために望ましい栄養量を算出したものです。

※SeDocで「児童生徒一人一回当たりの学校給食摂取基準」の表を配信しています。

給食費の納入につきまして

みなさまから徴収した給食費は、食材の購入にあてられます。子どもたちによりよい給食を提供するためにも、ぜひ、納期までに給食費をお納めくださいますよう、お願いいたします。

食のことわざ

海老《えび》で鯛《たい》を釣《つ》る

これは、わずかな労力で大きな利益を得ることのたとえです。英語にも似たようなことわざがあります。Throw a sprat catch a mackerel.（小魚を投げてさばをとる）。どちらも魚が出てきます。

保護者のみなさまへ

「一年の計は元旦にあり」（１年間の計画はその年のはじめに決めておくのがよい）といいます。今年はどんな計画を立てていますか？　今年１年もしっかり食べて、健康にすごせますように願っています。

1月のイラスト

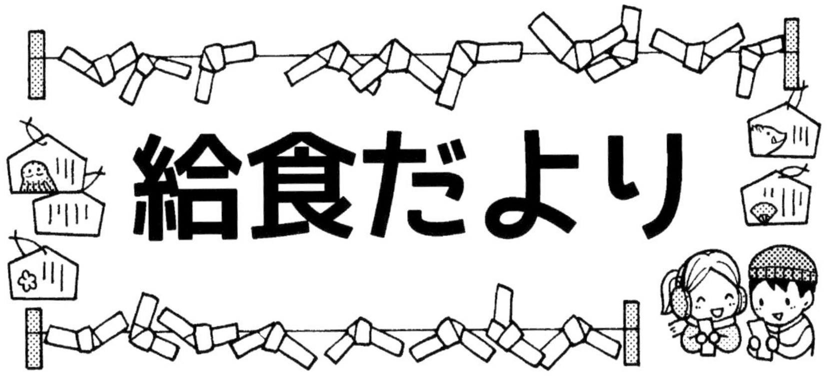

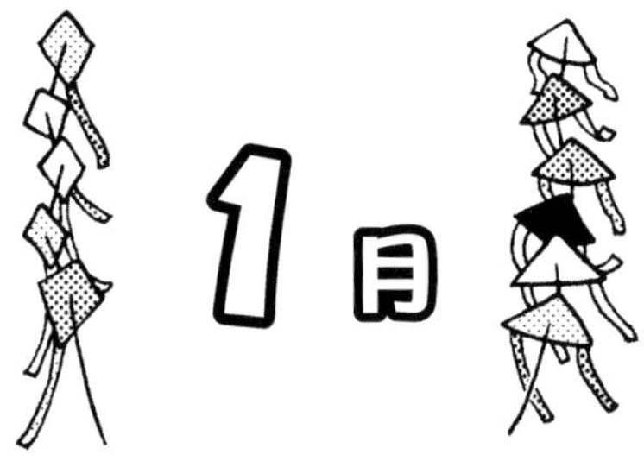

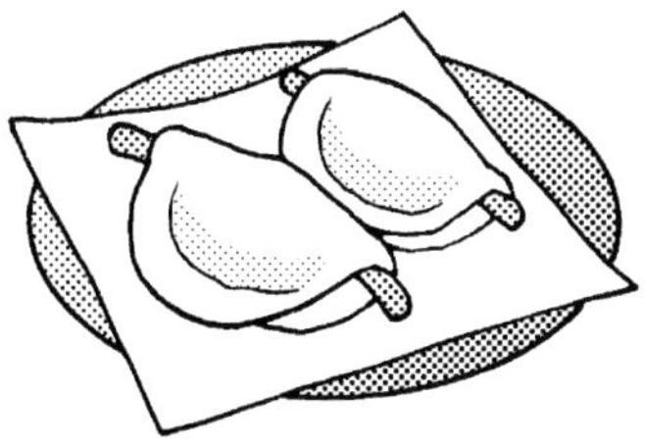

保護者の方へ

給食だより 2月

みなさんは、マナーを守って食事ができていますか？ 食事のマナーを考えることは、相手を思いやることであり、楽しい食事につながります。はしや食器の持ち方、使い方、食事中のマナーなどを見直してみましょう。

覚えておこう！ きらいばし

相手に不快な思いをさせてしまうはしづかいのことを、「きらいばし」といいます。やらないように気をつけましょう。

迷いばし

どれを食べるか迷って、料理の上ではしを動かすこと。

涙ばし

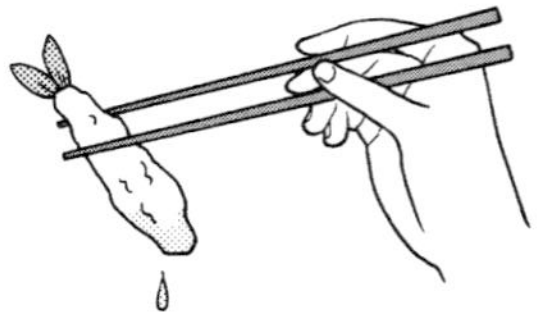

はしの先から汁をぽたぽたと落とすこと。

寄せばし

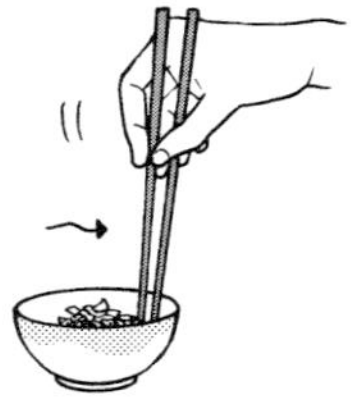

食器をはしで手前に引き寄せること。

刺しばし

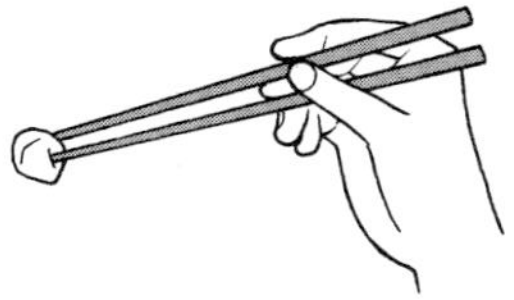

料理をはしで突き刺して食べること。

持ちばし

はしを持ったまま、ほかの食器を持つこと。

はし渡し

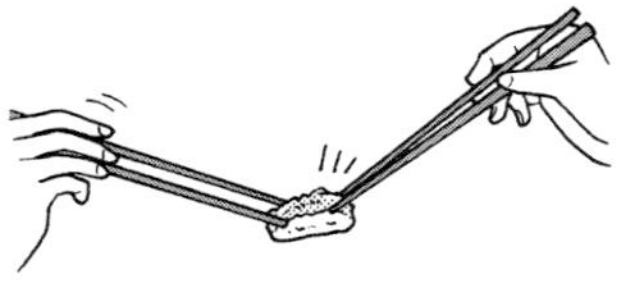

はしとはしで、料理をやり取りすること。

保護者のみなさまへ

正しいはしの使い方をしているおとなが近くにいると、子どもは、自然とそのはしづかいを学んでいきます。家族で、はしの持ち方や使い方、きらいばしなどについて話し合ってみませんか？

Dataで見る食育 ▶▶▶ 大豆の自給率はどれくらい？

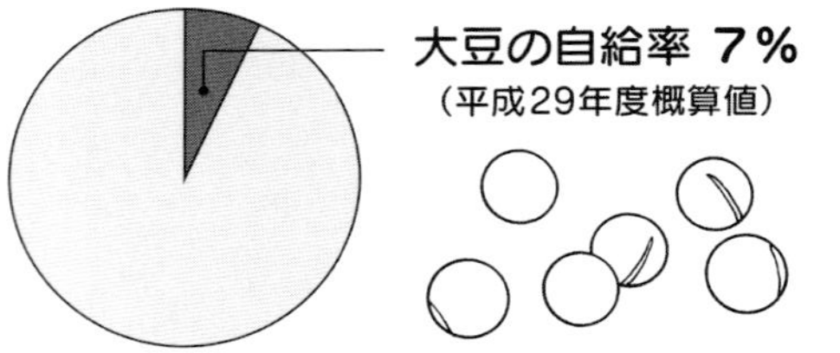
大豆の自給率 7％
(平成29年度概算値)

平成29年度に国内市場に出回った360万1000トンの大豆のうち、国産大豆は25万3000トンで、自給率は7%です。国産大豆は、味のよさなどが評価されて豆腐や煮豆、納豆などの食品になっています。

出典　平成29年度食料需給表（概算値）

バレンタインデーの起源

一説によると3世紀のローマでは兵士の結婚が禁止されていました。それに反対したバレンタイン司祭は多くの兵士を結婚させて皇帝の怒りをかい、西暦270年2月14日に殺されたそうです。その死を悼む行事から、やがて、愛の告白や贈り物をする日になったといわれています。

豆まきをしませんか？
最近豆まきの声を聞かないね
てくっ
なんかさみしいね～
てく
鬼は～外！
福は～内！
あっ！
あの家、豆まきやってる！
わあーっ！
え～いっ
豆だ～っ
きゃ
ん？なんか喜んでる⁉
??

手づくりみそ

みそをつくってみませんか？

[材料]（できあがり6kg）
・大豆（乾）1.3kg・米こうじ2.5kg・塩720g

[つくり方]
①大豆は洗って重量の3～4倍の水に12時間以上浸します。
②大豆が指で軽くつぶせるまで3～5時間ほどゆでます。
③米こうじをほぐして塩と混ぜます。
④大豆をすりこぎなどでつぶして③と混ぜます。
⑤空気が入らないように容器に詰めます。
⑥ラップフィルムをして、重しをのせ冷暗所に約6か月置きます。

1
2
ぐっ
ぐっ
3
4
5
6

※約一か月に一度みそを混ぜます。かびがはえてしまったら取り除きましょう。

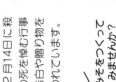

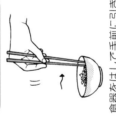

2月のイラスト

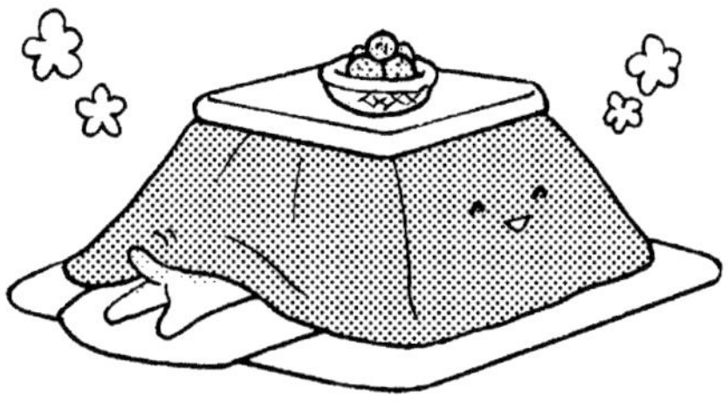

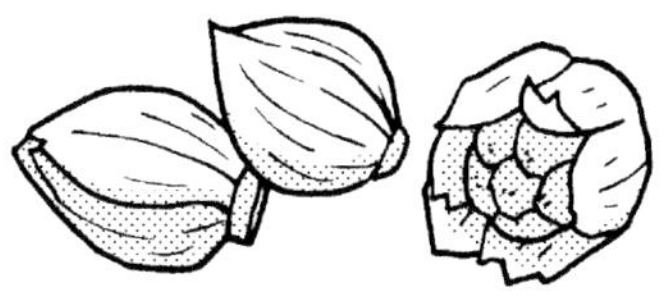

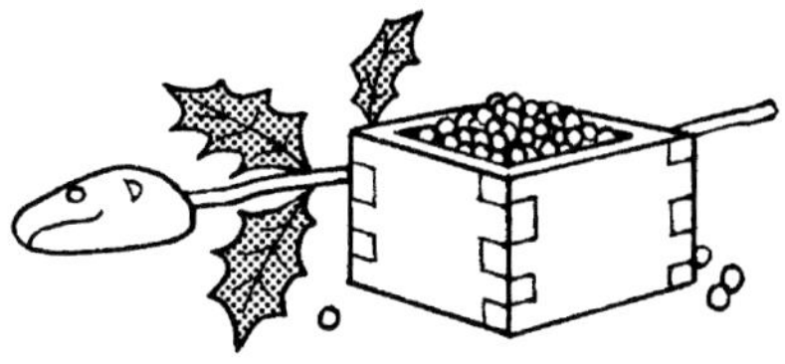

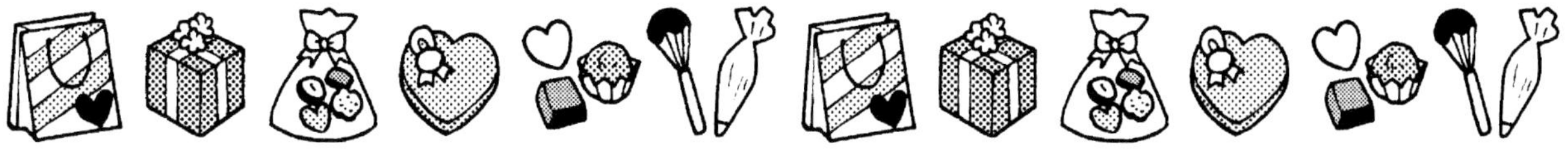

お知らせ

給食だより 3月

少しずつ気温も暖かくなりはじめ、今年度ももうすぐ終わりです。この１年間、食生活を通して学んだいろいろなことを大切にしましょう。

１年間の食生活をふり返ってみよう！

スタート！

①朝食を毎日食べることができた

②食事の前に石けんで手洗いができた

③食事をよくかんで食べることができた

④食品の３つや６つのグループの働きを知ることができた

⑤感謝の気持ちを込めて食事のあいさつができた

⑥苦手な食べ物を食べることができた

⑦はしを正しく持つことができた

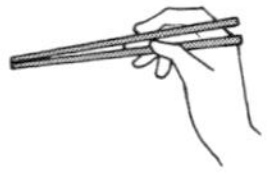

⑧季節や行事の料理を知ることができた

⑨間食は時間や量を決めて食べることができた

⑩まわりの人と楽しく食事をすることができた

ゴール！

いくつできるようになったかな？

食生活をふり返ってみてどうでしたか？ できることを増やしていきましょう。

保護者のみなさまへ

子どもたちは、この１年間、いろいろなことを学び、たくさんのことができるようになったと思います。ご家庭でふり返りながら話をしてみてください。

こんな食事になっていない？ 避けたい７つの「こ」食

食事の役割は、空腹を満たすことだけではありません。こんな「こ」食になっていませんか？

孤食
一人だけで食べる

個食
みんなで食事をしても、違うものを食べる

子食
子どもだけで食べる

固食
同じものばかり食べる

濃食
濃い味つけのものばかり食べる

粉食
パンやめん類など、粉からつくられたものばかり食べる

小食
ダイエットのために、必要以上に食事を減らす

漢字熟語パズル

フライパンの真ん中に漢字を入れると４つの二字熟語ができます。１、２、３を並べると何という言葉になるでしょう。

〈例〉

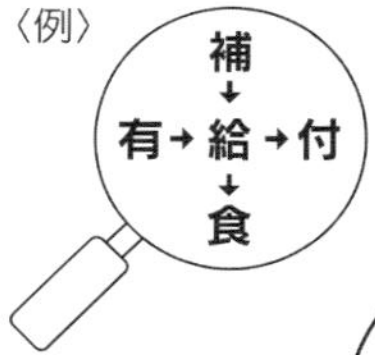

「補給」「給食」「有給」「給付」の４つの熟語ができます。

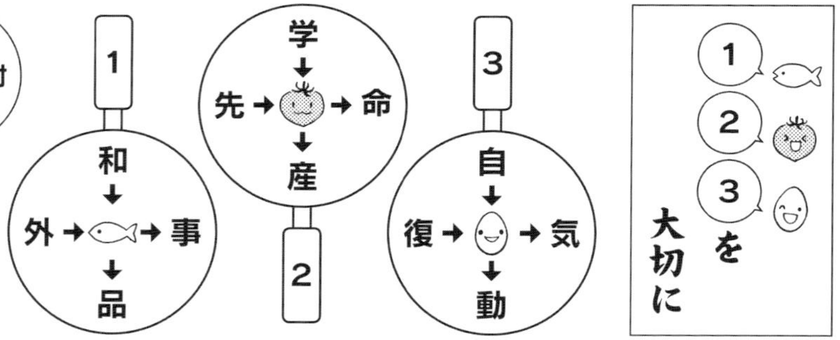

食のことわざ

花より団子

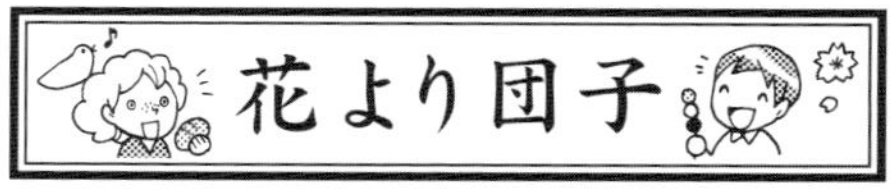

風流なことより利益につながる方がよいという意味。英語では「Bread is better than the songs of birds.（鳥のさえずりよりパン）」ということわざがあります。食いしんぼうは世界共通です。

３月３日は ひなまつり

漢字熟語パズルの答え／①食 ②生 ③活

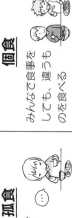

3月のイラスト

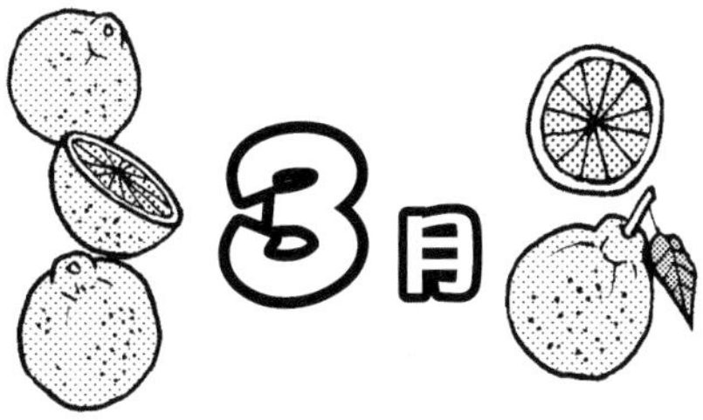

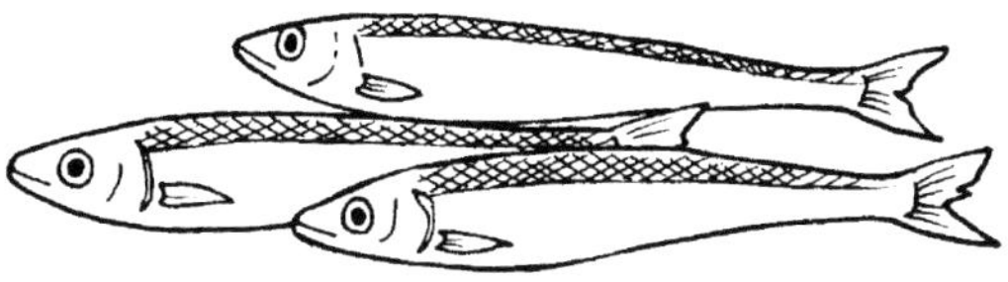

保護者の方へ

給食だより 4月

ご入学、ご進級おめでとうございます。

新学期が始まり、子どもたちは毎日元気に楽しくすごしています。学校給食では、子どもたちの元気を支えるために、おいしく栄養バランスのよい献立を提供していきます。

学校給食の役割

学校給食は栄養バランスのよい食事によって、子どもたちの心身の健康や発育、発達を支えるのはもちろん、食に関する指導を効果的にすすめるための「生きた教材」でもあります。特に給食の時間では、準備から後片づけまでの実践活動を通して、望ましい食習慣や食に関する実践力が身につきます。

また、地場産物や郷土料理、行事食を取り入れているので、地域の文化や伝統に対する理解と関心を深めることができます。

給食当番の日の体調をチェックしよう！

給食当番の時は、体調をチェックするようにします。もし、下痢やおう吐、腹痛などの症状がある場合は、学級担任に知らせてください。健康な状態で、給食当番に取り組みましょう。

白衣の洗濯をお願いいたします

給食当番は週末に白衣を持ち帰ります。白衣の洗濯とアイロンがけをお願いいたします。また、ボタンが取れそうになっていたり、ゴムがゆるんでいたりするところは直していただくようにお願いいたします。

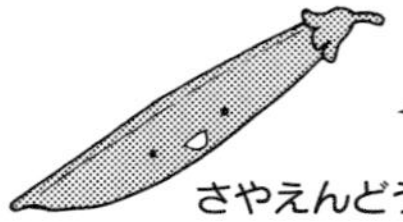

さやえんどう

クイズ わたし（さやえんどう）と同じ仲間なのは、次のうちどれでしょう？

①そらまめ

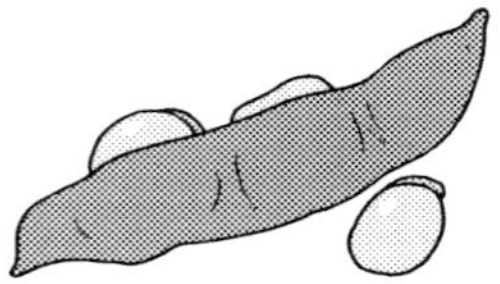

②えだまめ

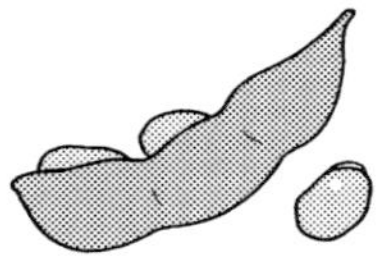

③グリンピース

答え さやえんどうの仲間は③のグリンピースです。どれもマメ科の食べ物ですが、さやえんどうとグリンピースはエンドウ属で、さやえんどうは若いさやを、グリンピースは未熟な実を食べます。そらまめはソラマメ属、えだまめはダイズ属の仲間です。

朝ごはんを食べて登校しましょう

いただきまーす！

わたしたちは、食事によってエネルギーや栄養素を得ています。特に、朝ごはんは午前中の大切なエネルギー源で、午前中から元気に活動するために、とても重要です。

Dataで見る食育 ▶▶▶ 地産地消

「学校給食における地場産物を使用する割合」

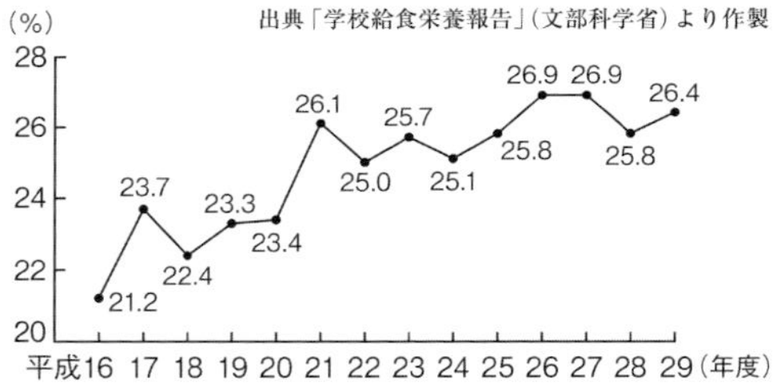
(%)
出典「学校給食栄養報告」（文部科学省）より作製
28
26
24
22
20
21.2
23.7
22.4
23.3
23.4
26.1
25.0
25.7
25.1
25.8
26.9
26.9
25.8
26.4
平成16 17 18 19 20 21 22 23 24 25 26 27 28 29（年度）

給食では地場産物を積極的に活用しています。地場産物の活用は地産地消になるほか、地域の自然や文化などへの理解を深め、生産者の努力や食への感謝の心を育む上で重要です。

保護者のみなさまへ

新年度が始まりました。今年度も十分な衛生管理のもと、安全・安心でおいしい給食を提供いたします。食育は生きる上での基本であって、知育、徳育、体育の基礎となるものです。給食が「生きた教材」となり、子どもたちにとって楽しみなものになるように努めてまいりますので、今年1年間よろしくお願いいたします。

4月のイラスト

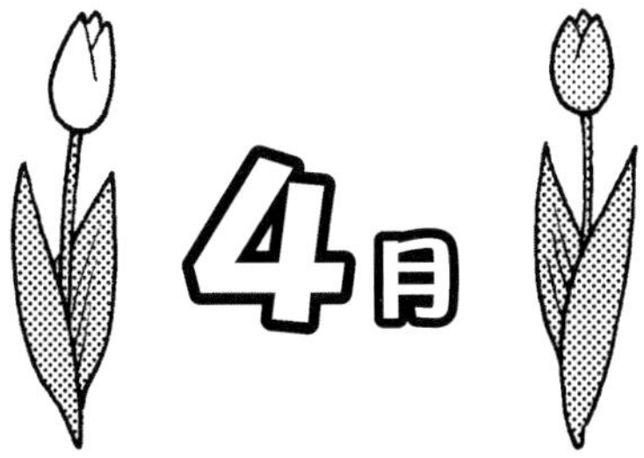

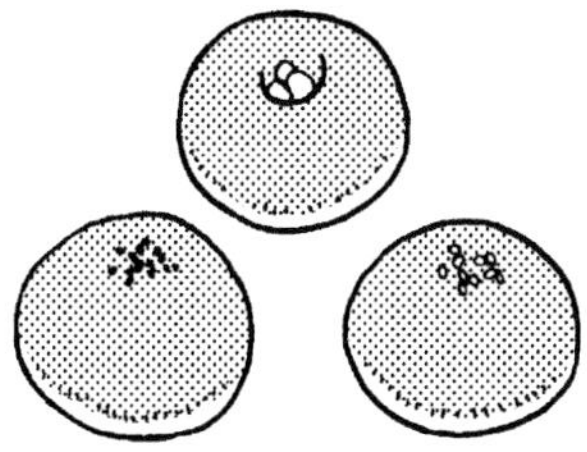

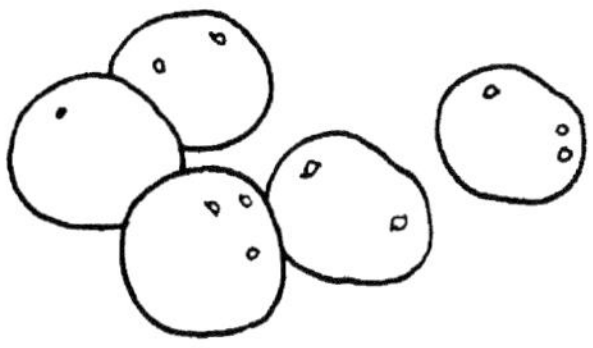

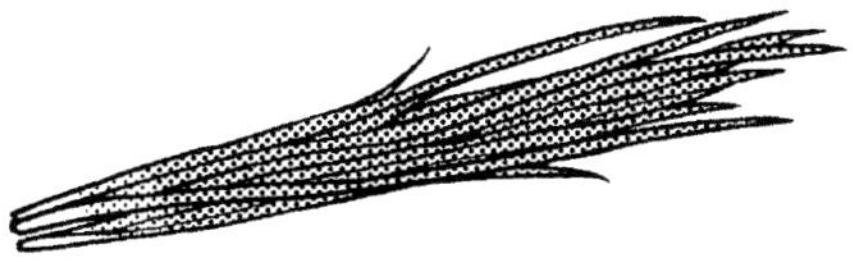

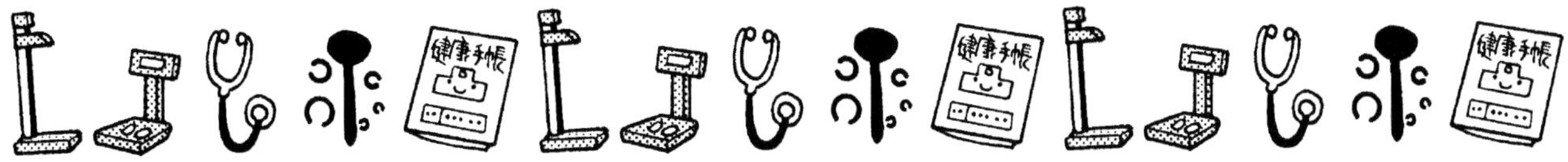

お知らせ

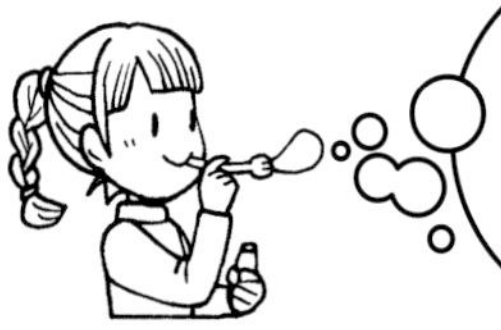

◯月《がつ》の献《こん》立《だて》表《ひょう》

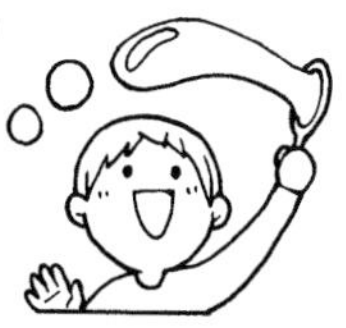

月　火　水　木　金

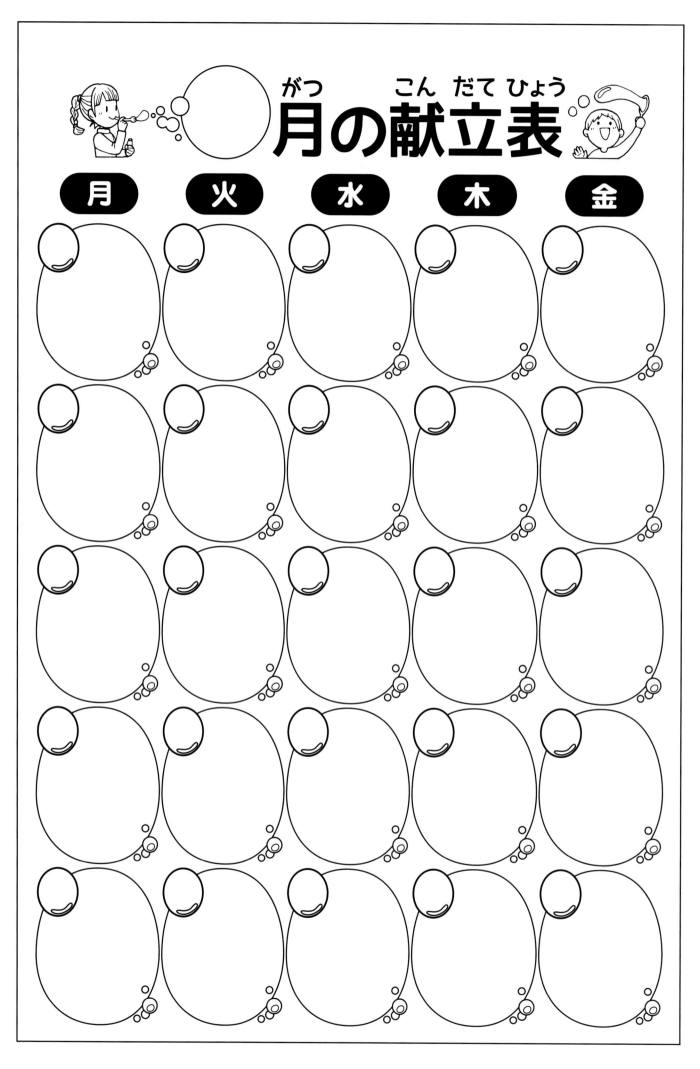

月　　日の給食

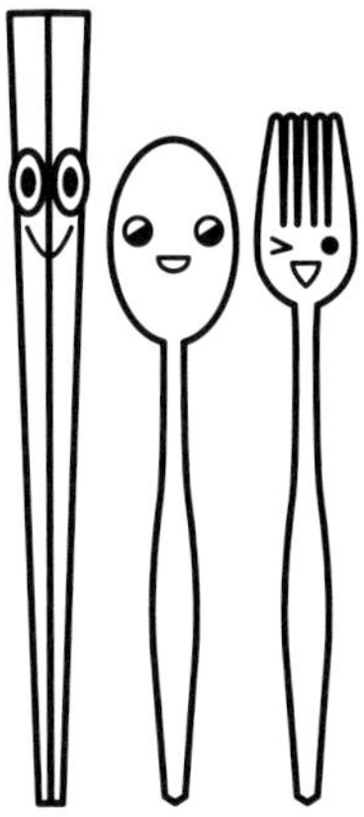

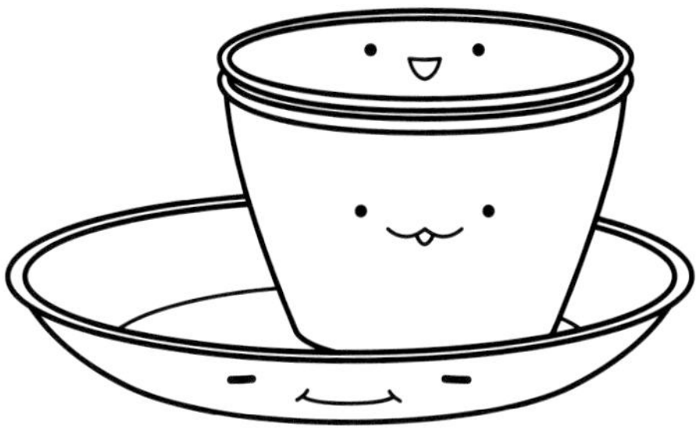

お知らせ

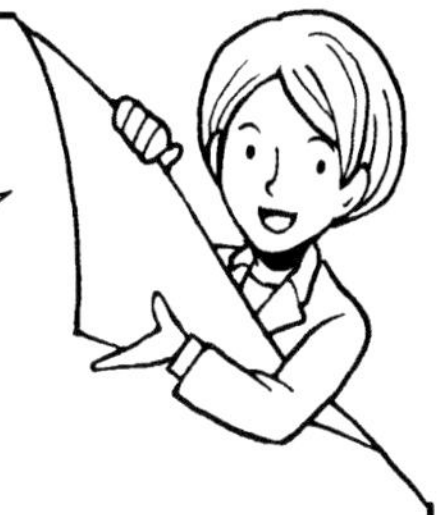

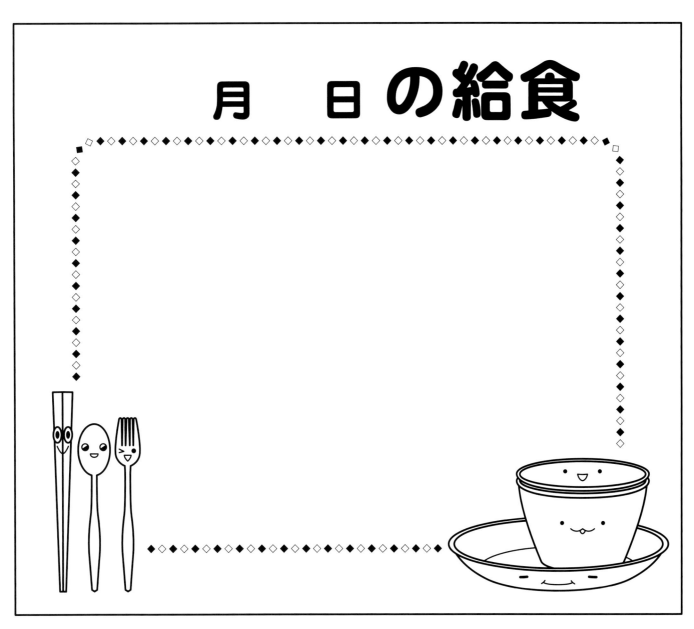

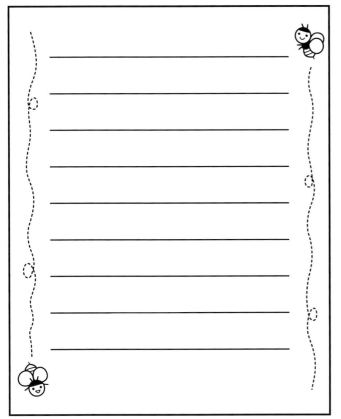

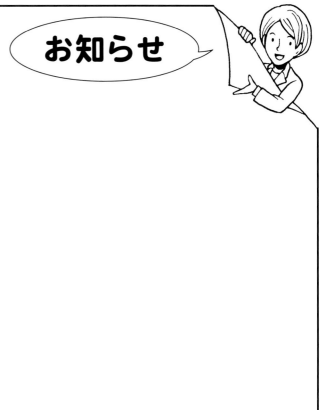

食育に役立つ給食ニュース縮刷活用版

［CD-ROMつき］給食ニュース大百科 2020

2020年2月4日　初版 第1刷発行
編　　集　株式会社　少年写真新聞社
発 行 所　株式会社　少年写真新聞社　〒102-8232　東京都千代田区九段南4-7-16
市ヶ谷KTビルⅠ
TEL 03-3264-2624　FAX 03-5276-7785
URL http://www.schoolpress.co.jp/
発 行 人　松本　恒
印　　刷　図書印刷株式会社

ISBN978-4-87981-698-6 C0337